clv

Margaret Jank

Wie auf einem anderen Stern

Mission unter den
Yanoamö-Indiandern
in Venezuela

dlv

Christliche
Literatur-Verbreitung e.V.
Postfach 11 01 35 · 33661 Bielefeld

1. Auflage 1987 (CVH)
2. Auflage 1998 (CLV)

© der amerikanischen Ausgabe 1977
by Moody Press, Chicago
Originaltitel: »Mission: Venezuela«
© der deutschen Ausgabe 1998
by CLV · Christliche Literatur-Verbreitung
Postfach 11 01 35 · 33661 Bielefeld
Übersetzung: Ruth Rehse
Umschlag: Dieter Otten, Gummersbach
Gesamtherstellung: Druckhaus West GmbH, Stuttgart

ISBN 3-89397-264-1

Inhalt

Den vielen, die darum gebetet haben,
daß die Menschen auf der großen Steppe
mit Gott in Berührung kämen,
und die nie das Vorrecht hatten,
die Erhörung ihrer Gebete vor Ort zu erleben.

Vorwort

»Bleib doch eben mal kurz stehen!«
Dazu versuchte ich einst einen Freund aus dem Stamm der
Yanoamö-Indianer zu überreden. »Ich möchte gern ein Bild von
dir machen.« Er zögerte und fragte mich, warum ich das wollte.
»Du siehst gerade so nett aus«, erwiderte ich und bewunderte
seine Dschungelkluft. »Meine Leute haben noch niemals so
schönen Indianerschmuck gesehen.«
Sein abschätzender Blick verriet Zweifel. »Na gut«, willigte er
ein. Er stellte sich in der typischen Positur auf: Pfeil und Bogen fest
umklammert und eng an seine Brust gedrückt.
»Aber erzähle ihnen nicht, daß ich schön aussehe! Sage ihnen
lieber, ich fürchte mich nicht!«
Lange Zeit nach der Aufnahme dieses Fotos würdigte ich diese
Bemerkung richtig. Innerlich spendete ich der in ihr ausgedrückten
unerschütterlichen Haltung und Überzeugung Beifall, die den
Lebensweg dieses Mannes kennzeichneten.
An einem winterlichen Abend des Jahres 1959 hörten mein Mann
Wally und ich zum ersten Mal von den Yanoamö-Indianern.
Damals schrieben wir uns als Studenten in einem Institut für
missionarische Ausbildung ein, das von der New Tribes Mission
geleitet wurde. Gebannt lauschten wir dem Bericht von Cecil
Neese, einem von Venezuela heimgekehrten Missionar, der seine
Erlebnisse mit den Yanoamö-Indianern erzählte. Man schätzte, daß
dort Tausende von Stammesangehörigen auf einem Dschungelgebiet von fast 80 000 qkm lebten. Viele von ihnen hielten sich immer
noch für die einzigen Bewohner der Erdoberfläche.
Unser Interesse wurde völlig in Beschlag genommen von einem
Volk, das derartige Gegensätze der Gemütsart in sich vereinen
konnte. Ihre Unwissenheit, was die Übel aufgeklärter Lebensge-
staltung betraf, mutete fast kindlich an. In ihren eigenen Machenschaften aber waren sie tödlich. Während Cecils Ausführungen
mußten wir nur über den unbezwinglichen Mut der Indianer
staunen. Es war deutlich, daß sie nicht nur ihrer eigenen Lebensart
den Vorzug gaben. Sie schienen vielmehr auch die wenigen
Unglücklichen zu bedauern, mit denen sie zusammengetroffen
waren und die nicht behaupten konnten, ein so hervorragendes
Erbe zu besitzen.

Wir versuchten, ruhig zu bleiben, als Cecil von der Notwendigkeit sprach, mehr Missionare zu ihnen zu schicken. Schließlich wollten wir nicht als kecke, unerfahrene Schwärmer erscheinen. Unsere Herzen aber schlugen aufgeregt.

Drei Jahre später lernten wir die Yanoamös kennen. Unsere erste Dienstzeit verbrachten wir damit, uns mit ihren Stammesbräuchen und ihrer Sprache vertraut zu machen, und zwar in einem Dorf, dem die Zivilisation nicht mehr fremd war. Dann schlossen wir uns in einem neuen Missionsstützpunkt, mitten in dem Gebiet der Yanoamös, der Familie Derek Hadley an.

Vier Dörfer hatten sich in einer weiträumigen, ausgedehnten Steppe zusammengetan, um eine starke Abwehr gegen einen gemeinsamen Feind im benachbarten Tal zu bilden. Die durch unsere Ankunft bei ihnen hervorgerufene seelische Erschütterung wurde für einige gemildert durch die schon etliche Jahre zuvor stattgefundene Berührung mit der Außenwelt. Die übrigen betrachteten uns mit Verblüffung. Sie hätte kaum größer sein können, wenn plötzlich eine Familie von einem anderen Stern bei ihnen aufgetaucht wäre. Dieses Gefühl war fast beiderseitig.

Die Yanoamös, die wir auf dem großen Steppengebiet antrafen, kamen dem Indianerurbild ein wenig näher. Schnell gewannen wir die Überzeugung, daß die Kultur ihrer Blutsverwandten aus dem Tiefland schon eine beträchtliche Veränderung durchgemacht haben mußte. Nie zuvor hatten wir so ein aufregendes, lebhaftes und entschlossenes Volk gesehen. Mit Pfeilen und Zaubergeräten ausgerüstet, stand es bereit, gegen die ganze Welt anzutreten. Diese Menschen packten die Schwierigkeiten des Lebens an, und der einzige Feind, dem sie sich in äußerster Verzweiflung beugten, war der Tod. Das war nun glücklicherweise ein Problem, für das wir eine Lösung anbieten konnten. Wir hatten die Botschaft des ewigen Lebens.

Hoffnungslos wurden wir in die Angelegenheiten unserer unbezähmbaren Nachbarn verwickelt. Sie nahmen unsere Herzen völlig in Beschlag. Auf das Evangelium sprachen sie mit derselben Begeisterung an wie auf alles andere. Sie ergriffen die göttlichen Verheißungen mit einem Überschwang, der uns zittern ließ. Ihr Glaube war eine Herausforderung für unseren eigenen, und ihre Freude am Herrn bestätigte die Tatsache, daß das Evangelium von Jesus Christus Bedeutung hat für die ganze weite Welt.

Kontaktaufnahme

»Wir wollen das Evangelium auch denen predigen, die jenseits von euch wohnen« (2. Korinther 10, 16).

Das andauernde Heulen eines Außenbordmotors durchbrach die Stille des Dschungels, und ein primitives Einbaum-Kanu umfuhr eine Kurve des engen Flusses. Dan Shaylor, ein junger amerikanischer Missionar Mitte Zwanzig, saß am Motor und schaute prüfend auf das dichte Blattwerk, das über dem Wasser hing. Sein Freund und Mitarbeiter Paul Dye suchte vom Bug aus das Ufer nach irgendeinem Anzeichen dafür ab, daß sie sich dem von ihnen gesuchten Dorf näherten.

Zwischen den beiden saßen fünf Freunde. Sie hatten sich freiwillig bereiterklärt, mitzuhelfen bei der Kontaktaufnahme mit einer entlegenen Gruppe von Yanoamö-Stammesmännern, die sich jenseits des Zugriffs der Zivilisation versteckt hielten. Cecil Neese, der altgediente Missionar, sollte sie so weit begleiten, wie die Reise auf dem Fluß möglich war. Dann würde er das Kanu zur Missionsstation nach Tama Tama zurückbringen. Die anderen vier waren Yanoamös aus Dörfern des Tieflandes am äußersten Rande des Stammesgebietes.

Die große Steppe der Parima-Berge – eine weite natürliche Lichtung im Dschungelhochland – war ihr endgültiges Reiseziel. Dieses Gebiet war berüchtigt wegen der dort verübten Gewalttätigkeiten. Die Reisegruppe war nüchtern genug, sich der Gefahren bewußt zu sein, die ihr auf ihrem Weg begegnen könnten.

Eine Luftaufnahme hatte die Lage des Dorfes, dem sie sich näherten, genau ausgewiesen. Die Reisenden hofften, daß der Lärm ihrer Ankunft die Leute ans Flußufer locken würde. Weiter vorn machten nämlich eine Reihe von Stromschnellen den Fluß unpassierbar. Es war unbedingt erforderlich, jemanden aus diesem Dorf zu finden, der sie auf ihrem Inlandtreck zu der großen Steppe führte.

Fast im gleichen Augenblick richteten sich alle Augen scharf auf ein großes grünes Palmblatt, das am Ufer lag – ein Blatt, zu schwer, um von selbst dorthin zu fallen. Irgend jemand war also hier vorbeigekommen. Dan drosselte schnell den Motor und richtete den Rumpf des Einbaums auf die Küste hin. Pajarito, der Anführer der vier Yanoamös an Bord, riß sein Gewehr an sich und sprang vom Bug des Kanus, als sie den Strand streiften. Dann kletterten er und Paul das Ufer hinauf, während die anderen das Boot an einem über dem Wasser hängenden Baum befestigten. Jahreszeitlich bedingte Regenfälle hatten den Boden weich und schlammig gemacht. Es dauerte nur einen Augenblick, und schon wurden Fußspuren entdeckt, die vom Fluß wegführten.

»Diesen Weg! Hierher!« rief Paul leise, und Pajarito trat schnell hinter ihn in seine Fußstapfen.

Sie liefen schweigend, und während Paul seine Aufmerksamkeit auf die Spuren vor ihnen richtete, prüfte Pajarito den umliegenden Dschungel auf gefährliches Wild, das sich um seine nächste Mahlzeit kümmern könnte. Plötzlich blieb er wie angewurzelt stehen und rief in großer Bestürzung in der Sprache der Yanoamös: »Nicht schießen! Nicht schießen!«

Paul schaute schnell auf und hielt an. Knapp zehn Meter vor ihnen stand auf dem Pfad ein nackter, bemalter Wilder, der sie stumm musterte. Seine Augen glitten dabei an seinem tödlichen, fast zwei Meter langen Pfeil entlang.

»Nicht schießen!« wiederholte Paul mit besänftigender Ruhe. »Wir sind Freunde. Hab' keine Angst!«

Beide, er wie auch Dan, waren Missionarskinder und hatten seit ihren Teenagerjahren Erfahrungen mit den Tiefland-Yanoamös gesammelt. Sie kannten die tatsächliche Gefahr, die ihnen in einem Gebiet drohte, in dem alle Eindringlinge als Feinde angesehen wurden. Auch wußten sie sehr wohl um die Ängste, die die Yanoamös zu solchen unberechenbaren Ausschreitungen trieben. Pauls und Dans Fähigkeit, sich in der Stammessprache verständlich zu machen, war für sie von außerordentlichem Vorteil.

Der einsame Krieger, der den Pfad vor ihnen versperrte, reagierte überhaupt nicht. Er betrachtete eingehend das Gewehr in Pajaritos Hand und kam vernünftigerweise zu dem Schluß, daß es eine Waffe sein müßte.

»Leg das Ding weg, das du da herumträgst!«

»Los, tu das!« nickte Paul, als Pajarito zögerte. »Trag' es wieder zum Boot!«

Pajarito eilte zum Ufer zurück. Paul drehte sich wieder um und betrachtete den Mann vor sich. Bambusstöpsel hingen in den durchstochenen Ohrläppchen. Das Haupthaar war in der typischen Mode der Yanoamös geschoren. Von Kopf bis Fuß hatte er sich mit glänzender roter Farbe angemalt, ein Büschel Tabakblätter bauschte sich unter seiner Unterlippe.

Der mächtige Bogen in seiner Hand neigte sich in Schußrichtung. In seinen Fingerspitzen hielt er den Pfeil. Ein Losschnellen – und um Paul wäre es geschehen. Aber der Indianer schien seinen Vorteil nicht ausnutzen zu wollen. Offensichtlich hatte ihn seine plötzliche Begegnung mit der Außenwelt erschreckt. Vielleicht schüchterte ihn auch Pauls Größe ein. Mit knapp zwei Metern Körperlänge überragte dieser den Indianer um etwa 30 Zentimeter. Der Krieger begann heftig zu zittern.

»Wir sind Freunde«, wiederholte Paul. »Schieß nicht! Leg deinen Pfeil hin!«

Langsam wurde der Pfeil zurückgezogen. Unterdessen kehrte auch Pajarito mit Dan und den anderen zurück. Der neue Freund zeigte sich willig, näherzukommen und nach dem Grund ihres Besuches zu fragen.

Paul erzählte ihm, daß sie von Tama Tama aus, ihrer am oberen Orinoko gelegenen Missionsstation, schon vier Tage unterwegs seien. Er erklärte ihm auch ihr zweifaches Ziel. Einmal wollten sie die große Steppe erreichen. Andererseits wollten sie unterwegs aber auch möglichst viele Menschen gegen eine Masernepidemie impfen, die schon viele Dörfer des Tieflandes verwüstet hatte. Der Einheimische zeigte sich viel mehr beeindruckt von dem Impfprogramm als von der vorgesehenen Reise nach dem Hochland. Aber er war bereit, ihnen zu helfen, die anderen von seiner Jagdgesellschaft ausfindig zu machen. Dann könnte man sehen, ob jemand willig sei, sie ins Inland zu führen.

Am nächsten Morgen verließen sie die Gegend mit zwei widerwilligen Führern. Diese versprachen, sie bis zum Dorf der Schamatali zu bringen, anderthalb Tagesreisen südlich der großen Steppe. Das bedeutete allerdings, so weit es den Führern zu gehen beliebte. Von da an müßten dann andere Helfer gefunden werden. Die Bewohner der großen Steppe waren gefährlich, und die Führer hatten nicht die Absicht, sich näher heranzuwagen.

Drei Tage später erreichten sie das Gebiet der Schamatalis. Der langwierige Treck nach dem Hochland hatte seinen Tribut gefordert, und schlüpfrige Gebirgspfade hatten die Reisenden erschöpft. Es war lange her, daß sie ihren Einbaum wegen der

Stromschnellen verlassen mußten. Cecil Neese hatte ihn nach Tama Tama zurückgebracht, wo andere Missionare begierig auf Neuigkeiten von Dans und Pauls weiterem Ergehen warteten.

Die Männer hielten außerhalb des Schamatali-Dorfes an und ließen ihr schweres Gepäck zu Boden fallen. Ihre zwei Führer bereiteten sich unterdessen auf den farbenprächtigen Auftritt vor, der jedesmal den Höhepunkt bei der Ankunft von Besuchern in einem der Gemeinwesen der Yanoamös bildete. Die Führer rieben ihre Körper mit einer öligen roten Farbe ein und befestigten sorgfältig schillernde Federn an ihren Ohrgehängen aus Bambus. Als die zwei mit ihrer äußeren Erscheinung zufrieden waren, zog der Trupp weiter. Jeder schulterte noch einmal sein Gepäck, und so marschierte man in einer Reihe hintereinander auf das Dorf zu.

Das Dorf selbst war ein weiträumiger, runder Gemeindeplatz, zusammengesetzt aus aneinandergrenzenden Schuppen, die sich zu einer großen weiten Fläche hin öffneten. Ein steiles Dach aus Palmblättern senkte sich von der Mitte des offenen Platzes bis zum Boden. So bildete es zugleich Zimmerdecke wie auch Außenmauer für die Familien, die Seite an Seite innerhalb dieser Eingrenzung lebten. Um die gesamte Anlage führte ein Zaun aus schweren Pfählen, der sie vor feindlichem Angriff schützen sollte.

Einer nach dem anderen folgten die Ankömmlinge ihren Führern durch eine schmale Öffnung zwischen den Pflöcken. Dann krochen sie unter einem Vorhang von Blättern hindurch, der lose über dem niedrigen Eingang zu dem Gemeinwesen hing. Hocherhobenen Hauptes und mit vorwärtsgerichtetem Blick marschierten sie schnell an den verdutzten Dorfbewohnern vorbei, die direkt am Eingang in Hängematten schaukelten.

Das zum normalen Leben und Treiben gehörende Gemurmel schwoll zu Schreien und Willkommensrufen an, als die Besucher forsch in die Mitte der Lichtung zogen. Zum Zeichen ihres Einverständnisses mit der Ankunft der Besucher sprangen die Gastgeber herum.

Die Männer des Dorfes bewegten sich jetzt auf die Gäste zu, um sie zu begrüßen. Da erkannten sie plötzlich, daß der Besuchertrupp nicht nur aus vier unbekannten Yanoamös bestand. Vielmehr gehörten noch zwei hochgewachsene, furchterregende Fremde von der Welt draußen dazu. Einen Augenblick lang stockten sie. Aber schnell bekamen sie das Erschrecken unter Kontrolle, das über ihre Gesichter gehuscht war. Dann gingen sie unter Fortsetzung ihrer Begrüßungsrufe schrittweise zurück, bis sie klammheimlich ihre Bogen und Pfeile erreichen konnten, die am Flechtwerk der Schuppen lehnten.

Dan und Paul standen schweigend mit den anderen Besuchern in der Mitte der Lichtung und nahmen die steife, unerschütterliche Haltung ein, die für Besucher üblich war. Keine Spur der inneren Nervosität zeigte sich auf ihren Gesichtern, während sie beobachteten, wie ihre Gastgeber entschlossen nach ihren Waffen griffen. Paul versuchte redlich, sich selbst davon zu überzeugen, das alles wäre nur Gewohnheit. Aber zu bemerken, wie einige der Männer ihre Bogensehnen spannten, war schon außerordentlich zermürbend. Die Spannung ließ nach, als das Willkommensgeschrei abflaute. Vollständig aber löste sie sich nie.

Die von den Männern ins Dorf getragenen Rucksäcke erregten die Aufmerksamkeit aller. Eine Menschenmenge versammelte sich, um zu sehen, wie der Inhalt verteilt würde. Als die Indianer erkannten, daß ein erheblicher Teil für die große Steppe bestimmt war, kam es zu Wutausbrüchen. Warum sollten sie solchen Menschen Gastfreundschaft anbieten, die so dreist waren, ihre Besitztümer vor ihnen zur Schau zu stellen und sie dann an andere wegzuschenken?

Als der Nachmittag langsam zu Ende ging, wurden den Besuchern zwei getrennte Schlafstellen zugewiesen. Drei der Begleiter von Dan und Paul hingen ihre Hängematten bei den Missionaren auf. Der vierte, ein junger Mann namens Chivirito, folgte den zwei Führern zu einem gesonderten Schuppen auf der gegenüberliegenden Seite der Lichtung. Die Gruppe war noch nicht lange aufgeteilt, da kehrte Chivirito zu seinen Kameraden zurück. Er fand sie in angeregter Unterhaltung mit einigen ihrer Gastgeber. Unschlüssig blieb er am Rand der Menge stehen, bis er schließlich auf seinem Weg vorwärtsdrängte und Dan um Papier und Bleistift bat. Einen Augenblick lang beachtete Dan ihn nicht, in der Annahme, daß Chivirito seine Gastgeber nur mit einigen Kinkerlitzchen von der Außenwelt unterhalten wollte. Wegen der aufgeregten Hartnäckigkeit Chiviritos öffnete Dan dann endlich einen der Rucksäcke und händigte die geforderten Gegenstände aus.

Chivirito entfernte sich etwas, setzte sich auf ein Stück Feuerholz und glättete den Papierfetzen auf seinem Knie. Während ihn einige

Schamatali-Kinder mit leidlicher Neugier beobachteten, machte er sich an die mühsame Aufgabe, Buchstaben zu einer Nachricht zusammenzusetzen, die ihm gerade zu Ohren gekommen war.

Nach einigen Augenblicken kehrte er zu der Gruppe zurück, kauerte sich neben Pauls Hängematte und übergab ihm die Notiz. Geduldig wartete er, während sein Freund, der Missionar, die von ihm aufgeschriebene Nachricht überflog. Fast unmerklich nickte er, als Paul den Kopf hob und seine Augen fragend auf Chivirito richtete. Dann schaute Paul wieder auf den Zettel in seiner Hand und las ihn noch einmal.

»Sie wollen uns töten, weil wir die Rucksäcke haben!«

Die Notiz wurde schweigend an Dan weitergereicht und von ihm dann auch den drei anderen Schriftkundigen übergeben, die sie begleitet hatten. Einer nach dem anderen verschlang die Botschaft, während die Schamatalis sie mit belustigter Aufmerksamkeit beobachteten. Das Schamatali-Volk hatte nämlich keinen Begriff von einer mittels Papier weitergegebenen Nachricht und überhaupt keine Vorstellung von dem Ausbildungsprogramm, das ihren Stammesbrüdern aus dem Tiefland die Technik des Lesens und Schreibens beigebracht hatte.

Für die Fremden gab es keinerlei Möglichkeit zu einer geheimen Besprechung der Lage.

»Paul«, bat Chivirito, während er sich die Beine vertrat, »gib mir das Gewehr!«

Paul zögerte ein wenig und überlegte, was wohl in Chiviritos Kopf vorging. Hoffentlich wollte er nichts Unbesonnenes tun!

»Was willst du denn schießen?« fragte er und langte nach der Schrotflinte.

»Wilde Truthähne«, erklärte Chivirito offen heraus. »Ich brauche nur gerade fünf Patronen.«

Langsam griff Paul nach dem Munitionsbehälter. Chivirito war offensichtlich durch die erlauschten Nachrichten aus der Fassung gebracht. Paul widerstrebte es, Munition für irgendeine gutgemeinte Heldentat zur Verfügung zu stellen. Wollte Chivirito wirklich wilde Truthähne schießen? Die vier Yanoamös in der Begleitung der Missionare hatten sich alle in ihrem Glauben zu Christus bekannt. Aber ihre alten Lebensgewohnheiten waren ihnen noch gegenwärtig und die Machenschaften in einem Yanoamö-Dorf durchaus nicht fremd.

14

Auf jeden Fall gab es für Paul keine Möglichkeit, sein Zögern zu erklären, ohne den Schamatalis ein Warnsignal aufzurichten, daß ihre Verschwörung aufgedeckt worden war. Die einzige gemeinsame Sprache war die der Yanoamös.

Die Menge rund um die Hängematten verfolgte die Unterhaltung mit gewohnheitsmäßiger Gleichgültigkeit. Als Paul schließlich fünf Patronen in Chiviritos Hand zählte, wünschten ihm die Schamatalis lachend Glück und befahlen ihm, schnell zurückzukommen.

Pat Dye stellte den Radioapparat an und warf einen besorgten Blick auf die Uhr. Es war Zeit für die Abendnachrichten im Radio. Paul und Dan wollten mit der Batterie ihres tragbaren Radio-Funkgerätes möglichst sparsam umgehen. Pat zweifelte aber nicht daran, daß Paul sich am Abend eines so besonderen Tages wie dem 18. Mai melden würde. In einem plötzlichen Gefühlsüberschwang durchsuchte sie einen Stapel Schallplatten nach einer besonderen Lieblingsplatte, die Erinnerungen an ihren Hochzeitstag vor sechs Jahren wachrief.

Da wurde das Rauschen und Knacken im Radio jäh unterbrochen von der Stimme ihres Ehemanns. Pat hörte das Erkennungssignal der Tama-Tama-Station. Paul hatte es also nicht vergessen! Sie eilte zum Schreibtisch, um seine Meldung entgegenzunehmen. Aber ihr Lächeln erstarb, als anstelle der erwarteten Hochzeitswünsche ein dringender Gebetsaufruf zu hören war.

»Liebling«, sagte Paul, »wir sind in dem Schamatali-Dorf südlich der großen Steppe. In dieser Nacht wollen uns die Leute hier töten. Gib die Nachricht weiter und betet!«

Radioapparate in verschiedenen Missionshäusern empfingen diese Botschaft. Paul war kein Bangemacher, und seine Worte wurden nicht leichtfertig aufgenommen. Zur gleichen Zeit, als Dan und Paul in der Dunkelheit des Schamatali-Dorfes ihre Radioausrüstung umpackten, fanden sich ihre Mitarbeiter auf anderen Missionsstationen zum Gebet zusammen.

Die Männer, die sich um die Hängematten der Fremden geschart hatten, schlenderten schließlich langsam zu der Behaglichkeit ihrer eigenen Feuerstellen heim. Dan und Paul blieben mit ihren drei übrigen Begleitern zurück und konnten endlich mit leiser Stimme ihren Zustand erörtern. Weder Pajarito noch die zwei jungen

Männer in seiner Begleitung schienen übermäßig erstaunt zu sein, sich in einer so mißlichen Lage zu befinden. Sie zeigten sich merkwürdig ergeben in ihr Schicksal. Ihre Gedanken beschäftigten sich mehr mit einem mutigen Tod als mit irgendeinem Fluchtversuch. Es *gab* keine Flucht.

Verbissen reinigte Pajarito die Klinge seines Buschmessers und stieß es in den Boden neben seinen Füßen.

Die fünf ermüdeten Reisenden waren sich der Tatsache bewußt, daß allein Gott für sie eintreten konnte. Gegenseitig ermutigten sie sich durch Hinweise auf seine Güte und Macht. Sie beteten. Sie sangen. Als die Erschöpfung ihre körperlichen Kräfte übermannte, fielen sie in einen unregelmäßigen Schlaf.

Rund um den Kreis der Lichtung des Dorfes flackerten Lagerfeuer. Ein Baby schrie. Ein Kind hustete krampfartig. Vereinzelt erklang Gelächter. Immer wieder zerschnitt ein lautes Hallo die Stille und weckte die schlafenden Besucher.

»Ist er schon zurückgekommen?«

Regelmäßig kam die Antwort aus dem Schuppen, wo Chivirito eigentlich die Nacht verbringen sollte: »Noch nicht. Er ist noch mit dem Gewehr draußen.«

Der Klang dieses Zwiegesprächs, das so oft in der Nacht wiederholt wurde, erschütterte Dan und Paul bis auf die Knochen. Es gab da kein Versehen in der Taktik ihrer Gastgeber. Während der ganzen Nacht setzten sich die Hallo-Rufe fort, und mit merkwürdiger Gleichgültigkeit machten sich die Reisenden klar, daß dann, wenn sie alle wieder zusammen wären, irgend etwas passieren würde.

Das Dorf erwachte mit den ersten fahlen Streifen der Dämmerung. Chiviritos Hängematte war noch leer.

Paul schloß das Radio-Funkgerät an, um Pat wissen zu lassen, daß sie die Nacht heil überstanden hatten. Dan und Pajarito durchstöberten das Dschungelgebiet in der Umgebung nach Chivirito. Unterdessen versuchten Paul und die zwei ihm verbliebenen Begleiter, sich freundlich auf die große Menschenmenge einzustellen, die sich wieder an der Hängematte einfand. Einige verlangten die Tauschgüter, die ihnen für die Nahrungsmittel versprochen worden waren, die sie den Besuchern am Abend zuvor gegeben hatten. Einige versuchten wieder, die Fremden so einzuschüchtern, daß sie ihnen die ganze Anzahl der Rucksäcke übergaben. Die zwei Führer, die die Reisenden bis zu dem Dorf geleitet hatten, kamen, ihren Lohn einzukassieren. So weit gingen sie mit ihren Forderungen.

Dann schaffte sich ein kleiner, drahtiger Mann aus dem allgemeinen Durcheinander nach vorn und hielt vor Pauls Hängematte an. Er grinste in Pauls Gesicht herauf, und seine schwarzen Augen tanzten erregt hin und her, als er den Fremden vor sich abschätzte. Paul lächelte befangen. Der Mann, der ihn mit solcher Belustigung eingehend betrachtete, schien die vollkommene Verkörperung jedes Yanoamö-Ideals zu sein. Sein roter Körper trug die Narben der Kriegsführung, und sein Gesicht spiegelte kühles Selbstvertrauen wider. Er hatte mit den Büscheln von Tabakblättern nicht geknausert, die er an seiner Unterlippe trug, und die Federarmbänder, die seine Unterarme schmückten, waren noch ein wenig hübscher als die meisten anderen.

Nach einem Augenblick des Schweigens änderte Pauls neuer Freund seine Stellung und lehnte sich vor, um zu sprechen.

»Fremdling, willst du zu der großen Steppe gehen?«

Paul nickte, ein wenig verblüfft durch die unerwartet schnelle Antwort auf das Gebet.

»Fürchtest du dich nicht, mit uns dahin zu gehen?« fragte er den sich freiwillig anbietenden Führer.

Der Mann amüsierte sich über die Unkenntnis, die Pauls Frage offenbarte. »Ich bin kein Schamatali!« lachte er. »Warum sollte *ich* mich fürchten? Ich *lebe* auf der großen Steppe. Ich kam nur her, um ein paar Verwandte zu besuchen.«

Dan und Pajarito kamen mit der Nachricht zurück, daß sie Chivirito gefunden hatten, ihn aber nicht zur Rückkehr ins Dorf überreden konnten. Er zog es vor, im Dschungel auf sie zu warten.

Etwa eine Stunde später trafen sie ihn dort und begannen den letzten Abschnitt ihrer Reise. Paul schalt ihn, weil er sie in der Nacht zuvor im Stich gelassen hatte. Aber Chivirito legte seine Gründe dar. Er wußte, daß sie keine Aussicht gehabt hätten, sich gegen so viele Leute zu verteidigen. Indem er selbst aber sein Schicksal im Dschungel erwartete, hätte er nach seiner Vorstellung eine bessere Möglichkeit gehabt, Rache zu nehmen für den Tod seiner Freunde, ehe er selbst getötet würde. Für ihn bestand der einzige erhabene Sinn der Tötung in der Gewißheit, daß sie angemessen vergolten würde.

»Deshalb bat ich dich um die fünf Patronen«, erklärte er. »Ich wollte sichergehen, daß ihr alle gerächt würdet, ehe ich starb.« Chivirito erschien diese Beweisführung vollkommen logisch. Die Rache war eine Sache der Gerechtigkeit, nicht des Gewissens, und er sah sich dadurch überhaupt nicht im Konflikt mit seinem Vorsatz, Jesus Christus nachzufolgen. Die Missionare versuchten noch einmal, die Auffassung darzulegen, daß die Rache Gott zusteht. Trotzdem waren sie von der Tatsache überzeugt, daß Gott Chiviritos Absichten, obgleich fragwürdig, benutzt hatte, ihr Leben zu retten.

Die letzte Strecke der Reise dauerte noch anderthalb Tage. Der farbenprächtige Führer der Reisenden, den sie schließlich einfach José nannten, nahm jede Gelegenheit wahr, die Kriegereien zu beschreiben, die sich auf der großen Steppe abspielten. Er gefiel sich in Erzählungen von den Männern, die er getötet hatte, und erbarmungslos erklärte er sein Ziel, diese Liste noch zu vergrößern.

Die vier Yanoamös aus dem Tiefland gaben für seine Geschichten empfängliche Zuhörer ab. Aber José fand es, gelinde gesagt, schon ärgerlich, daß er den beiden Fremden damit nicht imponieren konnte.

Mitten in einem solchen lebhaft gestalteten Bericht legte er eine Pause ein und musterte Dan und Paul kritisch. Sie schienen ihm viel zu gleichgültig zu sein. Vielleicht sollte er etwas persönlicher werden.

»Könnt ihr euch vorstellen, ihr wärt vorige Nacht fast getötet worden?«

Dan und Paul stiegen ein bißchen in Josés Achtung, als er entdeckte, daß sie nicht nur um die Pläne gewußt, sondern die Nachricht darüber anderen in der Außenwelt mitgeteilt hatten. Aber von ihrer Betrachtungsweise, daß Gott es war, der sie beschützt hatte, zeigte er sich nicht sehr beeindruckt.

»*Ich* war derjenige, der ihnen Einhalt gebot«, schmunzelte er. »Ich machte ihnen klar, daß wir unsererseits euch rächen würden, falls sie euch töteten. Wir möchten euch nämlich auf der großen Steppe haben.«

José war kein Narr. Leute, die erfolgreich mit Messern, Äxten, Angelhaken und Buschwerkzeugen umgehen konnten, waren lebendig von größerem Nutzen als tot.

Wally und ich erfuhren mehr über die Einzelheiten dieser

Wochen der Kontaktaufnahme, als wir mit unseren vier kleinen Kindern aus dem Urlaub zurückkehrten. Damals war das älteste neun Jahre und das jüngste noch kein Jahr alt. Wir begannen mit den Vorbereitungen dafür, uns mit Derek und Jill Hadley auf der neuen Missionsstation zusammentun. Auf der Steppe war ein Landeplatz angelegt und das Impfprogramm abgeschlossen worden. Paul und Dan waren mit den vier Yanoamös ins Tiefland zurückgekehrt.

Wir reisten in das indianische Dorf, in dem wir mit Joe und Millie Dawson die Zeit unseres ersten Einsatzes verbracht hatten, während wir uns auf die Sprache und Kultur der Yanoamös einstellten. George und Fanny Radford, Freunde, die aus Kanada zu Besuch waren, halfen uns, die Haushaltsgegenstände zu verpacken, die wir dort in einem Lagerraum zurückgelassen hatten. Die Radfords würden die Kinder und mich zu der großen Steppe ausfliegen. Wally würde mit dem nächsten Flug nachkommen.

Eine Gruppe von Yanoamö-Freunden schaute ernst zu, wie wir die Fracht für die Flüge fertigmachten, die uns und unsere Ausrüstung zu der großen Steppe transportieren sollten. Sie ermahnten uns, uns in acht zu nehmen vor den Zaubereien und Gewalttätigkeiten, die bei ihren vom Evangelium noch unerreichten Stammesgenossen üblich waren. Auch warnten sie uns vor deren Streitsucht, gegen die wir zu kämpfen haben würden. Außerdem bewunderten sie unsere Klugheit, Kleidung, Geschirr und Tauschgüter zu Leuten mitzunehmen, die dafür bekannt waren, wegen materieller Besitztümer zu töten. Einige unserer Freunde zeigten sich nicht sehr überzeugt davon, daß wir uns jemals wiedersehen würden.

Ihre Ängste beschränkten sich auf das Gebiet nicht in geographischer Hinsicht. Jahrelang hatten sich die Bewohner der großen Steppe in einen Geheimnisschleier gehüllt. Obwohl wir mit Nachdruck das Gegenteil behaupteten, hörte man noch die Überlegung, ob die Indianer dort wirklich rein menschlicher Natur wären.

Zu diesem Zeitpunkt war es leicht, die Gewißheit zu äußern, daß alles gut gehen würde. Gott zeigt seine Größe in unmöglichen Situationen. Aber einige Monate später mußte ich mich fragen, ob mein Optimismus auf den Glauben an Gott beruht hatte oder aber mit der völligen Unkenntnis der schwierigen Sachlage zu begründen war.

Die große Steppe

Das Flugzeug flog steil hinein in ein gewundenes Tal, und die Berge wälzten sich gleichsam auf uns zu. In einem atemberaubenden Wechsel des Landschaftsbildes machte der tropische Dschungel plötzlich für Wiesen Platz. Eine weite langgezogene Steppe breitete sich vor uns aus. Ich zitterte vor Erregung. Hier war sie nun endlich – die große Steppe von sagenhaftem Ruf, von der man erzählte, das Leben der Yanoamös habe hier seinen Ursprung genommen, und die Geister der Toten kehrten zu ihr zurück.

In Erinnerung an die phantastischen Geschichten, die man sich von ihren Bewohnern erzählte, mußte ich lächeln. Die Männer, so hieß es, trügen Köcher mit fremdartigen, höchst wunderbaren Zickzackmustern; und es ging das Gerücht, einige der Leute wären schon mal als Geister der Toten erkannt worden. Viele Menschen aus dem Tiefland hatten sich aufgemacht, die Wahrheit dieser Geschichten zu prüfen. Aber der Weg über die Berge war lang und holperig. Zwischendörfliche Kriegereien trieben unterwegs ihr böses Spiel. Die Pilger waren immer kurz vor dem Yanoamö-Paradies, wie wir es im Scherz nannten, umgekehrt. Die Gruppe der Ankömmlinge mit Dan und Paul war die erste, die die Reise beendet hatte.

Wie durch einen Schleier erblickten wir rote Körper, als wir den kleinen grasbedeckten Streifen der Landebahn berührten. Aus dem großen örtlichen Rundschuppen auf der entfernt liegenden Seite der Steppe strömten die Leute herbei und rannten zu dem noch im Bau befindlichen Haus der Hadleys. Sie hatten sich schon in ihrer großartigen Aufmachung versammelt, während unsere Maschine auf der Lichtung ausrollte. Dort erwarteten uns Derek und Jill mit ihren zwei kleinen Mädchen, Brenda und Marcia.

Eine Schar nackter Krieger bewegte sich in nervöser Spannung zögernd auf uns zu, als der Propeller austrudelte. Ihre Gesichter waren mit schwarzer und purpurroter Farbe eingeschmiert. Ihre Körper glänzten in öliger roter Bemalung. Als das Flugzeug zum Stillstand kam, wurden sie plötzlich von Vertrauen erfüllt. Waffen schwingend und auf ihren Bogensehnen klimpernd, näherten sie sich in lärmendem Durcheinander der kleinen roten Maschine.

Derek hatte ihnen von Wallys Ankunft gesagt. Sie begriffen nicht, daß Wally sich mit Rücksicht auf die uns besuchenden

Freunde entschlossen hatte, auf den nächsten Flug zu warten. Als die Kinder und ich zusammen mit George und Fanny Radford den Boden betraten, drängten sich die Indianer um George und überschütteten ihn mit überschwenglichen Freundschaftserklärungen. Vergeblich versuchte er, einige Worte der Begrüßung mit Derek auszutauschen. Englisch verstanden sie nicht, und da sich ihre sprachlichen Möglichkeiten auf ihre eigene Stammessprache beschränkten, waren sie von Georges fehlender Reaktion gründlich enttäuscht. Ungeduldig rüttelten sie an Dereks Arm.

»Derico! Derico! Hör auf, dich zu unterhalten, und hör uns mal zu! Ist das hier nicht Wally? Du hast doch gesagt, Wally würde kommen! Warum gibt er uns denn keine Antwort?«

Derek und Jill hatten, wie auch wir, schon eine im Tiefland gebräuchliche Übersetzung der Yanoamö-Sprache gelernt und konnten deshalb eine Unterhaltung weiterführen, die nur durch örtliche Dialektunterschiede eingeschränkt wurde. Derek erklärte, Wally käme mit dem nächsten Flug. Der Sprecher des Willkommens-Komitees wies mit dem Kinn auf Fanny und mich und fragte, ob wir Wallys Frauen seien.

Fanny und ich waren dabei, die Kinder durch die Menge zu Jill und den Mädchen zu steuern. Aber ich konnte doch nicht widerstehen, eben mal anzuhalten und die Frage selbst zu beantworten. Ich hätte es besser wissen sollen. Sobald ich ihren überraschten Gesichtsausdruck und dann ihr entzücktes Lächeln bemerkte, wurde mir klar, daß mich meine Aufregung in eine bedenkliche Notlage gebracht hatte.

»O!« rief der Anführer aus und schritt geradewegs auf mich zu. »Du kannst also unsere Sprache sprechen!«

Über sein purpurrot gestreiftes Gesicht ging ein breites Grinsen, als er sich entschlossen vor uns aufpflanzte. Mit seinem Gewicht stützte er sich auf den Bogen und die Pfeile, die er neben seinen Füßen in den Boden gerammt hatte.

»Also, du bist sicherlich nicht schüchtern«, stellte er fest. Dabei lehnte er sich vor und schaute mir so gespannt ins Gesicht, daß ich wegschauen mußte. »Bist du wirklich Wallys Frau?«

»Ja, wirklich«, antwortete ich bescheiden, plötzlich dadurch eingeschüchtert, daß die Männer einen dichten Kreis um uns bildeten. Sie erreichten nur eine Körpergröße von gut 1,50 m. Aber ihre Kühnheit gab ihnen riesenhafte Ausmaße.

21

»Und er kommt bald«, ergänzte ich in einer schwachen Anwandlung von Selbstverteidigung.

Sie brachen in schallendes Gelächter aus.

»Hast du hier keine Angst ohne deinen Mann?« fragte mich einer von ihnen mit geheucheltem Interesse. »Fürchtest du dich nicht vor uns?«

Er änderte seine Stellung und kam ein bißchen näher heran. Augenscheinlich dachten sie, daß ich Angst haben müßte. Bis dahin war ich noch nicht darauf vorbereitet, mich mit Argumenten zu behaupten. Krampfhaft schaute ich mich nach Derek um, aber er war mit dem Ausladen der Fracht aus dem Flugzeug beschäftigt.

Ich griff fest nach Fannys Arm und erklärte meinen Fragestellern mit einem, wie ich hoffte, sehr ärgerlichen Ton in meiner Stimme, daß wir uns mit den *Frauen* unterhalten wollten. Wir machten einen entschlossenen Schritt nach vorn, und sie zogen sich zurück.

Dann nahmen wir unsere Zuflucht im Haus der Hadleys, und ich versuchte, meine verlorengegangene Fassung wiederzugewinnen. Mit einem so angriffslustigen Willkommen hatte ich nicht gerechnet. Es war schon außerordentlich zermürbend gewesen, sich einem solchen Pöbelhaufen gegenüber hilflos zu fühlen. Die Bezeichnung »Paradies« war ein bißchen hoch gegriffen.

Nicht nur die Indianer waren erfreut, das Flugzeug mit Wally an Bord zurückkehren zu sehen. Die gleiche lärmende Menge wimmelte bei seiner Ankunft um das Flugzeug herum, und ihre Aufregung wuchs, als er die Kabine verließ. Die Menschen drängten sich um ihn mit einem Getöse von Zurufen und Gelächter. Während sie für die Besucher der großen Steppe feierliche Willkommenstänze aufführten, schwenkten sie ihre Bogen und Pfeile.

Mit einem Lächeln der Anerkennung für den ganzen Aufwand hatte Wally gerade begonnen, sich einen Weg in unsere Richtung zu bahnen, als ihm ein schlanker, muskulöser Mann mit einem begeisterten Tanz den Pfad versperrte. Eine Axt fest an seine Brust gedrückt, sang er laut und monoton und klopfte dazu mit seinen Füßen einen wilden Rhythmus. Sein Vortrag gewann an Stärke, als die Menge ihm zujubelte. Er schwenkte die Axt über seinen Kopf und fing an, eine Reihe von Sätzen herunterzurasseln, die bei den herumstehenden Männern ein brüllendes Gelächter auslösten.

Der Tanz brach jäh ab. Der Mann ließ seine Axt zu Boden fallen, schlang beide Arme um Wallys Hals und hing einen Augenblick lang erschöpft daran. Dann musterte er mit lachendem Auge das Gesicht des Neuankömmlings.

»Bruder«, keuchte er und hielt etwas inne, um das Büschel von Tabakblättern zurechtzurücken, das an seiner Unterlippe befestigt war. »Kann das sein, daß du wirklich Wally bist?«

Er wies mit dem Kinn auf Derek, der immer noch darauf wartete, Wally auf der neuen Missionsstation willkommen zu heißen. »Dieser Derico dort hat gesagt, daß du Wally heißt. Stimmt das?«

Wally bekannte sich lachend zu seinem Namen, und sein neuer Freund johlte laut und stampfte mit den Füßen.

»Und wer bist du?« fragte Wally den Tänzer.

Die Vorstellung, es von irgend jemandem zu erwarten, seinen Namen zu nennen, rief bei der Menge ein leises Lachen hervor. Aber der Tänzer überraschte sie.

»Ich bin Jo – Jo – José«, stotterte er und stolperte erfolgreich über die ungewohnten neuen Silben eines spanischen Namens. Ihn auszusprechen, lernte er immer noch. »So haben mich Paul und Dan gerufen. Du sollst mich ›kleiner Mann – José‹ nennen! Komm und iß jetzt etwas.«

Er lächelte Wally verschmitzt ins Gesicht. Nicht jeder konnte sich rühmen, einen Namen zu tragen, den anzuerkennen er sich nicht fürchtete.

Wally begann, sich aus Josés fester Umarmung zu befreien. Zum Entzücken der Menge stampfte José erneut mit den Füßen herum. Dabei drückte er den Neuankömmling immer noch mit einem Arm an sich und sang pausenlos: »Ha, ha! Mein Bruder ist gekommen und will bei mir leben. Mein Bruder ist gekommen und schenkt mir Sachen: Äxte, um Bäume zu fällen; Buschmesser, um meinen Garten zu säubern; Kleider, in denen ich tanzen kann. Ha!«

Endlich riß Wally sich weg. Die Frauen am Rande der Menge traten zurück, als er sich ihnen näherte. Sie bedeckten die Gesichter ihrer Babys, damit sein Anblick diese nicht zu Tode erschreckte. Ehrfürchtig beobachteten sie, wie wir uns gegenseitig stürmisch umarmten. Dann kauerten sie sich hinter uns und tauschten flüsternd aus, welchen Eindruck unsere aufgeregte Unterhaltung auf sie machte. Was sprachen wir doch für ein Kauderwelsch! War es möglich, daß wir einer den anderen wirklich verstanden?

Während der nächsten zwei Tage flog Paul Johnson, Pilot bei der Missions-Fluggesellschaft, ständig Fracht ein. Nach und nach füllten sich die knarrenden Regale im Haus der Hadleys und in unserem mit Lebensmittelvorräten für etwa drei Monate, mit Medizin, Tauschgütern und Baumaterial, das gebraucht wurde, um das eine Haus fertigzustellen und mit dem Bau des anderen zu beginnen. Paul Dye und Dan Shaylor hatten uns die kleine Hütte angeboten, die von ihnen bei ihrer ersten Ankunft errichtet worden war. Für den Anfang wurde sie zu unserem Heim, zu einem entzückenden Heim.

Bald machten wir Bekanntschaft mit unseren lauten Nachbarn. Von der Morgendämmerung an bis zur Dunkelheit am Abend standen sie um uns herum. Sie fragten nach allem Möglichen, disputierten, schrien und boten nachdrücklich ihre Ratschläge an, was den Häuserbau, das Waschen der Kleider, das Reparieren der Geräte und die Erziehung der Kinder betraf. Meine unbestimmten Träume von kleinen Reihen netter, eifriger Schüler, denen ich biblische Geschichten beibrachte, verflogen schnell.

An einem späten Nachmittag saßen wir erschöpft um das Lagerfeuer und rösteten auf heißen Kohlen Bananen. Die übliche Menschenmenge drängte sich um uns herum. Jetzt verlor das ungewohnte Gespräch mit den Fremden allmählich seinen Reiz, und die Unterhaltung richtete sich auf die Gefahren, die im Schatten des Dschungels lauern.

Die Indianer befanden sich im Krieg mit einem feindlichen Dorf in der Nachbarschaft. Bald waren sie vertieft in der Erörterung über die Möglichkeit eines gegnerischen Angriffs.

Ein Führer der Gruppe, dessen Ansichten zu diesem Thema sehr beachtet zu werden schienen, griff über seine Schulter nach dem Köcher, der von seinem Hals herabhing. Er zog ihn nach vorn, verstaute sorgfältig neue Pfeilspitzen aus Bambus in seiner Hand und breitete sie zur Überprüfung auseinander. Aber nicht die Pfeilspitzen zogen Wallys Aufmerksamkeit an. Es war vielmehr der Köcher, und da besonders das Zickzackmuster, das die ganze Länge schmückte.

Lächelnd erinnerte sich Wally an die im Tiefland vertretenen abergläubischen Vorstellungen über die wunderbaren Köcher auf der großen Steppe. Er bat darum, einen davon in Augenschein nehmen zu dürfen. Wie er sagte, wollte er ihn George Radford zeigen. Mit einem Nicken des Kopfes reichte der Mann auf der anderen Seite des Lagerfeuers den Köcher herüber. Dabei hielt er kaum inne mit seiner grausamen Schilderung der Fähigkeit der neuen Pfeilspitzen, einen Mann aufzuschlitzen. Doch plötzlich kam ihm zu Bewußtsein, daß Wally auf George mit dessen Namen hingewiesen hatte. Aufgeregt rüttelte er Wally am Knie und forderte ihn belustigt auf, das noch einmal zu sagen.

Als Wally der Bitte nachkam, brachen die Indianer in Gelächter aus. Sie fragten nach den Namen der übrigen von uns und wiederholten jeden einzelnen voller Begeisterung. Sie konnten nicht feststellen, ob unsere Bereitschaft, solche persönlichen Dinge zu offenbaren, beträchtlicher Furchtlosigkeit oder außerordentlicher Unkenntnis zuzuschreiben war. Unsere Kühnheit verblüffte und verwirrte sie gleichermaßen. Strenge Tabus verboten es nämlich, Stammesnamen zu verraten, besonders bei erwachsenen Männern. Gegenseitig stellten sie sich entweder mit Verwandtschaftsbezeichnungen oder mit der Zugehörigkeit zu einem Dorf vor. Obwohl sie wußten, daß wir keine Bedenken trugen bei dem Gebrauch unserer Namen, konnten sie sich kaum dazu aufraffen, diese mit solcher Unverfrorenheit auszusprechen. Sie zogen es vor, uns in das Dorf aufzunehmen und uns mit Verwandtschaftsbezeichnungen anzusprechen. Für die jüngere Generation waren wir »Bruder« und »Schwester« und für die ältere »Die Kleinen«.

Der Anführer, der uns gegenüber saß, seinen Köcher fest in der Hand, lehnte sich vor und fesselte Wallys Aufmerksamkeit.

»Bruder«, flüsterte er vertraulich, »ich fürchte mich nicht, dir auch meinen Namen zu nennen. Ich heiße Timotheus. So haben Dan und Paul mich genannt, als sie zum ersten Mal hier ankamen.«

Dann richtete der Mann sich wieder auf und versuchte, sich den Anschein der Gleichgültigkeit zu geben für die Bewunderung auf den Gesichtern seiner Freunde. Wenn Timotheus entschieden hatte, daß spanische Namen kein Gegenstand für Stammesverbote waren, so genügte ihnen das.

In der Zwischenzeit kam José an, ließ Bogen und Pfeile zu Boden fallen, schob achtlos einige Jungen aus dem Weg und setzte sich großspurig neben das Feuer. Er wärmte sich die Hände und hörte dem Fortgang des Namensspiels zu. Trotz der Tatsache, daß er sich auch zur Preisgabe seines eigenen spanischen Namens bereitgefunden hatte, erheiterte ihn unsere Freimütigkeit, unsere Namen zu nennen, immer noch. Er musterte Wally mit schelmischen Blicken und beschloß, es selbst auszuprobieren.

So schob er sich in eine bessere Lage, um Wally aus der Nähe ansehen zu können, nahm seinen Tabak heraus und legte ihn vorsichtig auf seine Fußspitze. Dann begann er:»Bruder« – dabei spuckte er einen Schwall Tabaksaft ins Feuer –, »wie heißt dein Sohn?«

Bobby zuckte zusammen unter dem vergnügten Blick so vieler Augen, die ihn plötzlich fixierten.

»Bobby.«

José lachte. »Lieber alter Bobby! Ha!«

Er freute sich, daß es so gut klappte. Dann nickte er Janice zu, während er eifrig das Feuer schürte. Er war drauf und dran, ihren Namen zu erfragen, als die anderen ihn laut flüsternd darauf hinwiesen, daß er sich erst nach der älteren erkundigen müßte. Schmunzelnd zeigte er seine Wertschätzung für ihre Hilfe. Er war sich nicht klar darüber gewesen, daß es da noch eine ältere Tochter im Haus gab.

»Bruder, wie heißt deine ältere Tochter?«

»Lynne!«

»Lynne! Liebe alte Lynne! Meine kleine Lynne!«

José genoß es, im Mittelpunkt der Aufmerksamkeit zu stehen, und seine Kühnheit wuchs mit dem Ansporn, den er von einigen ängstlicheren Umstehenden empfing.

»Und ist Lynne alt genug zum Heiraten?«

Das Kichern, das seine Bemerkung begleitete, ließ wenig Zweifel daran, daß die Fragerei eine Richtung jenseits des Annehmbaren ansteuerte. Bräute im Kindesalter waren zwar bei den Heiraten der Yanoamös üblich. Aber augenscheinlich wurden Josés Äußerungen als nicht mehr völlig harmlos angesehen.

Das Gelächter erstarb zu einer lastenden unbehaglichen Stille, als Wally Josés Schmunzeln mit kühler Abschätzung beantwortete, die bald jeden nervös machte.

»Sage so etwas nicht zu mir!« antwortete Wally ruhig. »Mache niemals Andeutungen, die meine Töchter betreffen! Sollte irgend jemand meine Töchter belästigen« – sagte er mit einer wohlüberlegten Pause – »würde ich wirklich böse werden.«

Diese Erklärung war vieldeutig. Wally hoffte, daß er sie niemals genauer umreißen müßte. Aber sie schien den gewünschten Erfolg zu haben.

Wallys Worte standen einen quälenden Augenblick lang im

Raum, ehe José die Stille brach. Ärgerlich wandte er seinen Kopf mit einem Ruck zur Seite. Er preßte eine geballte Faust auf seinen Mund und wiegte sich hin und her. Irgend jemand flüsterte ängstlich, daß Wally ihn verärgert habe.

Dann änderte sich Josés Stimmung, und er legte einen Arm um Wallys Schulter. »Bruder«, nickte er ernst, »ich habe das nur so gesagt, damit wir was zum Lachen haben. Sei nicht besorgt!« Er lehnte sich näher heran, um Wallys Gesicht zu mustern. »Schützt ihr Fremden wirklich eure Frauen?«

»Natürlich tun sie das«, antworteten die anderen ungeduldig, bestrebt, einiges wiedergutzumachen. »Sie sind genauso wie wir.«

Die Indianer hockten um das Feuer herum, blickten sich besorgt an, und einige begannen, sich zu räkeln und zu räuspern. Timotheus schlurfte nach vorn und legte seine Hand fest auf Wallys Schulter.

»Bruder«, stimmte er besonnen zu, »wir verteidigen *unsere* Frauen auch. Wir kämpfen für sie.« Er machte eine kleine Pause, um die volle Bedeutung seiner Worte wirken zu lassen.

»Im Augenblick haben unsere Frauen vor dir Angst«, fuhr er fort. Wally nickte.

»Müssen sie sich tatsächlich fürchten?« fragte Timotheus.

»Ich würde sie nicht anrühren.«

»Das mag schon sein.« Timotheus zeigte sich einverstanden und blickte schnell zu den anderen Männern hinüber, um sicherzugehen, daß sie auch wirklich zuhörten. »Aber es ist am besten, wenn sie in jedem Fall Angst behalten.«

Damit war die Unterhaltung zu Ende. Die Gruppe am Feuer sah sich mit offensichtlicher Erleichterung an. Man sammelte Bogen und Pfeile ein und machte sich zum Heimweg fertig. Die Sonne war hinter den Bergen verschwunden, und die Verschanzung rund um das Dorf würde bald für die Nacht geschlossen werden.

Am folgenden Morgen war Timotheus verärgert, als er beim Vorübergehen an unserem Haus das Lachen von Frauen hörte. Er platzte hinein, um die Ursache des Tumults zu ergründen.

Für uns war Timotheus nur einer von den vielen, die pausenlos versuchten, uns durch Drohungen oder Forderungen einzuschüchtern. Die mit seiner Meinung verbundene Autorität machten wir uns nicht klar. Er rechnete nicht damit, daß sein Wort auf die leichte Schulter genommen wurde.

Jetzt starrte er die Frauen an, streifte sie mit einem flüchtigen Blick und wandte sich dann an Wally. Er hatte keinerlei Grund zur Beanstandung gefunden, aber die Verärgerung über die vielen Frauen, die unser Haus bevölkerten, war noch zu spüren.

»Gib mir ein paar Angelhaken!« sagte er in dem Versuch, seine Anwesenheit zu rechtfertigen.

»Was hast du zum Tauschen?« fragte Wally. »Bananen?«

»Nichts«, stieß Timotheus hervor. Er blickte Wally feindlich an und verlagerte sein Gewicht ungeduldig von einem Fuß auf den anderen.

»Du kannst sie nicht umsonst bekommen«, sagte Wally. »Willst du vielleicht dafür arbeiten?«

»Nein! Dann gib mir eben nur einen Angelhaken, wenn du so geizig bist!«

Die Frauen, die sich in der Ecke zusammendrängten, nickten Wally nachdrücklich und auffordernd zu. Aber er war nicht bereit, sich einschüchtern zu lassen. Er schüttelte den Kopf. Timotheus bestürmte ihn um so lauter, so daß Wally ihm schließlich den Rücken zuwandte.

»Bist du taub?« brüllte Timotheus und zupfte ärgerlich an seiner Bogensehne. »Kannst du mich *hören*«, Fremder?«

Wally beachtete ihn nicht. Timotheus griff hastig nach einem der Pfeile, die er neben der Tür gelassen hatte. Schnell schob er ihn in die richtige Lage und zog die Bogensehne zurück bis zu seinem Ohr. Sein Gesicht war dunkel vor Wut. Jeder Muskel seines Körpers schien in Erregung angespannt zu sein.

Mein Herz schlug wild. Ich sah zu Wally hin, um beruhigt zu werden. Aber sein Gesicht war völlig ausdruckslos. Die einzige sichtbare Gefühlsregung bestand in der Entschlossenheit, Präzedenzfälle zu schaffen, mit denen es uns möglich wäre, zu leben.

»Fremder!« brüllte Timotheus, wütend gemacht durch die Tatsache, daß Wally nicht einmal auf seine Drohungen einging. »Ich werde dich erschießen! Ich werde dein Blut fließen lassen!«

Einen mir endlos vorkommenden Augenblick lang hielt er seinen zitternden Pfeil auf Wally gerichtet. Dann zog er ihn plötzlich zurück. Ärgerlich schlug er damit gegen seinen Bogen, stapfte aus dem Haus und schleuderte wüste Schimpfworte über seine Schulter zurück.

Eine kurze Zeit war es still im Haus, dann kicherten die Frauen, die den Vorfall beobachtet hatten, erleichtert und scharten sich um ihren neuen Helden.

»Mein lieber älterer Bruder!« rief eine voll Begeisterung. »Fürchtest du dich vor niemandem?«

Sie gelangte zu ihm und schlang ihre Arme um seinen Hals, während sie ihm in sein überraschtes Gesicht lachte. Unverzüglich befreite sich Wally von ihr, schalt sie aus und flüchtete in das Haus der Hadleys.

Am nächsten Tag kam das Flugzeug mit unserer letzten Proviantladung an. Die Radfords machten sich fertig zu ihrem Rückflug in die zivilisierte Welt. Eine Menschenmenge versammelte sich zum üblichen Lebewohlsagen um das Flugzeug. Die Eingeborenen versprachen, den Abreisenden treu ergeben zu bleiben, wenn diese ihnen wenigstens ein kleines Andenken zurückließen. Sie verlangten laut nach Fannys Kleid, quälten George, ihre Buschmesser bloß noch einmal zu schleifen, bettelten um einen Handkoffer und um eine Halskette.

Timotheus schritt zum Flugzeug mit einem Satz Pfeil und Bogen, den er George mitgeben wollte. Er handelte mit kühlem Selbstbewußtsein, das der Erwähnung seines heftigen Ausbruchs vom Tag zuvor Hohn sprach.

Es waren keine Tauschgüter zur Hand. Aber in dem sicheren Gefühl, daß sein Tauschangebot einer Entschuldigung gleichkäme, begann George, sein Hemd aufzuknöpfen. Timotheus grinste breit, und die Menge um das Flugzeug herum bejubelte den Fremden, der bereit war, sein Hemd für einen annehmbaren Ersatz auszuziehen.

Endlich wurden die Reisenden an ihren Sitzen festgeschnallt. Der Propeller begann zu surren und blies mit einem Windstoß Gras und Staub in die Gesichter von allen, die hinter dem Flugzeug standen. Die Indianer balgten sich um die günstigen Plätze zur Beobachtung des Starts. Wir winkten ein letztes Lebewohl und verfolgten die Maschine bis zum Ende der Rollbahn. Bald würde sie an unserem Haus vorbeirasen und sich dann in die Luft erheben.

Die Menschen im Gewühl um uns herum lachten und schrien, als das Flugzeug an Höhe gewann und auf die Berge zusteuerte. Die Indianer hatten die Aufregung der letzten paar Tage genossen und auch das Erlebnis, geheimnisträchtige Kisten aus dem Bauch der Maschine zum Haus der Fremden schleppen zu helfen. Das war jetzt vorbei, und es machte ihnen überhaupt nichts aus, daß der Mond dreimal abnehmen müßte, ehe das Flugzeug zurückkehrte.

Die Herzen von vier einsamen Fremden, die wie schwache unbedeutende Punkte auf der großen Steppe neben dem Landeplatz standen, schlugen allerdings in einer gewissen Erregung. Wir folgten dem winzigen Gebilde mit unseren Augen, bis es zwischen den Bergen verschwand. Dann gingen wir mit einem merkwürdigen, unbestimmten Gefühl der Verlassenheit zu unseren Häusern zurück. Für wenige Tage hatte die kleine Maschine als Bindeglied zur zivilisierten Welt gedient. Jetzt aber war sie fort, und der Abstand, der uns von allem trennte, was uns bekannt war, kam uns brennend zum Bewußtsein. In den Augen der Gemeindeglieder, die uns auf unserem Weg ermutigt hatten, mochten wir Helden sein. Für die Menschen um uns herum aber waren wir nur unwissende, sprachgehemmte Fremde ohne augenfälligen Nutzen.

Tage der Anpassung begannen, als wir uns mit unserer neuen Umgebung vertraut machten und durchführbare Lösungsmöglichkeiten für die Probleme ausarbeiteten, denen wir gegenüberstanden. Derek und Wally machten sich daran, so schnell wie möglich die Grundausstattung unserer Häuser zu vervollständigen, um sich dann ganz der Arbeit an den Yanoamös widmen zu können. In der Zwischenzeit gaben wir uns Mühe, uns an den neuen Dialekt der Sprache, die wir im Tiefland erlernt hatten, zu gewöhnen, eine Beziehung zu den äußerst lebendigen Personen um uns herum herzustellen und ihr Verlangen nach geistlichen Dingen anzuregen.

Wally verbrachte einen guten Teil des Tages damit, Derek bei der Fertigstellung seines Hauses zu helfen, damit sie beginnen konnten, eine dauernde Bleibe für uns zu schaffen. Während seiner Abwesenheit erhielten die Kinder und ich einen ständigen Strom von Besuchern, die unsere Geduld bis zum äußersten auf die Probe stellten.

Ich war immer auf der Hut vor den häufigen Versuchen unserer »Gäste«, sich aus dem Haus zu stehlen mit Bleistiften, Sicherheitsnadeln, Löffeln und Büchern unserer zwei jüngsten Kinder Janice und Davey, die diese auf dem Boden liegengelassen hatten. Wenn immer ich jemanden dabei erwischte, mit irgend etwas zu verschwinden, pflegte er es freundlich zurückzugeben, sich auf den Boden zu setzen und auf die nächste Gelegenheit zu warten. Gegenstände von offensichtlichem Wert zu stehlen, wurde scheel angesehen, sich aber mit irgend etwas davonzumachen, das man auf dem Fußboden gefunden hatte, galt mehr als Spiel denn als eine Straftat. Wenn ich die Besucher ertappte, bevor sie aus der Tür waren, hatte *ich* gewonnen. Wenn es ihnen gelang, den Gegenstand erfolgreich in ihr Haus zu schmuggeln, hatten *sie* gewonnen, und es war nicht anzunehmen, daß ich um seine Rückgabe bäte. An diesem Punkt waren wir oft verschiedener Ansicht.

Auseinandersetzungen über gestohlene Gegenstände hatten wir bis zur völligen Erschöpfung geführt. Unsere neuen Freunde duldeten es nicht, in ihrer Veranlagung gehindert zu werden; und unsere Versuche, unsere Besitztümer wiederzubekommen, endeten für gewöhnlich in einem Schwall von Ausrufen und Drohungen, die uns ans Ende unserer Kräfte brachten.

In dem Bemühen, solche Streitigkeiten zu vermeiden, begann ich, meine Arbeit so oft wie möglich draußen zu erledigen und mich mit den Besuchern am Lagerfeuer zu unterhalten. Obwohl ein kleiner Propangasofen für uns eingeflogen worden war, benutzten wir weiterhin ein Feuer im Freien zum täglichen Abkochen des Trinkwassers. Auf diese Weise konnten wir Brennstoff sparen, und die Glut des Feuers sorgte für Wärme und Stimmung, die unsere Gäste so liebten.

Draußen am Lagerfeuer pflegte ich unsere Wäsche in Wasserkübeln zu waschen. Die Frauen erprobten dabei verschwenderisch unsere Seife, schäumten ihre Kinder damit ein und schubsten sie anschließend in den Fluß. Abgesehen von der Tatsache, daß einige begeisterte Wäscherinnen oft untilgbare rote Fingerabdrücke auf dem Leinen hinterließen, schien diese Einrichtung ziemlich befriedigend zu sein. Aber ich konnte es nicht immer einrichten, ein Auge auf die Haustür zu werfen. Eines Nachmittags waren wir von einem improvisierten Meinungsaustausch über die Schöpfung in Anspruch genommen, als ein kleiner Junge mich hartnäckig am Arm zog und mir berichtete, Wishiquimi habe einige Lebensmittel gestohlen. Wir rannten alle eilig zum Haus und prüften einen großen Haufen von frischem Mais, den ich eben im Tausch für etwas Zwirn bekommen hatte.

»Er hat recht!« schrien alle laut. »Da fehlt was!«

Lärmend fingen sie an, Wishiquimi – wer immer das auch war – zu verwünschen und auf diese Weise reichlichen Gebrauch von dem Namen zu machen. Ich griff hastig nach einem Bleistift und kritzelte den Namen hin, um später darauf Bezug nehmen zu können. Wir hatten noch nicht ausfindig gemacht, welche Einschränkungen es für die Unantastbarkeit des Namens gab. Aber die Indianer schienen zu meinen, Wishiquimi verdiene es nicht, daß ihr Name geschützt würde.

»Ruf Wally! Ruf Derek!« schrien sie ungeduldig auf mich ein. »Lauf hinter ihr her!«

Ich zögerte zuzugeben, daß ich überhaupt nicht wußte, wer Wishiquimi war. Statt dessen fragte ich, wo sie gesessen hatte.

»Erinnerst du dich nicht? Genau auf dem Baumstumpf neben dir, mit ihrem Baby, einem kleinen Mädchen auf dem Arm.«

Ich zog den Notizzettel hervor und fügte ergänzend hinzu, daß Wishiquimi eine kleine Tochter habe. Wir würden alle uns verfügbaren Anhaltspunkte brauchen. Aber ich scheute vor dem neuen Vorschlag der Frauen zurück, eine scharfe Verfolgung aufzunehmen. Der übriggebliebene Mais würde wahrscheinlich ohnehin verschwunden sein, während ich weg war.

Am nächsten Morgen schlossen wir die Türen ab und machten uns auf ins Dorf. Es war ein Weg von vier bis fünf Minuten querfeldein über die Steppe. Wir wollten unser Bestes tun, unseren Mais und unsere Ehre zu retten.

So marschierten wir den Trampelpfad hinunter und durch das Moor. Vorsichtig stiegen wir über die Müllhaufen, die das Dorf umgaben, bis wir die Verschanzung aus Pfosten erreicht hatten, die das Rundhaus einschloß. Wir kletterten durch einen kleinen, bei Tage geöffneten Durchgang, traten behutsam auf einige Pfähle, die ein schmutziges Schlammloch abdeckten, und machten unsicher am Rande der Dorflichtung halt.

Abgezehrte, wütend knurrende Hunde liefen von allen Seiten auf uns zu. Aus einem nahegelegenen Schuppen wurde ein Holzknüppel auf sie geschleudert. Wir musterten das weite Rund von »Häusern«, Seite an Seite rings um die Dorflichtung gebaut, und fragten uns, wo wir anfangen sollten. Mehr als zweihundert Menschen lebten in dem Dorf, und keiner von uns wußte genau, wen wir eigentlich suchten.

Geduckt krochen wir unter einer Reihe von langen Palmblättern durch, die die Vorderwand des nächstgelegenen Schuppens bildeten. Die Leute schaukelten sich in Hängematten, die in Dreiecksform angeordnet und um rauchende Lagerfeuer aufgespannt waren. Sie boten uns Kloben von Feuerholz zum Sitzen an. Die Seiten jedes angrenzenden Hauses waren offen, so daß alle Schuppen in einem langen, ununterbrochenen Flur von Hängematten und Lagerfeuern zusammenzulaufen schienen. Körbe, Kürbisflaschen und hübsch eingewickelte Bündel hingen von den Dächern herunter, und ein guter Vorrat von Feuerholz war unter den Dachrinnen aufgeschichtet.

Die Bewohner der Nachbarschuppen suchten sich einen Weg durch das Gewirr von angeknüpften Hängematten und stießen zu der Menschenmenge um uns herum. Sie fragten nach dem Grund unseres Besuches. Als wir Wishiquimi namentlich erwähnten, herrschte einen Augenblick lang bestürztes Schweigen. Dann brach heulendes Gelächter los.

Sie konnten sich nicht denken, wie wir überhaupt dazu gekommen waren, den Stammesnamen dieser Frau zu ermitteln. Aber sie zeigten sich durchaus hocherfreut über die ungezwungene Art, mit der wir Gebrauch von ihm machten. Allerdings wäre es nicht so lustig gewesen, wenn wir irgendeinen von *ihnen* beim Namen genannt hätten.

»Wer, sagt ihr, hat euren Mais gestohlen?« fragten sie lachend und forderten sich gegenseitig zum Schweigen auf. »Wer war es?«

Wir nahmen unseren Weg rund um den Kreis der Schuppen, beantworteten bei jedem Stehenbleiben die gleichen Fragen und lieferten den Dorfbewohnern eine einstündige Unterhaltung, die sie gründlich genossen. Dabei versuchten wir, die Tatsache zu verdecken, daß wir unsere berühmt gewordene Maisdiebin überhaupt nicht erkannt haben würden, hätten wir Auge in Auge mit ihr gesprochen.

Unsere Ermittlungen nahmen ein plötzliches Ende, als Josés Bruder auf die Lichtung rannte und atemlos verkündete, Männer aus einem nahegelegenen Dorf seien in unser Haus eingebrochen und hätten einige unserer Kleidungsstücke gestohlen.

Am nächsten Tag brachen Derek und Wally zu dem kleinen Dorf auf, das sich auf der gegenüberliegenden Seite in den Dschungel kuschelte. Ungefähr fünfundvierzig Minuten nahm der Weg in

Anspruch. Die gestohlenen Gegenstände bedeuteten keine nennenswerte finanzielle Einbuße. Aber es stand mehr auf dem Spiel als Dollars und Cents. Nachlässigkeit in dem Bemühen, unsere persönlichen Besitztümer zurückzugewinnen, würde eine Welle von Diebereien ausgelöst haben, die wir niemals in den Griff bekommen könnten. So hätten wir schnell nicht nur den Rest unseres Eigentums verloren, sondern auch die Achtung, die wir zu gewinnen hofften.

Eine verbissene Menge wohlwollender Freunde drückte sich vor unserem Haus herum und beobachtete Derek und Wally, wie sie unten im Tal verschwanden. Den Seitensprung Wishiquimis mochten die Indianer noch lustig gefunden haben. Als sie aber die Schufte aus dem Nachbardorf verurteilten, zeigte sich keine Andeutung eines Lächelns. Mit sich selbst waren sie viel nachsichtiger als mit anderen.

Die Männer schauten mich ernst an, ehe sie zum Rundhaus zurücksteuerten. »Das wird einen Kampf geben«, prophezeiten sie. »Ohne Kampf geben die überhaupt nichts raus.«

Schweigend drängten sich die Frauen um mich, als wollten sie den Schock abfangen. Sie zogen einen Flunsch, blinzelten mit den Augen, verdrückten ein paar Tränen und preßten in einer tröstenden Geste meinen Arm. Dann folgten sie mir ins Haus, wo ich mich in einer verzwickten Lage befand durch die Überlegung, ob die Situation wirklich mehr Besorgnis verdiente, als ich augenblicklich empfand.

Ein junges Ehepaar mit Sippenbanden in beiden Dörfern begleitete Derek und Wally über die Hügel. Als sie sich ihrem Bestimmungsort näherten, lief die junge Frau vor, um die Dorfbewohner von ihrem Kommen zu verständigen. Ihr Ehemann, in gleicher Weise besorgt um das Wohlergehen beider Seiten, versuchte, Derek und Wally mit Knüppeln zu bewaffnen. Aber sie lehnten es ab. Zum gegenwärtigen Zeitpunkt waren sie sich nämlich nicht sicher, ob er ihnen die Stangen anbot in der Absicht, Derek und Wally ein männliches Aussehen zu geben, oder ob sie mit ihnen kämpfen sollten. Die dritte Möglichkeit bestand darin, daß die Knüppel später als Beweisstück erster Ordnung für den Vorwand der Selbstverteidigung verwendet werden sollten, und zwar von den Dorfbewohnern, die der Ankunft der Fremden gespannt entgegensahen.

Das Dorf lag in tödlicher Stille, als sie sich ihm näherten. Die junge Frau, die Derek und Wally vorausgerannt war, hatte Alarm geschlagen, und das Dorf hatte sich auf einen großen Angriff vorbereitet. Wer konnte schon wissen, was von zwei zornigen Fremden zu erwarten war?

Derek und Wally quetschten sich durch die Öffnung im Pfahlzaun und duckten sich unter den Blättern, die über dem Dorfeingang hingen. In dem Augenblick, als sie auf die Lichtung traten, erhob sich gewaltiger Lärm. Mit wildem Gebrüll stürmte eine Anzahl Krieger quer über die Lichtung und umringte Derek und Wally mit gezückten Pfeilen.

Im Hintergrund waren vor jeder Familienparzelle Posten aufgestellt, die auf dem Boden herumtrampelten und sich gegenseitig durch Ausrufe ermutigten. Die Luft war geladen mit Bogen und Pfeilen, Knüppeln, Äxten und Buschmessern. Kinder kreischten, Hunde bellten, und eine Frau wimmerte vor Angst, als die Fremden einen Augenblick lang vor ihr stehenblieben und dann weiterschritten.

Derek und Wally kamen zu der Überzeugung, daß es keine andere Möglichkeit gab, als in ihren Ermittlungen fortzufahren. So verfolgten sie also ihren ausgearbeiteten Plan zur Durchsuchung des Dorfes. Sie platzten so schnell in den ersten Schuppen hinein, daß der Wachtposten seinen Pfeil zurückziehen mußte, um einen Zusammenprall zu verhindern. Die wütende Volksmenge, die die beiden auf der Lichtung umringt hatte, schien von der Tatsache verwirrt, daß die Fremden kein Interesse an einer körperlichen Auseinandersetzung bekundeten. Die Leute blieben jetzt dicht hinter ihnen und hielten das Sperrfeuer mit Worten aufrecht.

Von Schuppen zu Schuppen machten Derek und Wally die Runde im Dorf. Systematisch schütteten sie den Inhalt von jedem Korb auf dem Boden aus und forderten im Getöse von Drohungen und Flüchen die Rückgabe ihrer Kleidung. Sorgfältig achteten sie darauf, jede körperliche Berührung zu vermeiden, die als Angriff ausgelegt werden könnte.

Der Rundgang war abgeschlossen, und nichts hatte sich gefunden. Dennoch waren die beiden überzeugt, daß sich die Kleidung irgendwo befand. Die Schuld des Dorfes zeigte sich augenfällig an der nervösen Spannung, die sich jeden Augenblick zu entladen drohte.

Mit dem Entschluß, eine etwas vornehmere Methode zur Lösung des Problems zu wählen, schritten Derek und Wally entschlossen in die Mitte der Dorflichtung. Sie setzten ihre Füße fest auf, strafften ihre Schultern und begannen, sich leicht hin- und herzuwiegen in sachgerechter Nachahmung der Art und Weise, die sie oft an Timotheus und José beobachtet hatten, wenn diese ihren Unwillen zum Ausdruck brachten. Dann räusperten sie sich nachdrücklich und fingen beide gleichzeitig zu sprechen an. Mit der größten Lebhaftigkeit, die sie aufbieten konnten, ließen Derek und Wally eine unerschrockene Angriffsrede vom Stapel und leierten ihre Beschwerden auf typische Yanoamö-Manier herunter. Allmählich legte sich der Tumult um sie herum, und die Krieger, die sie immer noch einkreisten, schauten sich zögernd mit unbehaglichen Blicken an.

Ein alter Mann eilte nach vorn, um die Fremden mit der Versicherung zu beruhigen, daß niemand irgend etwas genommen habe. Aber seine Unruhe über ihre erneut vorgebrachten Anklagen dienten lediglich dazu, sie davon zu überzeugen, daß ihre Beschuldigungen endlich zu Herzen genommen wurden. Die Bitte des alten Mannes um Stillschweigen beachteten sie nicht. Vielmehr sprachen sie mit größter Lautstärke weiter und fügten noch eine Beschwerde an über die ungastliche Aufnahme, die sie eben erfahren hatten, als sie kamen, um höflich die Rückgabe ihrer Kleidung zu erbitten.

Der alte Mann begann, die Frauen und Kinder anzubrüllen, die das aufregende Erlebnis aus der sicheren Entfernung ihrer Schuppen beobachteten. »Geht und holt die Sachen dieses Mannes! Na los! Beeilt euch! Bringt mir alles, was ihr weggenommen habt!«

Derek und Wally waren hocherfreut über den plötzlichen Wechsel im Geschehen und verfolgten ihre Angelegenheit mit neuer Kraft weiter. Sie wiederholten die den Frauen und Kindern gegebenen Anweisungen des alten Mannes. Eine Anzahl Jungen eilte aus dem Dorf herbei und kehrte bald mit einem Haufen von Kleidungsstücken zurück, die sie dem alten Mann mit ernstem Gesicht in die Hand drückten. Stück für Stück händigte er sie an Derek und Wally aus. Der Erfolg kam so überraschend, daß die beiden Missionare etwas Mühe hatten, ihre Verärgerung nicht zu vergessen. Aber sie hielten an ihr fest, untersuchten jedes zurückgegebene Stück und beschwerten sich über jeden Schmutz- oder Farbfleck. Bald waren ihre Arme mit mehr Kleidungsstücken behängt, als wir überhaupt vermißt hatten.

Jill und ich waren noch im Ungewissen und schauten besorgt auf die Uhr. Jede von uns tat ihre Pflicht als Wachtposten im eigenen Heim, durch einen einminütigen Weg voneinander getrennt. Gegenseitig konnten wir uns keinen Mut zusprechen, und die düsteren Prophezeiungen, die wir früher gehört hatten, wurden verstärkt durch die wichtigtuerischen Gruppen von Frauen, die sich mitfühlend um jede von uns in unserem abgeschiedenen Haus scharten.

»Schwester«, flüsterte eine meiner Trösterinnen mir zu, »würdest du schreien, wenn dein Mann verletzt wäre?«

Ich gab zu, daß ich es vermutlich täte. Einen Augenblick lang tuschelten sie miteinander.

»Wer trägt Bobbys Vater nach Hause?« fragte eine andere. »Was ist, wenn er irgendwo herumliegt?«

Ich antwortete nicht sofort, so daß sie sich nach vorn beugte, um eine andere Frage zu wispern: »Schwester, sterbt ihr Fremden eigentlich auch?«

Sie vertrieben sich die Zeit mit ängstlichem Geflüster und teilten sich die mörderischen Einzelheiten ihrer Überlegungen mit, die den Kampf auf der anderen Seite der Steppe betrafen. Zur Abwechslung waren sie jetzt eine nüchterne Gruppe. Die Vorstellung, daß ihre Ansichten eine innere Schau normaler Lebensweise der Yanoamös widerspiegelten, ließ mich frösteln. Vielleicht waren Wally und Derek wirklich in Gefahr. Aber ich bemühte mich, meinen Verstand dieser Möglichkeit zu verschließen.

Ich stand in der Türöffnung und suchte mit den Augen das lange, unbewohnte Tal ab. Die Frauen betrachteten mich nachdenklich und wünschten, daß ich den Tränen freien Lauf ließe, die ich ihrer Überzeugung nach zurückhielt.

»Schwester«, flüsterte eine von ihnen, »komm und setz dich hierher zu uns! Wir wollen mit dir weinen.«

Ihre eigenen Augen flossen von Tränen über, und sie nickten mir auffordernd zu, mich ihnen anzuschließen. Sie wechselten ihre Lage, um auf dem schmutzigen Fußboden etwas mehr Platz zu schaffen. Aber ich lehnte ab. Ich schüttelte den Kopf und kehrte zu meiner Bank neben dem Tisch zurück. Mein Unbehagen wuchs. Trotzdem fürchtete ich mich, die Hoffnung aufzugeben, daß alles in Ordnung war. Ich griff nach einer Bibel, blätterte das Buch Jesaja durch und überflog die Seiten auf der Suche nach einem Trostwort. Meine Augen blieben an dem Wort »Waffe« hängen, und ich hielt inne. Nichts hätte passender klingen können. Ich las es wieder und wieder: Jesaja 54, 17: »Keiner Waffe, die gegen dich bereitet wird, soll es gelingen... Das ist das Erbteil der Knechte des Herrn.«

Einen Augenblick lang kämpfte ich innerlich: Ich machte mir nämlich folgendes klar: Wenn ein solcher Vers wirklich eine Verheißung für alle Gelegenheiten war, könnte es so etwas wie Märtyrertum nicht geben. Aber schließlich kam ich zu dem Schluß, daß Gott einen anderen Schriftvers gewählt hätte, wenn er mein Herz auf schlimme Nachrichten vorbereiten wollte. So nahm ich ihn also als bare Münze und stand auf, um das Abendbrot zu richten.

Die Frauen bemerkten mein verändertes Verhalten und fragten, wieso mein Kummer verschwunden sei.

»Warum soll ich Angst haben?« erwiderte ich mit neuem Vertrauen. »Die Heilige Schrift sagt, daß Gott Derek und Wally beschützen wird. Die Männer dort drüben können ihnen nicht schaden.«

»Ho, ho!« antworteten sie und schauten sich gegenseitig verlegen an. Ein Augenblick verstrich, dann stand die erste auf.

»Ich gehe nach Hause«, verkündete sie. »Wenn wir nicht zusammen weinen, hat es keinen Zweck, hier zu sitzen und nichts zu tun.«

Auch die anderen standen auf und gingen mit ihr nach draußen, verwirrt von der Botschaft, die ich erhalten hatte.

Bald darauf kamen Derek und Wally zurück und erzählten mit einem gelösten Lächeln ihre Abenteuer. Es war ihnen nicht nur gelungen, gute Bedingungen mit dem Nachbardorf zu schaffen. Den Männern, die ihr Leben derart bedroht hatten, lag außerdem sehr viel daran, Derek und Wally davon zu überzeugen, daß sie keine bösen Gefühle gegen uns hegten. Deshalb luden sie uns alle zu einem Besuch ein.

Am nächsten Morgen erschien in großer Aufregung an der Tür eine Frau. Es war die Frau, die mich aufgefordert hatte, sie »Mutter« zu nennen. Sie sah mich beim Sprechen nicht an. Aber weil ich weit und breit der einzige Mensch war, schien es ziemlich klar zu sein, daß ihre Schimpfkanonade gegen mich gerichtet war.

»Immerzu nennst du die Namen der Leute«, schrie sie. »Immerzu verwendest du den Namen meiner Tochter! Warum führst du dich wie ein Feind auf?«

Ich starrte sie bestürzt an.

»Warum behandelst du meine Tochter so?« fuhr sie fort. »Sie ist so verängstigt, daß sie noch nicht einmal essen kann.«

Endlich dämmerte es mir.

»Bist du Wishiquimis Mutter?« fragte ich ungläubig.

Sie nickte voller Ärger und schüttelte ungehalten ihren Kopf, als ich den Verstoß wiederholte. Würde ich *niemals* begreifen, wie beleidigend es war, ehrenwerte Namen zu gebrauchen?

»Willst du ihr schaden?« fragte sie. »Was wirst du tun?«

Ich sagte, daß ich nur um die Rückgabe von meinem Mais bitten würde, und sie lachte erleichtert. Dann quetschte sie sich auf die Bank neben mich und lächelte gönnerhaft.

»Meine Kleine, dein Mais war nicht gut. Er war alt und zäh. Du hättest ihn überhaupt nicht gemocht. Warum bist du so ärgerlich?«

Plötzlich war sie ganz Liebe und Zartgefühl. Sie umarmte mich impulsiv, und ich hatte Mühe, mein Mißfallen nicht zu zeigen.

»Ihr habt meinen Mais also gegessen«, schalt ich.

Beruhigend legte sie ihre Hand auf meine Schulter, aber ich widersetzte mich der Besänftigung.

»Wenn du ihn mit deiner Tochter schon gegessen hast, wirst du dafür mit Bananen bezahlen.«

Lachend stimmte sie zu. Etwas später kam sie mit einer Staude kleiner Fatulima-Bananen zurück. Ich war zu unbedarft, um diese Art als die minderwertigste zu erkennen, die die Natur hervorbringt.

Bei ihrem nächsten Besuch befand sich in ihrer Begleitung eine junge Frau mit einem Baby auf dem Arm. Es *mußte* Wishiquimi sein. Sie sah so ängstlich aus, daß ich es fürs erste unterließ, das besagte Thema anzuschneiden.

Schließlich trieb mich meine Neugier, ihre Reaktion zu testen. »Ich bin dir nicht böse«, sagte ich mit dem zuvorkommenden Angebot, zu vergeben und zu vergessen. Sie nickte und lächelte gewinnend. Warum solltest du böse sein? schien sie zu fragen.

Ich versuchte es erneut, und bezog eine deutlichere Stellungnahme. »Bestiehl mich nicht mehr! Ich werde ärgerlich, wenn Leute meine Nahrungsmittel wegnehmen.«

Sie musterte mein Gesicht mit verdutzten, unwissenden Augen. »Ich habe dich niemals bestohlen«, versicherte sie mir. »*Ich habe deinen Mais nicht genommen. Andere Leute stehlen, aber ich nicht.*«

Ein lautes Geklapper weckte uns, als Julio, Josés Bruder, ungeduldig an die Seite des Hauses hämmerte. »Bruder! Wally! Schläfst du noch?« rief er. Er stieß einen Pfeil durch eine Mauerspalte, um unsere Aufmerksamkeit anzuziehen.

»Bruder! Beeil dich! Steh auf und zünde das Feuer an! Mir ist kalt.«

Wally seufzte ergeben und langte nach seinen Kleidern. Dann stieg er die Leiter herunter aus dem Obergeschoß, in dem wir auf ausgebreiteten Schaumstoffmatten schliefen, und tastete sich im Halbdunkel über die schmutzige Diele. Er machte sich mit dem Schloß zu schaffen und öffnete seinem Freund die Tür.

Julio hastete fröstelnd herein und hockte sich auf den Fußboden. Ein kalter Nieselregen hatte ihn völlig durchnäßt. Zufrieden kuschelte er sich zusammen, während Wally eifrig nach den Streichhölzern suchte. Dabei ließ er seine Augen über den Wohlstand der primitiven kleinen Hütte schweifen, die vorübergehend unser Heim bildete.

Julios Besuche am frühen Morgen gehörten allmählich zum täglichen Trott. Auf dem Heimweg von seinen Jagdausflügen in der frühen Morgendämmerung schaute er gern bei uns herein, um uns wissen zu lassen, ob sein Unternehmen erfolgreich gewesen war.

»Den ganzen Morgen lang habe ich überhaupt nichts gesehen«, seufzte er. »Alles war erschreckend still. Da müssen Räuber in der Nähe sein.«

Wally fand die Streichhölzer und folgte Julio nach draußen in den kühlen Morgennebel, um das Lagerfeuer anzuzünden. Gedankenverloren starrte er in den Dschungel hinter dem Haus und überlegte, ob sich eine Schar feindlicher Krieger eigentlich dort im Schatten verstecken könnte.

Wir hatten von Julio gehört, lange bevor wir ihn persönlich kennenlernen konnten. Derek hatte oft von ihm gesprochen und Nachrichten weitergegeben, die er vor unserer Ankunft erhalten hatte. In der Tat ging die Furcht vor einem feindlichen Angriff auf den Tod von zwei Männern zurück, die von Julio und seinem Vetter getötet worden waren. Ein Trupp Krieger aus dem Balafili-Tal hatte die Leute aus der großen Steppe angegriffen, um einen Todesfall zu rächen, den sie auf Zauberei zurückführten. Zwei Männer waren in dem Scharmützel verletzt worden, und als die angreifenden Dorfbewohner flohen, hatten Julio und sein Vetter sie verfolgt. Im Dschungelgebiet hatten sie sie eingeholt und zwei von ihnen getötet und damit ihre Familien und Freunde in einen Zustand eisiger Furcht gestürzt, weil die unumgängliche Vergeltung zu erwarten war.

Julio kratzte die verkohlten Überreste eines früheren Feuers zusammen, legte einige trockene Zweige dazu und hielt ein Streichholz an das Ganze. Mit leisen Schnalzlauten spornte er die Flammen an, und bald drängten er und Wally sich um die knisternde Wärme eines neu entfachten Feuers.

Julio atmete tief und zog seinen Magen ein, der mit einem lauten Knurren anzeigte, wie leer er war. Der Indianer seufzte und schlurfte näher ans Feuer heran.

»Bruder!« sagte er, »wenn wir mehr zu essen hätten, würden wir euch wirklich gut ernähren. Aber wir haben in diesen Tagen selbst gehungert.«

Sein Gesicht verhärtete sich im Zorn, als er den nahegelegenen Dschungel überblickte. »Überall sind dort Räuber«, stellte er mit einer Bitterkeit fest, die die Tatsache übersah, daß er selbst für die gegenwärtige Zwangslage verantwortlich war.

»Wir können noch nicht mal ohne Gefahr in unseren Garten gehen.«

Wally nickte zum Zeichen dafür, daß er verstanden hatte, und versicherte Julio, daß wir reichlich Lebensmittel für uns mitgebracht hätten.

»Bruder«, begann Julio wieder und musterte Wallys Gesicht über die Flammen hinweg, »kennst du unsere Feinde?«

Er streckte seine Hand aus und ergriff Wally bei der Schulter. »Kennst du sie?« wiederholte er. »Kümmerst du dich um das, was passiert? Würdest du auf sie auch sofort schießen, wenn du sie siehst?«

Die Antwort ließ sich schwer in Worte fassen. Wally wußte, daß man ihn mißverstehen würde. Ja, er war darüber besorgt.

Wally schüttelte den Kopf. »Nein«, antwortete er nach einer

verlegenen Pause, »ich kann nicht auf sie schießen. Mein Gewehr ist doch für wilde Tiere bestimmt.«

Einen Augenblick lang starrten sich die Männer gegenseitig an. Dann zog Julio seine Hand zurück. Angewidert wandte er sich ab. »Nein, hilf uns nicht!«, murmelte er mit beißendem Spott. »Verteidige uns nicht! Sollen sie uns doch einfach töten. Das macht doch nichts.«

Eine Weile saßen die beiden stillschweigend.

»Wir sind nicht hergekommen, um Menschen zu töten«, sagte Wally mit einer zögernden Erklärung unserer Arbeitsziele. »Wir wollen eine Botschaft des Lebens mitteilen, nicht eine des Todes. Zauberei und Kriegführung könnten beendet werden, wenn ihr Jesus Christus kennenlernen wollt.«

Julio war nicht beeindruckt. Er wußte, es bedurfte mehr als einer ungewöhnlichen Nachricht aus der Welt draußen, um das feindliche Dorf davon zu überzeugen, daß es seine Waffen niederlegen sollte.

Wally blieb am Lagerfeuer stehen, lange nachdem Julio gegangen war, und überdachte die Unterhaltung. Julio war nicht der einzige, der kürzlich mit Abscheu auf unsere Entscheidung geantwortet hatte, für niemanden Partei zu nehmen. Viele teilten seine Enttäuschung über die unverständliche Einschränkung unserer Freundschaft.

Das gute Verhältnis, von dem wir gehofft hatten, es mit den Leuten aufzubauen, schien weit weg zu sein. Abgesehen von der Möglichkeit, uns in ihre Kriegereien verwickeln zu lassen, gab es für uns hier anscheinend nichts zu tun.

Die Tage vergingen. Die Frauen, die an den Nachmittagsbesuchen in der Runde am Lagerfeuer Freude hatten, kamen zu der Überzeugung, daß unsere Unparteilichkeit mehr auf Unwissenheit beruhte als auf irgendeiner persönlichen Zuneigung gegenüber dem feindlichen Dorf. Sie machten sich darum an die Aufgabe, mich aufzuklären. Aber ihre Geduld wurde empfindlich auf die Probe gestellt.

Eines Nachmittags schlenderten sie den Pfad entlang, der zu unserem Haus führte, und fingen an zu rennen, als sie mich neben dem Lagerfeuer erspähten. Begeistert riefen sie meinen Namen und eilten auf mich zu. Ihre Körbe tanzten dabei auf ihrem Rücken. Lachend und schreiend schubsten sie sich gegenseitig in dem wahnwitzigen Versuch, herauszufinden, wer als erste bei mir ankäme.

Sie ließen ihre Körbe zu Boden fallen und stürzten von allen Seiten auf mich zu. Ich liebte ihre ungehobelten Besuche ebenso, wie sie es taten. Freundlich stellte ich meine Seife und die Wäscheeimer weg, während sie sich in jedes nur verfügbare Eckchen am Feuer quetschten.

Sie schlangen ihre Arme um meinen Nacken, legten ihre Beine dekorativ über meine Knie und überschütteten mich mit begeisterten Einladungen, sie auf einem Ausflug zu begleiten, mit dem Ziel, Kaulquappen zu fangen. Ich lehnte ab und machte unbestimmte Versprechungen für irgendeinen anderen Tag. Auch erklärte ich, daß ich das Waschen der Kleidung erledigen müßte.

»Am Fluß?« fragten sie ernsthaft. Sie erkannten, daß ich genau das vorhatte, und bestimmten, jemand bliebe besser bei mir.

»Du sollst nicht allein zum Fluß gehen«, schalten sie, wie schon so oft vorher. »Weißt du nicht, daß du nicht in die Nähe des Dschungels gehen darfst, wenn sich Räuber herumtreiben?«

Bei ihren ständigen Warnungen wurde es mir ungemütlich. Aber ich war nie zu einem richtigen Schluß gekommen, ob ihre Voreingenommenheit gegen die Räuber übertrieben war oder den Tatsachen entsprach. Deshalb hatte ich sie nie ganz ernst genommen. Die Schwierigkeit bestand nämlich darin, daß ihre jeweilige Stimmung sich zu sehr an der Oberfläche bewegte. So manche langwierige Erörterung war durch große Lachsalven über eine meiner unbedarften Bemerkungen unterbrochen worden, und der Ernst der Lage hatte sich verflüchtigt. Ich wußte niemals, wo die wirklichen Gegebenheiten aufhörten und der Spaß begann.

Die Frauen beschlossen, sich hinter mich zu stellen und mich zu beschützen. Als wir so weit waren, unsere Waschtätigkeit an den Fluß zu verlegen, begleiteten sie mich widerwillig und standen Wache, während ich die Wäsche spülte.

Vorsichtig untersuchten sie das Dunkel auf dem gegenüberliegenden Ufer, kletterten bis zum Rand des Wassers herunter und halfen mir, neben ihnen zu stehen. Zwei von ihnen sausten ins Wasser, um Krabben zu fangen. Die dritte saß neben mir am Ufer, umklammerte ihre Knie und prophezeite laut stöhnend kommendes Unheil.

Ganz unter uns hatten wir angefangen, die Frauen mit Namen zu benennen – aus naheliegenden Gründen. Wir nannten sie »Krummer Zahn«, »Lachende Dame« und »Dicke Tochter der Lachenden Dame«. Jetzt war es Lachende Dame, die in krankhafter Unzufriedenheit neben mir saß. Tränenreich gab sie flüsternd eine Darstellung des Krieges und suchte dabei prüfend die gegenüberliegende Seite des Ufers nach einer außergewöhnlichen Bewegung ab.

»Sie waren zornig über den Tod eines Mannes«, brachte sie schmollend hervor, »und sie beschuldigten uns, Zauberkraft angewandt zu haben. Wir haben es überhaupt nicht getan. Es müßten die Schamatali-Leute gewesen sein, sagten wir ihnen. Aber sie wollten uns nicht anhören.«

Sie hielt kurze Zeit inne und summte traurig vor sich hin, als sie sich die quälenden Einzelheiten ins Gedächtnis rief. Einen Augenblick lang saß sie ganz still und verschmierte eine Träne auf ihrer Wange. Dann ließ ein entferntes Heulen im Dschungel jedermann auf seinem Weg erstarren.

Lachende Dame sprang auf ihre Füße, und die Frauen im Fluß krabbelten wie wahnsinnig ans Ufer. Der Krumme Zahn und die Dicke Tochter der Lachenden Dame griffen nach ihren Körben und folgten der Lachenden Dame den Abhang hinauf. Schreiend forderten sie mich auf, ihnen zu folgen. Halb lachend und halb weinend hasteten sie die Böschung empor. Auf ihren feuchten Füßen rutschten sie und glitten aus. Gellend schrien sie einander zu, sich schneller zu bewegen. Keuchend und kichernd rannten sie zum Haus, warfen ihre Körbe zu Boden und schauten sich nach mir um.

»Margarita«, riefen sie und lachten überrascht, daß ich ihnen nicht gefolgt war. »Schwester, kommst du denn nicht?«

Ihre Ausgelassenheit hatte mich davon überzeugt, daß keine ernstliche Gefahr bestand. Aber ehe ich noch Zeit fand, mir eine Antwort zu überlegen, machte Dicke Tochter der Lachenden Dame einen verrückten Sprung zum Fluß, um mich zu retten. Sie glitt zum Ufer hinunter und ergriff mich beim Handgelenk. Hartnäckig hielt sie mich mit einer Hand fest und langte mit der anderen nach meinem Eimer mit nasser Wäsche. So schaffte sie es, mich das Ufer hoch in Sicherheit zu schleppen. Dann brach sie in Lachen aus und unterhielt die anderen mit einem abwechslungsreichen Bericht darüber, wie sie mich immer noch beim Wäschespülen im Fluß gefunden hatte.

Erst einige Monate später, als ich die Grausamkeit der Stammes-kriegereien kennenlernte, konnte ich das Risiko richtig würdigen, das sie auf sich genommen hatte, als sie zu meiner Rettung zurückgerannt war.

Die Wälder hallten wider von Schüssen. Der Schrei, den wir zuerst am Fluß gehört hatten, war den ganzen Weg bis zum Dorf weitergegeben worden. Er unterrichtete die Männer von der Gefahr, daß man Räuber erspäht hatte. Aus allen Ausgängen des Rundhauses strömten Krieger und rasten mit Bogen und Pfeilen den Pfad hinunter. Unter Gejohle spornten sie sich gegenseitig an. Männer, Frauen und Kinder rannten hinterher und schrien nach Blut.

Der Trupp pausierte kurz neben unserem Haus, während die Verantwortlichen bestimmten, welchen Weg jeder nehmen sollte. Einige waren eisern darauf versessen, die auf der Hand liegende Sache anzupacken. Andere jagten mit einer Aufregung herum, die besser auf einen Sport- als auf einen Kampfplatz gepaßt hätte. Sobald sie ihren Kurs festgelegt hatten, verschwanden sie im Dschungel, und wir konnten ihre hin- und hergehenden Rufe hören, mit denen sie sich bei der Suche nach den Räubern gegensei-tig auf dem laufenden hielten.

Ich war völlig im unklaren, ob eine wirkliche Gefahr bestand. Glaubten sie ehrlich, daß sich Feinde in der Nähe im Hinterhalt versteckt hielten? Oder wollten sie nur ihre Kriegstaktiken einmal in die Praxis umsetzen? Allerdings war ich von ihrem Verhalten nicht mehr verwirrt als sie von meinem. Sie konnten überhaupt nicht mein Zögern verstehen, die Tatsache anzuerkennen, daß irgend jemand einen Trupp Räuber direkt flußabwärts von unse-rem Haus entdeckt hatte.

Eine Weile später kamen die Männer zurück und verkündeten, daß sie die Räuber weggejagt hätten.

»Habt ihr sie wirklich gesehen?« fragte ich etwas ungläubig.

»Nein, aber ihre Spuren.«

»Vielleicht stammen diese Spuren von euren eigenen Leuten.«

Für einen Augenblick schauten sie mich prüfend an, verwundert über die Art meiner Betrachtungsweise. Dann zuckten sie ihre Achseln und gingen davon.

Die Frauen blieben beim Haus stehen, gruppierten sich um das Feuer und fragten, warum wir Fremden niemals die Räuber fürchteten. War es vielleicht deshalb, weil Gott uns schon ewiges Leben geschenkt hatte und wir wußten, daß wir unzerstörbar waren? Ich zögerte, ihnen zu erklären, daß unsere Furchtlosigkeit auf der Vermutung beruhte, ihre Räuberwarnungen seien blinder Alarm. Mir war bewußt, daß sie solche Mutmaßungen nicht ertragen konnten.

Lachende Dame fing an, unser tolles Abenteuer am Fluß noch einmal zu erzählen zur Freude derer, die nicht dabeigewesen waren, um die Vorstellung zu genießen.

»Aber warum hast du dich so gefürchtet?« fragte ich. »Räuber würden doch auf keinen Fall Frauen töten?«

Dicke Tochter der Lachenden Dame schüttelte ungeduldig meinen Arm und griff nach einem spitzen Stock, um einen Überfall auf mich vorzutäuschen. »Margarita«, sagte sie, »wenn die Räuber sich neben dem Weg verstecken, lassen sie uns erst nahe herankommen, und dann stechen sie so auf uns ein!«

Sie unterstrich ihre Aussage durch einen Stoß gegen mein Bein. Ich hielt deutlich die Luft an, und Lachende Dame brach in Gelächter aus, bis ihr die Tränen die Wangen herunterrollten.

»Kleine«, sagte sie, als ihre Ausgelassenheit abflaute, »Räuber sind *gefährlich*. Sie wollen die *Männer* erschießen. Aber wenn sie zornig genug sind, töten sie jeden. Sie würden sogar kleine Kinder erwürgen.«

Die Gruppe war plötzlich wieder ernst. Lachende Dame beugte sich vor und berührte leicht meinen Arm.

»Kleine«, fügte sie hinzu, »laß dich nicht täuschen! Sie würden sogar deine Kinder erwürgen.«

Nach einem Augenblick stiller Überlegung fingen die Frauen an, sich die Beine zu vertreten. Es wurde spät, und sie mußten noch Feuerholz für die Nacht sammeln. Wenigstens hatten sie nun die Gewißheit, daß sich keine Räuber längs des Weges versteckt hielten.

In den folgenden Tagen wurde mit zermürbender Regelmäßigkeit Räuberalarm geschlagen, und man bestürmte uns mit verzweifelten Bitten um Hilfe. Die Leistung von Wallys Schrotflinte hatte sich auf Jagdausflügen bewiesen. Unsere Nachbarn versuchten nun jede Taktik, Wally in die Kriegereien hineinzuziehen. Sie flehten, sie drohten. Aber alles nützte ihnen nichts.

Die ständige Furcht vor einem Überfall aus dem Hinterhalt forderte ihren Tribut. Es gab gereizte Nerven und häufig Streitereien. Die Gartenarbeit und das Jagen wurden vernachlässigt, so daß Hungerqualen zu dem allgemeinen Elend hinzukamen. Die Dorfältesten entschieden schließlich, alle Dorfbewohner für einige Tage zu evakuieren. Kleine, im Dschungel verstreute Familiengruppen könnten sich jenseits des normalen Bereichs der Räuber einer Atempause erfreuen.

Die Indianer bereiteten uns auf unser einsames Wachehalten vor durch lebhafte Schilderungen der Übel, die uns während ihrer Abwesenheit begegnen könnten. Wir nahmen ihre Warnungen leicht, so daß sie um so stärker versuchten, uns von den Gefahren zu überzeugen, denen wir ausgesetzt waren. Ihre Geschichten schmückten sie mit Schilderungen von viel Blut und Gewalttätigkeiten aus. Wir hätten von den feindlichen Kriegern keine besondere Behandlung zu erwarten, nur gerade deshalb, weil wir Fremde waren.

Einige schienen um unser Wohlergehen echt besorgt zu sein. Aber in den Warnungen der anderen lag etwas Unheimliches. Sie hätten sich für ihre Anstrengungen etwas mehr belohnt gefühlt, wenn sie gemerkt hätten, wie ungemütlich es mir allmählich wurde. Die Prophezeiungen, daß wir wegen unserer Besitztümer alle getötet würden, waren so zahlreich, daß ich mich folgendes zu fragen begann: Versuchten sie vielleicht, im voraus die Schuld für etwas, was sie selbst zu tun beabsichtigen, auf andere zu schieben? Würden sie uns wirklich Schaden zufügen? Meine Gedanken bewegten sich um die Warnungen, die wir beim Abschied von den Yanoamös aus dem Tiefland erhielten, als wir uns auf unsere erste Reise in die große Steppe vorbereiteten.

Etwa einen Tag vor der geplanten Abreise der Indianer machten wir einen Besuch im Dorf. Überall begegneten uns Hinweise auf die Kriegereien. Lange grüne Pfeilschäfte, aus Gärten in der Nähe heimgebracht, lehnten an den Häusern, um in der Sonne zu trocknen. Im Innern der Schuppen drängten sich Gruppen von Männern an rauchenden Feuern zusammen, knüpften Federn an neue Schäfte und taxierten die Wirkung neuer giftgetränkter Pfeilspitzen.

Ein Mann in blaugestreiftem Hemd beugte sich über den gelbwerdenden Pfeil, den er über der Asche trocknete. Er hob ihn auf und prüfte mit geübter Hand sein Gewicht. Dann hielt er ihn in Schußposition, wanderte mit dem Auge der Länge nach von oben nach unten und drehte ihn herum, um seine Krümmung zu kontrollieren. Zufrieden mit der Funktionstüchtigkeit des Pfeils, legte er ihn über seine Knie und machte eine Pause, um sich ein wenig mit uns zu unterhalten.

Er war ein Mann Anfang Dreißig. Derek hatte ihm kürzlich den Namen Enrique gegeben. Es hatte den Anschein, daß er zu der lose aufgestellten Rangordnung der Verantwortlichen im Dorf gehörte. Er teilte weder die stürmische Angriffslust Josés noch die Neigung zu Gewalttaten, wie sie bei Timotheus zu finden war. Aber sein Wort schien in weiten Teilen des Dorfes etwas zu gelten. Enriques Bemühen richtete sich mehr auf das Wohlergehen seiner Freunde als auf die Vernichtung seiner Feinde. Es fehlte ihm nicht an kriegerischer Geschicklichkeit, aber er bevorzugte die Kräfte der geistigen Welt.

Vielleicht war es sein großes Interesse für das Übernatürliche, das in ihm das einzigartige Verlangen weckte, von dem Gott zu hören, den wir kannten.

»Erzähl mir mehr von Gott!« bat er lächelnd, als er sich in seiner Hängematte ausruhte. »Ist er freundlich?«

Einige von Enriques Brüdern gesellten sich zu uns und kauerten sich neben Derek und Wally um das Lagerfeuer.

»Ja, er ist freundlich«, begann Derek und suchte nach passenden Worten, um zu erklären, daß Gott Interesse hat an den Yanoamös. »Er ist derjenige, der eure Bananen wachsen läßt. Er schuf das Gürteltier und das Tapir –«

»... und die Menschen«, unterbrach Enrique und nickte in der Erinnerung an das, was er vorher von uns gehört hatte. »Er liebt die Menschen, nicht wahr? Menschen wie uns?«

Derek bestätigte das. »Wenn er uns nicht liebte, würde er sich nicht die Mühe machen, uns vor der Hölle zu warnen. Er möchte uns wirklich vor dem Verderben bewahren.«

Die Menschen, die sich rund ums Feuer drängten, beugten sich vor, um sicher zu sein, daß ihnen keine Einzelheit entging, als Derek mit der Erzählung der Guten Nachricht fortfuhr. Zum Zeichen ihrer Zustimmung nickten sie und lächelten dankbar über das verheißene glückliche Ende. Alle sprachen sie auf einmal.

»Sagt ihm, wir lieben seinen Sohn!« Über ihr Gesicht ging ein

Schmunzeln, und sie rüttelten Derek und Wally am Arm. »Sagt ihm auch, wir möchten, daß er uns beschützt!«

»*Ihr* sollt es ihm sagen«, lachte Derek. »Er versteht eure Sprache.« Enrique grinste, wie immer bei dieser Vorstellung.

»Kleiner«, fragte ein alter Mann und griff dabei hastig nach Wallys Arm. »Hast du wirklich Gott gesehen? Ist seine Erscheinung nicht erschreckend?«

»Sein Gesicht habe ich nicht gesehen«, antwortete Wally zögernd. »Aber ich kenne sein Interesse.« Er machte eine kleine Pause und überlegte, wie ein solches theologisches Geheimnis erklärt werden könnte.

»Ja, ja, ja!« Enrique lächelte und schlug sich heftig auf die Brust. »Ich verstehe, was du meinst. Es ist genauso wie mit den Geistern. Man sieht sie nicht mit den Augen. Aber sie leben im Inneren, und man weiß, daß sie da sind.«

Er saß aufrecht in seiner Hängematte, holte tief Atem, klatschte in die Hände und bedeutete damit, daß es Zeit war, wieder an die Arbeit zu gehen.

»Die Räuber könnten in der Nähe sein«, stellte er lächelnd fest und entschuldigte sich damit von einer weiteren Unterhaltung. Er bückte sich noch einmal über das Feuer und beendete das Trocknen seines Pfeilschafts.

Mit den Hadleys drehten wir eine Runde im Dorf, blieben hier und dort zu einem kurzen Besuch stehen und dachten über Enriques Interesse für das Evangelium nach.

Bis jetzt hatten wir wegen des Fortgangs im Bauprogramm noch keine festen Versammlungen angesetzt. Aber ein ständiger Besucherstrom von der Morgendämmerung bis zur Dunkelheit am Abend hatte uns viele Möglichkeiten zum Weitersagen des Wortes Gottes gegeben. Suchte Enrique nur Schutz vor den von ihm gefürchteten Räubern, oder ging ihm wirklich langsam das Verständnis auf für die ewigen Werte, von denen wir oft gesprochen hatten?

Noch bedeckte Morgennebel den Landeplatz, als der Auszug der Indianer begann. Die Frauen schritten langsam, gebeugt unter der Last schwerbeladener Körbe, die alle ihre irdischen Güter enthielten. Babys in ungefügigen Traggestellen aus Baumrinde prallten gegen die Hüften der Frauen. Kleinkinder, die zu jung waren, um mit den anderen Schritt zu halten, thronten oben auf den Körben und schlangen ihre Arme eng um die Köpfe ihrer Mütter. Ältere Kinder und abgezehrte Hunde liefen neben ihnen, und die Krüppel und Lahmen schleppten sich hinterher.

Einige mit Pfeilen und Bogen gut bewaffnete Männer bewachten jede Familieneinheit, als der Zug sich vorsichtig über die Steppe bewegte und im Dschungel verschwand.

Eine Stunde später waren wir allein. Wie ruhig die Welt doch schien! Die Hadleys blieben zu einer gemütlichen Tasse Kaffee bei uns, aber wir konnten nicht entspannen. Die unheimliche Stille war zu quälend. Wir hatten ganz verlernt, unser Privatleben zu genießen.

Wir waren noch nicht lange allein gewesen, als sich die Nachricht in den umliegenden Dörfern ausbreitete, daß die Bewohner der großen Steppe ihren Wohnsitz vorübergehend im Dschungel aufgeschlagen hätten. Die ersten, die aus dieser Sachlage Nutzen zogen, waren die Leute aus dem nahegelegenen Dorf, in dem Derek und Wally auf dramatische Weise ihre gestohlene Kleidung eingetrieben hatten. Aus diesem unmöglichen Anfang hatte sich eine Freundschaft entwickelt und eine enge Beziehung zu dem Anführer ihrer Gruppe, einem stämmigen Medizinmann, den wir Miguel nannten.

Unsere Berührung mit Miguels Leuten hatte nur vereinzelt stattgefunden wegen der unterschwelligen Abneigung, die zwischen seinem Dorf und den Bewohnern der großen Steppe bestand. Als sie aber gemerkt hatten, daß wir jetzt allein waren, begannen sie, mit wachsender Regelmäßigkeit bei uns zu erscheinen.

Sie entschuldigten sich, uns vernachlässigt zu haben, und erklärten, José habe sie davor gewarnt, zu oft zu kommen. Die Schwierigkeit schien nicht lediglich in der gegenseitigen heftigen Abneigung zu bestehen. Es war offensichtlich, daß José auf uns einen Anspruch erhoben hatte. Seine Entdeckung von Paul Dye und Dan Shaylor in dem Schamatali-Dorf südlich der großen Steppe hatte ihm wohl ein unbestrittenes Eigentumsrecht über uns alle gegeben. Wir taten unser Bestes, Miguels Leute davon zu überzeugen, daß wir ihnen allen gehörten. Aber obwohl sie uns mit liebenswürdigem Lächeln reden ließen, blieben sie bei ihrer Absicht, ihre Besuche einzuschränken, sobald José zurückkehrte.

An einem Nachmittag schritten Miguel und sein Bruder zielbewußt durch die Tür unseres Hauses und blieben unbeweglich mitten im Zimmer stehen. Ihre Gesichter waren mit purpurroter Farbe eingeschmiert, und sie schauten finster drein, als sie ihre Bogen und Pfeile starr an die Brust drückten.

Wally erkannte in ihrer Haltung die vorschriftsmäßige Positur, die von Besuchern beim Eintritt in ein Dorf erwartet wird, und er beeilte sich, ihnen mit lauten Willkommensrufen entgegenzueilen.

»Ha, ha! Ihr seid angekommen. Meine Brüder sind angekommen. Ha!«

Würdevoll schwenkte er seine Arme und schlug auf seine Schenkel, während er die Floskeln »Wie schön, daß ihr gekommen seid!« herunterleierte. Die Fröhlichkeit in den Augen der beiden Besucher drohte die unnachgiebige Fassade zu zerstören, die darzustellen sie sich abmühten. Die vergnügliche Wiedergabe eines Willkommens auf Yanoamö-Art durch den Fremden machte es ihnen schwer, ihren Stil beizubehalten. Endlich konnten sie sich nicht länger beherrschen. Sie versuchten, ihr Lachen durch Räuspern, durch einen Wechsel ihrer Stellung und durch Singen zu unterdrücken. Aber das war aussichtslos. Die steife förmliche Haltung löste sich in Gelächterstürmen auf.

Miguel lehnte Bogen und Pfeile gegen die Wand und drückte Wally mit beiden Armen an sich.

»Bruder! Wally!« lachte er, stampfte mit den Füßen und schrie vor Freude. »Das hast du großartig gemacht! Du wirst wirklich einer von uns!«

Miguels Bruder unterbrach ihn und rüttelte Wally am Arm. »Bruder!« begann er zitternd vor Aufregung. »Wenn du nächstes Mal in unser Dorf kommst, dann mach' es so wie wir eben! Schlendere nicht einfach herein wie eine Frau! Stelle dich auf wie ein Mann, mit deinem Gewehr an die Brust gedrückt! Dann heißen wir dich alle laut willkommen. Wir wollen die anderen mal zum Lachen bringen!«

Die übrigen von Miguels Leuten hatten sich während dieser Begrüßungsfeier in der Türöffnung eingefunden, und als anzunehmen war, daß unsere bescheidene Behausung sie nicht alle fassen würde, zogen wir nach draußen und ließen uns rund um das Lagerfeuer nieder.

Wir waren bestrebt, ihr Interesse an geistlichen Dingen zu wecken, wenn sich die Möglichkeit dazu ergab. Es erwies sich aber als schwierig, eine ernsthafte Unterhaltung zu führen. Besonders die Frauen waren zu sehr von dem Ungewöhnlichen bei uns in Anspruch genommen, so daß sie den fremdartigen »Fabeln« von der Außenwelt keinerlei Beachtung schenken konnten.

Was waren wir doch für häßliche Geschöpfe! Sie eiferten sich über unsere behaarten Arme und unsere bleiche Haut und kämpften darum, an die Reihe zu kommen, mit ihren Händen über die Stoppeln von Wallys einen Tag alten Bart zu fahren. Unsere Beine waren zu lang, unsere Haare zu dünn und unsere Augen zu blaß. Daß wir darauf bestanden, bekleidet zu bleiben, war verdächtig, und unsere stockende Sprache gab Anlaß dazu, unser Menschsein ernstlich in Frage zu stellen.

Mit der Zeit hatte sich die anfängliche Neugier derer, die in ständigem Kontakt mit uns standen, gelegt. Aber für Miguels Leute waren wir immer noch fremdländische Geschöpfe, die in allen Einzelheiten untersucht werden mußten.

Als sie sich an diesem Nachmittag zum Aufbruch fertigmachten, erklärten sie uns, daß sie jetzt einige Tage nicht kämen. Es ging nämlich das Gerücht, daß die Räuber wieder einmal im nahegelegenen Dschungel herumschlichen, und so hielten sie es für das beste, außer Sichtweite zu bleiben. Miguels Leute waren zwar nicht direkt in die Kriegereien verwickelt. Aber sie standen eindeutig auf der Seite der Leute von der großen Steppe, und sie konnten sich schon vorstellen, daß ein enttäuschter Kriegstrupp des feindlichen Dorfes sie sehr wohl als angemessenes anderes Angriffsziel in Betracht ziehen könnte. Wir wurden ermahnt, uns vom Fluß fernzuhalten und unsere Häuser während der Nacht nicht zu verlassen.

Einige Tage blieben wir unter uns. Dann lief eine einsame Gestalt über den Berg und schritt auf den Landeplatz zu. Wir versammelten uns vor dem Haus der Hadleys, um unseren Besucher zu erwarten, und wurden von einem jungen Mann begrüßt, der die Außenwelt kennenlernen wollte. Später nannten wir ihn Jaime. Unsere Namen kannte er schon. Wie er uns erzählte, kam er aus dem Balafili-Tal, aus der Nähe des feindlichen Dorfes. Sein Bruder war in der Menschenmenge gewesen, die einige Wochen zuvor Derek auf der großen Steppe willkommen geheißen hatte.

Jaime hatte zwei junge Mädchen im Schlepptau, die er als seine Frauen vorstellte. Sie machten um uns einen großen Bogen. Unser neuer Freund erklärte lachend, daß sie sich vor Derek und Wally fürchteten. Den Tränen nahe, stürzten sie hinter das Haus und verschwanden in einem Gewirr von Strauchwerk, wo sie ihren vorübergehenden Unterschlupf errichten wollten. Jaime verspottete sie wegen ihrer Angst und prophezeite grinsend, daß wir sie nie wieder zu Gesicht bekämen.

Jill und ich sahen darin eine Herausforderung und beschlossen, die Frauen für uns zu gewinnen. Wir entschieden uns für die Einladung zu einer Party, mit der wir unsere verschüchterten Gäste locken wollten. So trafen wir also Vorbereitungen für ein abendliches Picknick am Lagerfeuer, bestehend aus frischem Brot, gebakkenen Bohnen, gerösteten Bananen und Zimtrollen. Jaime, der von unserer Idee begeistert war, zeigte uns den Weg, den die Mädchen genommen hatten.

Ich lief den Pfad hinunter, blieb alle paar Augenblicke stehen und rief. Aber es kam keine Antwort. Jaime lachte schallend und brüllte in die gleiche Richtung. Wir wollten ihnen zu essen geben, fügte er noch hinzu. Diesmal war das Ergebnis viel besser. Das ältere Mädchen kam scheu bis an den Rand des Gebüschs und streckte ihre Hand aus. Aber mit jedem Schritt, den ich vorwärts machte, zog sie sich in gleicher Entfernung zurück.

Schließlich stand ich still und erläuterte meinen Auftrag. Sie lehnte die Einladung ab. Weil ihr Ehemann aber darauf bestand, erklärte sie sich endlich bereit zu kommen, wenn sie ihr eigenes Essen mitbringen könnte. Sie wollte auf keinen Fall etwas riskieren. Die jüngere Frau, kaum mehr als eine Braut im Kindesalter, wollte unter keinen Umständen kommen.

Jaime forderte Gehorsam. Darauf brach sie in Tränen aus. Ich streckte ihr die Hand entgegen und versprach, sie vor Wally und Derek zu beschützen. Ihr Schluchzen ebbte ab zu einer gelegentlichen Erschütterung. Auch versicherte ich ihr, die Männer würden nicht in ihrer Nähe sitzen, ihr nicht das Essen reichen, sie nicht berühren, nicht über sie lachen oder sie ansehen. Verzweifelt verließ sie sich auf meine Glaubwürdigkeit, schnappte sich schließlich ihren räudigen kleinen Hund und lief hinter uns her.

In nervöser Spannung saßen die beiden Mädchen auf einem Holzklotz neben dem Feuer und beobachteten sorgfältig jede Bewegung, die Wally oder Derek machten. Sie versuchten, das angebotene Essen zurückzuweisen. Gelegentlich jedoch erfüllten sie unsere nachdrückliche Bitte, es an Jaime weiterzureichen. Jill versuchte, sie mit einem gutgekühlten Stück Zimtrolle zu locken. Aber sie verfütterten es an ihren Hund. Das Ganze schien wirklich kein sehr erfolgreiches Unternehmen zu sein.

Dann sprangen die Mädchen aus irgendeinem unersichtlichen Grund auf die Füße, griffen hastig nach ihren Körben und rasten so schnell sie konnten den Weg hinunter. Wir sahen Jaime an und warteten auf ein Wort der Erklärung. Aber er zuckte nur eben die Achseln und lachte. Er langte nach ihren Schüsseln, um die Reste zu beseitigen, und gab zu verstehen, daß wir ihr Zutrauen möglicherweise gewinnen könnten durch die Einladung zu einer anderen Party am nächsten Tag.

Zwei Tage später entschlossen sie sich zur Rückkehr in ihr eigenes Dorf. Vor ihrer Abreise erklärte uns Jaime, daß er einige seiner Verwandten vorbeibringen wollte. Er hatte nämlich unseren Vorrat an Tauschgütern gesehen und wußte, daß seine Brüder und Vettern darauf erpicht waren, für Messer oder Buschwerkzeuge zu arbeiten. Für uns bedeutete sein Angebot die Möglichkeit, den eventuellen Einfluß des Evangeliums auf das Balafili-Tal auszuweiten. Darum ermutigten wir ihn dazu. Willige Arbeiter würden eine Wohltat für das Bauprogramm sein. Gleichzeitig könnten wir neue Freundschaften schließen.

Wir warteten noch auf Jaimes Rückkehr, als die Bewohner der großen Steppe aus ihrem Dschungelexil in das verlassene Dorf heimkamen. Wir sahen sie auf der entfernt liegenden Seite des Graslandes und hätten nicht aufgeregter sein können beim Motorengeräusch eines Flugzeugs. In einer langgestreckten Reihe nahmen sie ihren Weg auf uns zu. Ich konnte kaum die rauhe Begrüßung erwarten, die das Ende unserer Einsamkeit anzeigte.

Sie eilten den gewundenen Pfad hinab, der zu unserer Türschwelle führte, wimmelten begeistert um uns herum und schrien und lachten vor Aufregung. Hatten wir sie vermißt? Hatten wir uns gefürchtet, allein hier zu bleiben? Hatten wir sie noch gern? Fühlten wir uns noch stark? Hatten wir irgendwo Räuber gesehen?

Allerdings gab es unter den Heimkehrern einige, die fast überrascht zu sein schienen, uns hier noch vorzufinden. Ihr Geschrei löste in mir unbehagliche Gefühle aus. Einen kurzen Augenblick lang fragte ich mich erneut, ob tatsächlich irgend etwas gegen uns geplant war. Dann verbannte ich diese Befürchtung als allzu dramatisch aus meinen Gedanken. Niemand verdiente es, auf Gnade und Ungnade meiner Einbildungskraft ausgeliefert zu sein. Es war auch sehr gut, daß wir nichts von alledem wußten, was im Dorf erörtert worden war, ehe die Bewohner weggingen.

Die Begeisterung ihrer Rückkehr währte nicht lange. Bald rieben sie sich aufs neue wund unter dem Druck eines möglichen feindlichen Angriffs, und sie ließen ihre Gefühle der Ohnmacht aneinander und an uns aus. Die Tatsache, daß Besucher aus Miguels Dorf und aus dem Balafili-Tal aus ihrer Abwesenheit Nutzen gezogen und Zeit mit uns verbracht hatten, bedeutete in dieser Lage durchaus keine Abhilfe. Sie verübelten es uns, daß wir die Vorrechte des Besuchens und Tauschens auf andere ausgeweitet hatten. Auch beruhigte es die Situation nicht, als Jaime mit seinen Freunden wieder auftauchte, herausgeputzt mit ihren schönsten Perlen und Federn, um die freundlichen Fremden zu besuchen, deren Ruf als Veranstalter von Partys sich herumgesprochen hatte.

Die Leute, die zum Zeitpunkt von Jaimes Ankunft in unserem Haus herumsaßen, erhoben sich empört und liefen verärgert davon. Bald ging die Nachricht durchs Dorf, daß wir schon wieder Fremde gastlich aufnahmen.

Die Balafili-Leute, die Jaime zu unserem Besuch mitgebracht hatte, blieben nicht lange. Sobald sie gemerkt hatten, daß die Bewohner der großen Steppe in ihr Dorf zurückgekehrt waren, brachen sie ihren Aufenthalt kurzerhand ab. Aber der Schaden war bereits eingetreten. Soweit es die Leute der großen Steppe betraf, hatte sich unsere Treulosigkeit über allen Zweifel erhaben gezeigt.

Die Eifersucht einiger trieb sie, unsere treue Ergebenheit durch unmögliche Anforderungen an unsere Zeit und unsere Beachtung auf die Probe zu stellen. Der Test lief auf die bitteren Anklagen hinaus, daß wir zwar Zeit für andere Leute fänden, aber nie für sie. Andere zahlten uns unsere Untreue heim, indem sie alles stahlen, was ihnen unter die Hände kam, und uns Beleidigungen nachriefen. José gefiel sich darin, Jill Hadley und mich mit anstößigen Anspielungen zu quälen, und Timotheus schien in seinen Drohungen gegen Derek und Wally streitlustiger zu sein als je zuvor. Die große Anstrengung, ruhig zu bleiben, war ermüdend. Wir grämten uns selbst bis zur Erschöpfung über das unbestrittene Ende jeder Gesprächsmöglichkeit.

Das Abenteuer war vorbei. Ich fühlte mich völlig ausgepumpt.

Auch das Ungewohnte, neue Freundschaften zu knüpfen, hatte sein Ende gefunden. Wir verbrauchten alle unsere Kräfte in dem vergeblichen Bemühen, eine Beziehung aufrechtzuerhalten, die plötzlich hoffnungslos oberflächlich zu sein schien. Der ganze Plan, die Bewohner der großen Steppe, die wie in einem Irrenhaus lebten, mit dem Evangelium bekanntzumachen, war anscheinend eine völlige Unmöglichkeit.

Wir gehen dem Kampf entgegen

Ich griff nach einem Besen und hastete in einer Staubwolke um das Haus, bemüht, die morgendliche Hausarbeit zu erledigen, ehe sich irgendwelche Besucher aus dem Dorf einstellten.

»Zu spät! Da kommen schon die Frauen«, lachte Wally und trat nach draußen. »Du mußt schneller fegen.«

Die Tür schlug hinter ihm zu, und er nahm Kurs auf das Haus der Hadleys. Ich konnte die fröhlichen Begrüßungsrufe hören, als er den Frühaufstehern, die uns besuchen wollten, auf dem Pfad begegnete.

»Wally! Bruder! Wo ist Margarita? Ist meine liebe ältere Schwester zu Hause?«

»Sie ist unten am Fluß und fängt Krabben«, brüllte er über seine Schulter zurück.

Sie johlten zur Antwort und rannten weiter in unsere Richtung. Unterwegs amüsierten sie sich darüber, daß Wally im Begriff war, die lachhaften Antworten zu übernehmen, die so viele Witze der Yanoamös ausmachten.

Ich beobachtete das Gewese, als die Frauen quiekend und lachend auf das Haus zurannten. Babys und Körbe tanzten dabei auf ihrem Rücken hin und her. Mich überraschte die Feststellung, wie begierig ich ihren Besuch erwartete. Was war das doch für ein Unterschied zu der Art und Weise, mit der ich mich einige Wochen zuvor gegen ihre ständige Aufdringlichkeit gewappnet hatte! Ich schickte ein leises Dankgebet zu Gott, der uns für unsere Tätigkeit eine neue Bahn gewiesen hatte.

Wir hatten lange und kritisch unsere Situation überdacht, die uns in so große Verwirrung gebracht hatte. Jetzt gewannen wir die Überzeugung, die Zeit sei gekommen, unsere Strategie zu überprüfen.

Wir nahmen an, daß die dauernden Beschwerden und Forderungen müßiger Besucher oft der Langeweile entsprungen waren. Deshalb gingen wir dazu über, die Zeit, die sie bei uns verbrachten, besser auszunutzen. Wir beschlossen, *unsere* Ziele genauso nachdrücklich zu verfolgen, wie sie es mit *ihren* gemacht hatten. So ergriffen wir bei jedem ihrer Besuche die Gelegenheit, ihnen Lieder beizubringen. Wir erprobten unsere Übersetzung der biblischen Geschichten, gaben einführenden Unterricht im Lesen und Schreiben, legten die Heilige Schrift aus und erweiterten auch sonst ihren Wissensbereich auf jede uns mögliche Weise. Aber wenn sich unsere Gäste durchaus nicht daran interessiert zeigten, von uns zu lernen, waren wir unsererseits darauf vorbereitet, von ihnen zu lernen. Bewaffnet mit langen Listen von Fragen über ihre Familien und Verwandtschaften, ihre Sprache, ihre Geschichte und ihre Anschauungen, gingen wir zu einer neuen Form des Angriffs über. Der tägliche Trott gestattete sogar noch mehr Unterbrechungen, als wir unseren neuen Plan in die Tat umzusetzen versuchten. Aber die Anstrengung lohnte sich. Alle, die Yanoamös und wir, fühlten sich entschieden glücklicher.

Enriques Mutter stürzte keuchend zur Tür herein. Obwohl sie schon zweimal Urgroßmutter war, kicherte sie wie ein Teenager.

»Liebe alte Frau«, rief ich und streckte meine Arme nach ihr aus. »Du rennst den Weg herunter wie ein junges Mädchen.«

Sie umschlang meine Taille, und während wir uns gegenseitig umarmten, strömten die anderen lachend und erschöpft herein und ließen ihre Körbe zu Boden fallen.

»Kleine«, sagte die alte Frau lächelnd. Sie atmete noch schwer, als sie mich zur Bank zog. »Komm, setz dich hin!« Mit ihrem Kinn deutete sie auf ein Notizbuch, das an einem Nagel neben der Tür hing. »Nimm es runter!« befahl sie lachend. »Wir wollen hören, was das Buch sagt.«

Die Frauen balgten sich um die bevorzugten Plätze neben mir, als ich mich zu ihnen auf die Bank setzte. Sie waren fasziniert von der Beschaffenheit einer geschriebenen Nachricht und wurden nie müde, das Gedächtnis des Buches zu testen, indem sie mich baten, Aufzeichnungen vorzulesen, die sie mir vor einigen Tagen diktiert hatten. Das Notizbuch war angefüllt mit hingekritzelten Berichten über Plätze, an denen sie gewesen waren, über Tiere, die sie gesehen und über Nahrung, die sie gegessen hatten; und niemals blieb ihr Staunen darüber aus, daß die Worte sich nicht änderten, ganz gleich, wer sie vorlas oder wieviel Zeit darüber verstrichen war.

Ihre Begeisterung entsprang unseren Bemühungen vor dem Beginn des eigentlichen Lese- und Schreibunterrichts, die wir in Gang gesetzt hatten, um ihr Interesse an den Wundern des gedruckten Papiers anzustacheln. Wir hatten jede mögliche Gelegenheit wahrgenommen, seine Nützlichkeit vorzuführen. Die Vorstellung, daß unsere Bücher uns an Worte und Sätze erinnern konnten, die wir vergessen hatten, erregte sie gewaltig. In dem Bestreben, ihnen zu erklären, wie das funktionierte, hatten wir sie aufgefordert, selbst Mitteilungen zu diktieren und dann zuzuhören, wenn wir diese vorlasen.

Der Einfall, der den größten Zuspruch gefunden hatte, war der, über ihre täglichen Streifzüge in den Dschungel zu berichten. Das hatten die Frauen jetzt im Sinn. Viele hatten angefangen, herzukommen und es aufschreiben zu lassen, wenn sie das Dorf verließen. Später kehrten sie zurück, um nachzusehen, ob der Zettel sich noch daran erinnerte, wo sie gewesen waren. Das Ganze war zu einem fesselnden Zeitvertreib mit einem weiten Feld vieler Möglichkeiten geworden. Hin und wieder erschienen erboste Mütter mit der Bitte, das Notizbuch zu befragen, um herauszufinden, wohin ihre Söhne gegangen waren.

Die Stimmen von Männern, die den Pfad heraufkamen, tönten durch die Risse in der Mauer des Hauses. Ein kleines Mädchen wurde ausgeschickt, um zu erkunden, wer sich da näherte. Es stürzte ins Haus zurück und flüsterte aufgeregt, Wally käme mit einigen Männern aus einem anderen Sippenverband.

Daraufhin beschlossen die Frauen in aller Eile, ihren Besuch zu verschieben.

Kaum hatten sie kichernd in einem großen Wirbel ihre Körbe an sich gerissen und die Flucht ergriffen, da spazierten schon die Männer herein.

Wally schleppte eine Kiste mit Tauschgütern in die Mitte der Diele. Die Männer drängten sich um sie und schätzten nüchtern ihren Inhalt ab. Ich zog mich zum Tisch zurück. Ein kleiner Junge folgte mir und tanzte glücklich hin und her.

»Wie heiße ich?« grinste er. Seine Augen funkelten vor Aufregung. Einen Augenblick lang musterte ich sein Gesicht. Spanische Namen wurden allmählich zu einem Statussymbol, besonders bei den Jüngeren. Sie waren entzückt, bekannt zu sein unter einem fremden Namen, frei von all den peinlichen und beleidigenden Nebenbedeutungen, die normalerweise zu ihren Stammesnamen gehörten. Durch ihr Lebensalter befanden sich die Jüngeren nämlich entschieden im Nachteil, denn die Erwachsenen gebrauchten ihre Stammesnamen mit einer Freimütigkeit, die ihnen beträchtliches Unbehagen bereitete.

»Ich denke nicht, daß wir dir schon einen Namen gegeben haben«, antwortete ich.

Der Junge schob einen zerknitterten Fetzen Papier in meine Hand und beobachtete, wie ich ihn glättete und eine Nachricht von Jill las.

»Wir haben diesen Jungen ›Tomasito‹ genannt, aber meine Schreibfeder ist ausgetrocknet.«

»Du bist Tomasito, stimmt's?« rief ich aus und langte nach einem Filzstift. Er hob seine Augenbrauen in stummer Bejahung und grinste scheu, als er näher heranhopste und sich selbst leicht auf die Brust klopfte. Einen Augenblick später war er mit ins Auge fallenden, roten Buchstaben geschmückt, die seinen neuen Namen verkündeten. Mit betonter Lässigkeit kletterte er auf die Bank und wartete darauf, daß ihm jemand Beachtung schenkte.

Keiner seiner Freunde hätte die Botschaft lesen können. Aber sie konnten sich so wenigstens vorstellen, daß seine Ansprüche auf einen neuen Namen berechtigt waren. Wenn sie herausfinden wollten, was es hieß, sollten sie ihn zu einem der Fremden führen zwecks Deutung dieser gewundenen Linien, die ihn zierten. Tatsächlich diente die neue Erkennungsmethode mehr zu unserem als zu ihrem Nutzen. Sie kehrten oft zurück und jammerten, sie hätten vergessen, wie wir sie genannt hätten. Aber viele Male konnten auch wir uns nicht daran erinnern.

Die Männer, die sich um die Kiste mit den Tauschgütern eingefunden hatten, stellten sich auf ihre Füße und nickten wichtig, als Wally einen Überblick über die Bedingungen eines neuen Arbeitsvertrages gab. Sie drängten sich näher heran, während er ein Notizbuch aus seiner Tasche zog und anfing, die Einzelheiten zu erläutern. In vergangenen Zeiten hatte er oft fünf Männer zur Arbeit angestellt und sich dann zehn Männern gegenübergesehen, die Bezahlung erwarteten. Ein anderes Mal hatte er über zehn Pfosten verhandelt, die für das Bauprogramm verwendet werden sollten, aber es waren nur acht geliefert worden. Jetzt, wo unsere Nachbarn allmählich etwas begriffen von der unveränderlichen Beschaffenheit des geschriebenen Wortes, war Wally dazu übergegangen, die einzelnen Punkte dieser geschäftlichen Vereinbarungen dem unfehlbaren Gedächtnis des Buches anzuvertrauen.

»Wie heißt du?« fragte er den ersten Mann.

»David«, antwortete dieser ernst.

»Und was willst du für die Arbeit haben? Geld?« David nickte, und Wally verhandelte weiter und nannte die Anzahl der Pflöcke, die David zu liefern bereit war. Dann wandte er sich an einen kräftigen jungen Mann, der ihm nur unter dem Namen »Narbenschulter« bekannt war.

»Und wie heißt du?« fragte Wally mit der Zungenspitze in der Wange.

Narbenschulter drehte sich zu den anderen, die um ihn herumstanden. »Was soll ich sagen?« Er lachte nervös in sich hinein. »Er will meinen Namen wissen.«

Sie schlugen ihm vor, sich mit dem Namen seiner Frau vorzustellen, da den Rechten einer Frau nicht so viel Bedeutung beigemessen wurde. Also beugte er sich vor, machte eine Pause und räusperte sich.

»Du kannst mich ›Bischajenamis Mann‹ nennen«, sagte er. Ein flüchtiges Grinsen huschte über Tomasitos Gesicht. Bis jetzt hatte er noch nicht viel Übung darin, sich zu verstellen.

»Ich glaube nicht, daß er dir die Wahrheit gesagt hat«, murmelte er auf Englisch. Wally nahm das auch nicht an. Aber er notierte weiter, worüber er sich im einzelnen mit jedem Mann geeinigt hatte. Dann forderte er zur Stille auf und scharte seine Arbeiter um sich, damit sie den endgültigen Vertragsentwurf anhörten.

Wally begann: »Der Vertrag besagt folgendes: Wenn David mir zehn Pflöcke bringt, bekommt er von mir zwölf große Geldstücke.« Hier machte Wally eine Pause und wartete auf Davids zustimmendes Nicken. Er studierte wieder das Blatt Papier und wandte sich an Narbenschulter. »Wenn du mir zehn Pflöcke bringst, gebe ich Bischajenamis Mann einen großen Kochtopf.« Es gab ein bestürztes Schweigen, ehe alle in Lachen ausbrachen bei der Vorstellung, daß Narbenschulters Trick ein Problem darzustellen drohte.

»Nein, nein!« lachte Narbenschulter und trat schnell nach vorn, um den Fehler richtig zu stellen. »Gib den Kochtopf *mir*!«

Er flüsterte den Namen seiner eigenen Frau in Wallys Ohr und paßte auf, daß er ordnungsgemäß schriftlich festgehalten wurde. Dann ging er mit den anderen davon, und alle lachten noch über die genaue Beachtung jeder Einzelheit in dem Notizbuch.

Einige Tage später kamen sie zurück. Sie verscheuchten eine Gruppe von Jungen, die in der Türöffnung gesessen und mit Hilfe eines abgenutzten alten Viewmasters Reisen in andere Erdteile unternommen hatten. Die Pflöcke wurden gezählt, das Notizbuch wurde befragt und die Mühe jedes Mannes gerecht belohnt. Narbenschulter nahm zögernd den gewünschten Kochtopf entgegen. Er musterte ihn mit gemischten Gefühlen. »Soll ich ihn nehmen?« fragte er seinen Vetter. »Ich hätte wirklich lieber eine Axt gehabt.«

»Keine Axt«, unterbrach Wally ihn und langte nach seinem Notizbuch. »Hier steht genau...«

»Laß es mich sehen!« lachte Narbenschulter und schnappte das Buch in einem plötzlichen Einfall. »Ich, ich will hören, was es sagt.« Mit gespannter Aufmerksamkeit studierte er das Geschriebene.

»Es sagt, ich soll eine Axt bekommen«, verkündete er und gab das Buch widerwillig zurück, damit Wally seine Verpflichtungen David gegenüber nachprüfen konnte. »Ich habe es deutlich gehört.«

Die Männer drängten sich um Wally und betrachteten ehrfürchtig die Geldstücke, die er eins nach dem anderen in Davids Hand fallen ließ. Wir hatten uns ihre neue Lernwilligkeit zunutze und sie mit der Währung und dem Rechnungssystem Venezuelas bekannt gemacht, waren aber nur auf zurückhaltendes Verständnis gestoßen. In den kleinen Metallstückchen, die David in einem Steingutgefäß gesammelt hatte, konnten sie keinen tatsächlichen Wert erkennen.

»Bruder«, fragte David, »habe ich jetzt genug? Kann ich eine Hängematte bekommen?«

Wally schaute auf die Rückseite seines Notizbuchs, wo er eine Liste des Geldes aufgezeichnet hatte, das wir in Umlauf setzten. Wenn David nicht einiges verloren hatte, müßte er mehr als genug haben.

»Ich denke schon«, antwortete Wally. »Laß einen von den Jungen deinen Geldtopf holen!« Verständnislos schaute David in Wallys Gesicht, als ob er nicht begreifen könnte, was er eben gehört hatte. Allmählich ließ er sich von der Erwartung mitreißen, und sein Gesicht erhellte sich in einem breiten Lächeln. »Wirklich?« grinste er. »Jetzt gleich?«

Ein Kind wurde schnell ins Dorf losgeschickt, und die Männer ließen sich auf dem Boden nieder und erwarteten die Stunde der Wahrheit. Um Davids willen hofften sie auf einen glücklichen Ausgang dieses Unternehmens.

Auch für uns war es ein großer Tag. Bei dem wohlüberlegten Tauschhandel lebenswichtiger Dinge hatte es nämlich Fallen gegeben. In der Annahme, daß wir nichts zur Schau stellen würden, was wir dann nur widerwillig herausgäben, hatten unsere Nachbarn die Freiheit besessen, um alles zu bitten, was sie sahen. So geschah immer eins von beiden: Entweder lehnten wir den Gedanken glatt ab, etwas herauszurücken, daß ihnen nur schaden könnte. Im anderen Fall erklärten wir, es wäre nur erhältlich im Austausch mit etwas Gleichwertigem. Dann verging ihnen der Spaß daran völlig. Ihnen lag nichts an einer Sache, die irgendwie nach einem Geschäft aussah. Sie erstrebten eine freundschaftliche Handelsbeziehung, in der sie freimütig etwas von uns erbitten konnten und wir von ihnen. Eine derartige Vereinbarung schien uns aber nicht durchführbar zu sein. Binnen kurzem wären alle unsere irdischen Besitztümer ins Dorf geschleppt und unser Haus mit Körben, Kürbisflaschen und Pfeilen überhäuft worden, für die wir kaum Gebrauch hatten.

Wir hatten versucht, durch unser Angebot zu einer annehmbaren Lösung zu kommen, um gegen Nahrungsmittel oder Arbeitseinsatz etwas zu tauschen. Keiner von beiden Vorschlägen fand bei ihnen besonderen Anklang. Aber sie wollten es auf einen Versuch ankommen lassen. Der Bestand an Tauschware in unserer Kiste verringerte sich zusehends und wurde aufgefüllt mit Bergen von Bananen und Gemüse. Wir gaben Scheren für Bananen, Zwirn für Bananen, Streichhölzer und Angelhaken für Bananen. Wir aßen sie reif, wir aßen sie grün, wir probierten sie gekocht, gebraten, geröstet, gebacken und gedünstet. Aber die eigentliche Schwierigkeit entstand immer dann, wenn jemand Bananen tauschen wollte gegen eine Axt oder ein Buschmesser. Man hätte vier oder fünf Stauden Bananen gebraucht, um den Preis für einen dieser Artikel auszugleichen, und weder unsere Häuser noch unsere Mägen hätten diese Last ausgehalten.

Die Indianer hatten keinen Begriff von dem Wert der Arbeit und keine Erfahrung in der Ausführung der Arbeit, wie wir sie erwarteten. Sie hatten noch nie ein quadratisches Haus gebaut, niemals eine Schaufel benutzt oder Boden planiert. Sie verfügten über ein begrenztes Zählsystem, das ihren Bedürfnissen entsprach. Es genügte ihnen, in unbestimmten Verallgemeinerungen zu denken. Ein Beispiel: Die Bestellung von zehn Hartholzpflöcken wurde so ausgelegt: Zehn, mehr oder weniger. Gewöhnlich waren es weniger. Unser Bedarf an Pflöcken für den Oberbau eines massiven Hauses bot den höchstbezahlten Job, aber er beinhaltete auch das größte Risiko. Nicht viele waren gewillt, sich einer Arbeit auszusetzen, die sie in den Dschungel führte.

Wir hatten die Währung Venezuelas in zwei Geldeinheiten eingeführt, die sie prompt als »Muttermünzen« und »Babymünzen« bezeichneten, und wir bestärkten sie darin, diese als Entgelt für Nahrungsmittel und Arbeit anzunehmen. Auch versprachen wir ihnen, die Münzen gegen Handelsgüter einzulösen; immer dann, wenn sie eine ausreichende Menge davon vorwiesen, um den Wert des gewünschten Artikels zu begleichen.

Der erste Mann, der sich auf unseren Vorschlag einließ, warf sein Geld auf dem Heimweg in den Sumpf, gründlich angewidert von seiner eigenen Leichtgläubigkeit. Dann hatte David die Schwierigkeit erkannt und angefangen, Münzen in einem dafür bereitgestellten leeren Topf zu sammeln. Jetzt war der Tag der Abrechnung gekommen. Lange vorher erschien eine Horde von Davids Freunden und Bekannten. Mit verbissenem Gesicht führten sie ihn mit seinem Geldtopf vor. Beschützend umringten sie ihn, und schweigend verboten sie uns, ihm, wie schon so oft zuvor, zu erklären, daß er jetzt noch nicht genug Geld beisammen hätte.

Im Haus war es ruhig und still, trotz der großen Menschenmenge, die sich eingefunden hatte. Ernst übergab David Wally sein Gefäß mit dem gesparten Geld. Wally schüttete den Inhalt in seine Hand und ließ die Geldstücke eins nach dem anderen in den Topf zurückfallen. »Eins, zwei, drei«, zählte er und nutzte die Gelegenheit zu einer kurzen Lektion in Spanisch.

Keiner sprach ein Wort, als Wally das Zählen beendete. David forschte in seinem Gesicht nach einer Andeutung von Zufriedenheit. »Was hat er gesagt?« flüsterte jemand, als Wally sich umdrehte und im Hinterzimmer verschwand.

»Nichts«, antwortete David nervös. Schweißperlen standen ihm auf der Stirn, aber er grinste zuversichtlich, als er merkte, daß ich ihn beobachtete.

Dann rauschte Wally ins Zimmer, elegant in eine rot-gelbe Hängematte gehüllt. Das Schreien und Lachen, das jetzt das Haus erfüllte, drohte das Dach hochzuheben. David mühte sich, auch jetzt noch ruhig zu erscheinen. Aber als Wally darauf bestand, eine

Gigue zu tanzen, um den Glanz der neuen Hängematte voll ins Bild zu bringen, konnte er sich kaum zurückhalten.

Es gab eine verrückte Balgerei, als alle Verwandten Davids nach dem erbeuteten Stück grapschten. Narbenschulter hielt das eine Ende, Davids Bruder das andere, und David kletterte an Bord. Er streckte sich genüßlich aus und lächelte verschmitzt seine in Ehrfurcht erstarrte Familie an. Die neue Hängematte, die nun endlich ihm gehörte, hatte wenig Ähnlichkeit mit den groben Hängematten aus Baumrinde, die in dem Rundhaus hingen. Mit einem wohlwollenden Lächeln nahm David die Bewunderung der anderen entgegen.

Von dieser Zeit an verlangten alle lautstark leere Behälter. Weit und breit wurden Erörterungen über die Zauberkraft des Geldes angestellt. Zufällig hörte ich, wie einer von Davids Verwandten einem weniger informierten Freund die Kompliziertheiten des Hochfinanzwesens erklärte. »Du mußt einfach nur kleine Metallstückchen in einem Topf sammeln«, sagte er voller Begeisterung, »und wenn er voll ist, bekommst du alles, was du dir wünschst – umsonst!«

Die Lernbegeisterung wurde natürlich auch in den geistlichen Bereich umgesetzt. Wir ergriffen jede Gelegenheit zur Unterweisung in Geschichten, die geeignet waren, den Grund zum Aufbau des Evangeliums zu legen: Schöpfung, Sündenfall, Noah und Elia. Ähnliche Geschichten aus ihrer eigenen Überlieferung verliehen den biblischen Darstellungen eine Glaubwürdigkeit, die nicht übersehen werden konnte. Und wenn die Indianer erst einmal unsere Nachrichtenquelle erkannt hatten, zogen sie die Stichhaltigkeit unserer Berichte nie mehr in Zweifel. Unsere Geschichten waren dauerhaft auf Papier niedergeschrieben worden, und niemand würde die Zuverlässigkeit einer geschriebenen Botschaft bestreiten.

Sie mühten sich um das Verständnis.

Enrique hörte weiterhin mit ruhiger Aufmerksamkeit zu. War es wirklich möglich, von Sünden rein zu werden? Konnte Schuld wirklich weggenommen werden?

Julio, Josés Bruder, verbrachte lange Stunden mit Derek, unwiderstehlich angezogen von der Botschaft, die ewiges Leben anbot. Das klang zu schön, um wahr zu sein. Gab es auf der anderen Seite des Todes wirklich mehr als ein einsames Leben eines umherwandernden Geistes?

Die Liebe Gottes war anscheinend leicht zu verstehen. Die Indianer konnten keinerlei Grund dafür erkennen, warum Gott sie nicht lieben sollte. Aber sein Haß auf die Sünde war schon verwirrend. Weder der gleichgültige Schöpfer aus ihren eigenen Überlieferungen noch die launischen Geister, die in ihren Zauberdoktoren lebten, hatten sich jemals um Gewissensangelegenheiten gekümmert. Sie selbst hatten sich nie vorgestellt, daß solche Dinge für irgend jemanden eine Rolle spielen könnten. Sie fanden diese Möglichkeit nicht besonders beruhigend. Geschichten von Gottes Gericht brachten sie in Abwehrstellung. Ihnen wurde unbehaglich zumute. Den Tod als Gegebenheit in Betracht zu ziehen, weigerten sie sich.

Da geschah es, daß ein Unglück in dem Hauswesen Josés ihnen die Ewigkeit sehr nahe rückte. Julio starb. Sein Tod kam plötzlich als Folge einer nicht erkannten Krankheit, die nur drei Tage dauerte. Er wurde unverzüglich durch seine Brüder gerächt, die diese tödliche Krankheit auf Zauberei zurückführten und nun mit gleicher Münze heimzahlten. In geheimer Mission nach einem entfernten Schamatali-Dorf unterwegs, verwischten sie die Wegmarkierungen und streuten Bannzeichen auf den Pfad, der von dem Dorf wegführte, das sie für schuldig befanden.

Lachende Dame hörte auf zu lachen. Sie war Julios Stiefmutter. Die beiden hatten sich enger Verwandtschaftsbande erfreut. Nie erwähnte ich ihr gegenüber seinen Tod. Als er eintrat, war ich nämlich von daheim weg, um unsere beiden ältesten Kinder in der Schule unterzubringen. Jetzt, wo der Tod bereits zur Vergangenheit gehörte, verboten die Stammestabus streng jede Erwähnung dieses Themas.

Nach meiner Rückkehr kam Lachende Dame zu einem Besuch. Sie klagte darüber, daß sie so dünn wurde.

»Hast du nichts zu essen?« fragte ich sie, als sie sich neben mir auf einem Holzklotz am Lagerfeuer niederließ.

»Doch«, meinte sie achselzuckend, »aber es ist mir nicht nach essen zumute.«

Sie blickte zu Boden. Ihr Gesicht trug die Streifen der schwarzen Trauerbemalung.

»Du bist zu traurig, um zu essen.« Mit diesen Worten drückte ich mein Beileid aus und spielte damit auf das eigentliche Problem an. Dabei fragte ich mich, wie weit ich gehen konnte, ohne sie zu verletzen.

Sie schaute auf, weinte ein bißchen und schob sich näher an mich heran.

»Du warst nicht hier«, flüsterte sie heftig. »Wir waren alle enttäuscht, daß du weg warst.«

»Wally hat es mir erzählt«, sagte ich leise und nickte.

»Kleine«, fragte sie und zögerte etwas. »Wo ist er jetzt?« Einen Augenblick lang war ich still, und so fragte sie gezielter: »Ist er bei Gott?«

»Ich weiß es nicht«, antwortete ich. »Gott sagt, er will jeden erretten, der ihm vertraut, und Gott lügt nicht. Er würde niemanden enttäuschen.«

»Vertraute Julio ihm denn?« fuhr sie unbeirrt fort. Mit großem Ernst forschte sie in meinen Augen und bat um eine Antwort, die ihr Trost geben könnte. Aber was konnte ich ihr sagen? Ich wandte meine Augen ab.

»Ich weiß es nicht. Derek hat oft mit ihm gesprochen. Er bat ihn, Gott zu vertrauen. Aber ich weiß wirklich nicht, ob Julio das getan hat.«

»Natürlich hat er es *nicht* getan«, zischte sie. »Wie können wir glauben, was ihr sagt, wenn wir nicht verstehen, was ihr meint?« Ihr Gesicht war von äußerster Verzweiflung gezeichnet. Und dann sprach sie die beeindruckendsten und herausforderndsten Worte, die ich jemals gehört hatte: »Keiner von uns weiß, worum es wirklich geht. Wir möchten Gott haben. Aber wir kennen ihn nicht. Ihr müßt uns helfen. Ihr müßt uns schnell darin unterweisen. Was soll denn sonst aus uns werden?«

Einige Tage später jagte ich gerade Küken aus dem Haus, als Lachende Dame mit einer Gruppe von Frauen wiederkam. Endlich waren wir aus Pauls und Dans kleiner Baracke in unser massives Haus umgezogen. Eigentlich war es nur eine herausgeputzte Lehmhütte mit einem Aluminium-Dach. An einer Außenseite fehlte immer noch die Wand. Durch das geöffnete Fenster riefen die Frauen nach mir und baten mich, ein Weilchen mit ihnen draußen zu sitzen. Sie wollten ein neues Lied lernen und etwas aus dem Buch hören.

Wir unterhielten uns eine Zeitlang, übten das Lied »Herr, denke an mich!« in der Yanoamö-Übersetzung ein – der Liederdichter würde es niemals wiedererkannt haben – und verbrachten ein paar Minuten damit, uns über das ewige Leben zu unterhalten. Die von ihnen gestellten Fragen zeugten von ernsthaften Überlegungen. Wie war es eigentlich im Himmel? Könnten die Menschen dort essen? Gab es dort Bananen? Stritten die Engel miteinander? War Gott zum Fürchten? Wußte er, wie man Hängematten anfertigt, oder müßten sie ihre eigenen mitbringen?

Mit einem ungeduldigen Winken ihrer Hand brachte Lachende Dame alle zum Schweigen. Sie beugte sich vor, um mir etwas ins Ohr zu flüstern. Die Menge drängte sich um mich, meine Antwort zu hören.

»Margarita«, begann Lachende Dame, »hast du jemals wie wir einen Korb auf dem Rücken getragen?«

Bei dem gespannten Ausdruck auf den Gesichtern der Frauen, die atemlos auf meine Antwort warteten, wurde es mir unbehaglich, obwohl die Frage eigentlich nicht zu verzwickt war. Ich beantwortete sie verneinend, und die Frauen zeigten sich enttäuscht. »Oh, du hast das niemals getan?« Zuvorkommend wiederholte ich meine Antwort und erklärte, daß wahrscheinlich meine Vorfahren vor langer Zeit Körbe getragen hätten.

»Aber dann hast du das aufgegeben. Stimmt's?« Vorwurfsvoll fragte Lachende Dame weiter: »Und du ißt auch keine Kaulquappen!« Ich begriff, daß ich ihnen genau in die Hände spielte. Aber als in meiner Vorstellung die glitschige schwarze Masse von Kaulquappen erschien, die sie im Sumpf fischten, konnte ich nicht umhin, freundlich einzugestehen, daß Lachende Dame wiederum recht hatte.

Sie richtete sich auf. Wie ein blasierter selbstsicherer Rechtsanwalt entschied sie den Prozeß gegen mich. »Und ziehst dir immer etwas an«, sagte sie, »und kannst nicht ordentlich sprechen.«

An diesem Punkt angekommen, fragte ich, was das alles bedeuten sollte. Sie zögerte einen Augenblick, als ob sie sich genötigt fühlte, möglicherweise etwas Beleidigendes zu sagen.

»Wir meinen, wenn wir das Evangelium annehmen, werden wir vielleicht so wie du.«

Eine lastende Stille trat ein. Jedermann beobachtete mich ängstlich und gespannt, ob ich jetzt wütend würde. Ich gab mir Mühe, ernst zu bleiben.

»Unser Land ist weit, weit weg von hier«, flüsterte ich und versuchte, in meine Stimme einen Ton der Verärgerung darüber einfließen zu lassen, daß geographische Grenzen unsere Kulturen voneinander getrennt hatten.

»Kein Wunder, daß wir niemals fähig waren, die gleichen Dinge zu tun und die gleiche Sprache zu sprechen. Noch nicht einmal die Schamatali-Leute können so reden wie ihr, und sie wohnen doch nur eine Tagereise flußabwärts von euch entfernt.«

Es gab zustimmendes Gemurmel.

»Aber in keinem Fall«, lächelte ich, »braucht ihr euch so zu benehmen wie wir Ausländer, um Gottes Kinder zu werden.«

Ihre Haltung drückte Überraschung aus. Deshalb ging ich der Sache weiter nach und erklärte ihnen, daß Gott sie so liebte, wie sie waren. Ich erzählte ihnen, Gottes Verheißungen gälten nicht nur den Fremden, das Essen von Kaulquappen wäre nichts Schlechtes, und Gott habe niemals die Gewohnheit verurteilt, Packkörbe zu tragen.

»Diese Dinge spielen keine Rolle«, versicherte ich ihnen. »Es geht um eure Herzen, die Gott verändern will. Eure Herzen sind traurig und bekümmert.«

Sie nickten in schweigendem Einverständnis und machten keine raffinierten Versuche, ihre Ängste zu verbergen. Ein bis zwei Minuten lang tuschelten sie ungehalten miteinander über die Grausamkeit ihrer Geister und die Sinnlosigkeit des Todes. Lachende Dame zog eine Nadel aus ihrem hölzernen Ohrstöpsel und fing an, einen Splitter aus dem Fuß ihres kleines Sohnes herauszupulen.

»Das stimmt«, flüsterte sie ärgerlich. »Das ist wahr. Wir wissen nicht, *wie* man glücklich sein kann.«

Für einige Augenblicke herrschte nachdenkliches Schweigen. Plötzlich schaute Lachende Dame auf, von ihrem eigenen Eingeständnis überrascht, und lachte lauthals. Sie gab ihrem kleinen Jungen einen heftigen Klaps, weil er weinte, und sagte ihm, er könne seinen Splitter behalten. Dann steckte sie die Nadel in ihren Ohrstöpsel zurück und rappelte sich auf. Die anderen taten es ihr nach und langten nach ihren Körben. Damit war die Versammlung beendet.

»Also, ich wollte das Gespräch wirklich nicht so abbrechen, wie du es getan hast.« Lachende Dame lachte in dem Bemühen, die

Unterhaltung von den schmerzlichen Realitäten des Lebens weg-
zulenken. Sie rückte ihren Korb in eine bequemere Lage. »Können
wir noch Krabben fangen, wenn wir Christen sind?«
Sie machte sich aber nicht die Mühe, auf eine Antwort zu warten.
Mit einem Schubs brachte sie ihren kleinen Jungen auf den richti-
gen Kurs und steuerte den Pfad hinunter auf den Dschungel zu.
»Morgen sind wir wieder da«, rief sie über ihre Schulter zurück.
»Laß es dir nicht zu einsam werden, wenn wir weg sind!«
Jetzt begannen wir mit regelmäßigen Versammlungen in der
Mitte der Dorflichtung. Dazu fertigten wir eine Zeichnung an, die
den breiten Weg zur Verdammnis und den schmalen Weg zum
Leben darstellte. Ihr Interesse wurde davon völlig in Beschlag
genommen. Die Rede von diesem Bild verbreitete sich schnell in
den umliegenden Dörfern. Miguels Leute eilten quer über die
Steppe, um herauszufinden, worum es bei dem Ganzen ging. Auch
kam eine Abordnung aus dem Balafili-Tal an mit dem Wunsch, daß
irgendwer die Botschaft zu den Bewohnern ihres Gebiets brächte.
Wir hatten die Dörfer des Balafili-Tals in drei Hauptgruppen
eingeteilt. Am weitesten entfernt war die erste Gruppe, die die
Leute der großen Steppe als ihre Feinde betrachteten. Freunde des
feindlichen Dorfes bildeten die zweite Gruppe. Ihre Ansiedlung lag
um einen zwei- bis dreistündigen Weg näher bei uns, und ihre
Verwicklung in die Kriegereien beschränkten sich auf die moralische Unterstützung, die sie ihren Nachbarn boten. Ein neutrales
Dorf in ihrer Nähe bildete schließlich die dritte Gruppe und diente
als Bindeglied zur Balafili-Bevölkerung. Aus eben diesem Dorf war
zuerst Jaime mit seinen schüchternen Frauen gekommen und
erschienen von Zeit zu Zeit Besucher. Aus diesem Dorf erhielten
wir nun die dringende Bitte um Unterweisung.
Eines Tages knallte die Verandatür zu. Wir wandten uns um und
sahen einen sorgfältig geschmückten Besucher, der unbeweglich
mitten im Zimmer stand, Pfeil und Bogen fest an seine Brust
gedrückt. Er war ein kräftig gebauter Mann Ende Dreißig. Wally
grinste, als er hinter der purpurnen Färbung und den blauen
Federn den Anführer von eigenen Gnaden aus dem Balafili-Tal
erkannte. Es war Samuel, ein Mann mit verblüffendem Selbstbewußtsein, der sich weder von der Welt draußen eingeschüchtert
fühlte noch sich genötigt sah, seine Unabhängigkeit von ihr geltend
zu machen.

Er war ein enger Freund und Verwandter von Enrique und hatte verschiedene Reisen zu der großen Steppe unternommen, eigens zu dem Zweck, die von uns gelehrte Botschaft zu hören. Als Zauberdoktor hatte er Berühmtheit erlangt. Doch von dem Tage an, als er zum ersten Mal das Evangelium hörte, hatte er mit aufrichtigem Herzen nach der Erkenntnis Gottes gestrebt. Sein nur gelegentlicher Kontakt mit uns hatte es schwierig gemacht, das Ausmaß seiner geistlichen Einsicht festzustellen. Aber es gab keinen Zweifel daran, daß Samuel an alles das glaubte, was er von der guten Botschaft verstand.

Wir eilten in die Veranda und begrüßten ihn mit all dem Tumult, der seiner Stellung zukam. Bis diese Willkommensförmlichkeiten erledigt waren, hatte sich auch der Rest seines Trupps eingefunden.

Vor dem Abschied gelang es Samuel, Derek und Wally das Versprechen zu entlocken, eine monatliche Tour in die Dörfer seines Gebiets zu planen, um die Botschaft der zwei Wege zu erläutern. Ruhig setzte er uns davon in Kenntnis, daß er seine Leute schon alles gelehrt habe, was er wußte, und er bat um Entschuldigung dafür, nicht alle Fragen beantworten zu können, die durch seine Unterweisung aufgeworfen wurden.

Wally bot sich freiwillig an, die erste Reise zu unternehmen. Aus Samuels Dorf wurde ein Führer entsandt, der ihn auf der achtstündigen Wanderung über die Berge begleiten sollte.

Sie kamen noch bei Tageslicht an. Man gestattete Wally eine kurze Ruhepause, und dann rief Samuel seine Leute zusammen, damit sie die auf der Zeichnung dargestellte Botschaft hörten.

Sie kauerten auf der Dorflichtung in dem typischen Durcheinander – Frauen unterhielten sich, Kinder spielten, räudige Hunde rannten durch die Menge. Die Männer rückten so eng wie möglich an Wally heran und gaben sich Mühe, ihre Augen auf die merkwürdige Zeichnung da vorn einzustellen. Samuel half dabei, jedes Bild zu erklären.

Dann übernahm Wally die Deutung der Zeichnung und lenkte die Aufmerksamkeit der Männer auf das rauhe Kreuz am Eingang des engen Weges. Die Darstellung zeigte zwei zusammengebundene Pfähle. Wally erläuterte, daß Jesus an einem ähnlichen Kreuz getötet worden war. Er starb an unserer Stelle. Der Glaube an seinen Namen verschafft uns Zugang zum ewigen Leben.

Samuel musterte die Menge mit unbehaglichen Gefühlen. Er wußte, daß die Männer Mühe hatten, die Botschaft zu erfassen. Deshalb stand er auf, um wieder das Wort zu ergreifen.

»Gott sagt, unser innerstes Wesen ist durch Sünde verunreinigt, aber das Blut seines Sohnes macht uns vor ihm angenehm.«

Die Versammlung begann eine laute Erörterung. »Aber *ich* bin nicht unrein«, protestierte einer. »Hast du jemals gesehen, daß *ich* etwas angestellt habe?«

»Nein, sage das nicht!« wies Samuel ihn zurecht und zeigte auf die Menge auf dem breiten Weg. »Ist es gerade nur Ehebruch, der ins Verderben führt? Nein! Einige dieser Leute treiben einfach nur dummes Geschwätz. Einige stehlen. Einige streiten sich.«

Sie schauten etwas bestürzt drein. Wenn alle diese Dinge in die gleiche Kategorie fielen, welche Hoffnung bestand dann für irgendeinen von ihnen?

»Aber das Buch sagt, wenn ihr eure Schuld zugebt, wird Gott nicht zornig darüber«, beeilte sich Samuel, ihnen zu versichern. »Er macht euch rein. Nur die, die es leugnen, Unrecht getan zu haben, gehen weiterhin auf dem breiten Weg.«

Als die Dunkelheit hereinbrach, kehrten die Leute zu ihren Hängematten zurück. Aber nicht für lange. Ihre Wißbegierde, was die Botschaft betraf, war vorübergehend befriedigt. Doch ihre Neugier hinsichtlich der Person des Botschafters war gerade erst geweckt. Einer nach dem anderen schlenderten sie zu Samuels Schuppen und bildeten einen engen Kreis um Wallys Hängematte. Sie brachten grüne Bananen mit und rösteten ihren Imbiß für die Schlafenszeit an Wallys Lagerfeuer. Dabei fragten sie ihn nach den Einzelheiten seiner Brautwerbung und unserer Hochzeit aus.

»Bruder, hast du Margarita schon von der Zeit an ernährt, als sie noch ein Baby war, oder hast du sie ihrer Mutter weggerissen, als sie erwachsen war?«

»Weder noch«, erwiderte Wally. »Ich mußte sie nicht wegreißen, sie kam freiwillig!«

»Ach, Wally! Ach, Margarita!« schrien sie entzückt. »Verliebte sie sich richtig in dich?«

Sie schüttelten sich vor Lachen und drängten sich näher heran, um Wallys verlegene Bekenntnisse anzuhören. Ihre eigenen langweiligen Hochzeiten waren genau genommen zweite Wahl. Leistete denn keiner ihrer Verwandten dabei irgendeinen Wider-

stand? Sie mußten einfach nur froh sein, die Braut los zu werden.
»Wally«, sagte Samuel in dem Versuch, die Mannhaftigkeit
seines Freundes zu retten, »Margarita mag schon willig gewesen
sein, aber du hast sie doch irgendwie ihrer Mutter weggerissen,
stimmt's?«

Wally mußte verneinen.

»Aber du hast doch für sie bezahlt«, erinnerte ihn Samuel. »Du
hast ihrem Vater doch bestimmt Fleisch gebracht.«

Ein undeutliches Getuschel unterbrach die Frage. Die anderen
stießen Samuel leicht an und bedeuteten ihm, keine Fragen zu
stellen, die Wally verärgern könnten.

»Schon gut«, flüsterte Samuel. »Er hat mir schon von seinem
Schwiegervater erzählt. Der lebt noch. Wir können also von ihm
sprechen.«

So schweifte die Befragung von dem Thema unserer Heirat ab
und wandte sich Untersuchungen unserer Familiengeschichte zu.

Schließlich verschwanden die Männer einer nach dem anderen
in der Behaglichkeit ihrer Hängematten. Noch in vergnügter Stimmung fingen sie an, sich gegenseitig durch die Dunkelheit etwas
zuzuschreien. Jaime unterhielt sich laut mit Samuel.

»Hast du mich heute beim Jagen gesehen?«

»Wohin bist du gegangen?« Samuel lachte in sich hinein und
nahm Jaimes Spiel auf.

»Flußabwärts neben dem großen Kaschubaum. Hast du mich
entdeckt?«

»Ja, ich habe dich entdeckt. Du meinst, an dem Kaschubaum
vorbei und neben dem kleinen Dornbusch in der Nähe des Flusses.
Hast du micht entdeckt?«

»Ja, du meinst den kleinen Fluß, der sich um den Felsen
herumwindet, wo die Frauen ihre Krabben fangen. Hast du mich
entdeckt?«

»Ich habe dich gesehen. Du meinst den Felsen, der von dem
Ameisenhaufen aus flußaufwärts steht. Hast du mich entdeckt?«

Weiter und weiter ging es mit dem Spiel, und lachende Stimmen
machten dazu ihre Vorschläge, als das Wort »Spiel« sich in der
Runde fortpflanzte. Aber schließlich übermannte alle der Schlaf,
die Feuer flackerten aus, und die Unterhaltung verklang in friedli-
cher Stille.

Lange bevor die ersten Strahlen des Morgenlichts die Dunkelheit des Dorfes durchdrangen, erwachte Samuel, schaukelte sich leicht in seiner Hängematte und sang ein Begrüßungslied für den neuen Tag. Für ungefähr zwanzig Minuten bildete sein tiefer, monotoner Gesang den einzigen Laut in der Morgenstille. Nach und nach wurden die Lagerfeuer angezündet, und die Umrisse von Familiengruppen an ihren Herdstellen zeichneten sich ab.

Die Sonne stand noch tief am Morgenhimmel, als Wally und Samuel zu einer Tour in die umliegenden Dörfer aufbrachen. Von jeder Gruppe wurden sie herzlich empfangen. Das augenscheinliche Interesse zeugte von Samuels Mühe, die er sich mit seinen Nachbarn gab. Jeder hatte schon von der Verheißung des ewigen Lebens gehört, und alle waren begierig, mehr zu erfahren.

Aber Samuel scheute sich nicht, die neue Botschaft als Waffe zu gebrauchen, wenn es die Gelegenheit erlaubte. In einem Dorf stießen sie auf eine Gruppe von Leuten, die schwärmerisch auf die Vernichtung aller Bewohner der großen Steppe pochten. Samuel ließ keine Zeit verstreichen, die plötzlich aufgetauchten Kriegereien zwischen seinen und ihren Freunden zu verurteilen. Ehe es für Wally überhaupt eine Möglichkeit gab, seinen Auftrag zu erläutern, hatte Samuel schon die Zeichnung entrollt und begann mit einer Erklärung der zwei Wege.

»Menschen, die im Hinterhalt herumschleichen und darauf warten, ihre Nachbarn zu erschießen, gehen genau hier auf dem breiten Weg«, sagte er und lenkte ihre Aufmerksamkeit auf die Figuren der Zeichnung. »Seht mal, wo der Pfad endet! Die Menschen fallen alle hinab in die Hölle.«

Ihre Reise durch die Dörfer führte Wally und Samuel die grasbewachsenen Hänge des Balafili-Tals hinauf und hinunter. Auf der Spitze eines Hügels machte Samuel eine Pause und zeigte auf den Hauptwohnort anderer Siedler in der Nähe.

»Weit hinter diesem Weg«, sagte er, »liegt das Dorf, das Räuber zu der großen Steppe schickt.«

»Willst du mich dahin bringen?« bat Wally.

Samuels Gesicht erstarrte in steinernem Stillschweigen. Ungehalten schüttelte er seinen Kopf, ehe er antwortete.

»Nein, sie würden mich töten.«

»Ein anderes Mal?« schlug Wally vor. »Vielleicht dann, wenn der Kampf vorbei ist?«

»Er wird niemals aus sein«, behauptete Samuel rundweg, »nicht eher, als bis sie sich gegenseitig vollständig ausgerottet haben. Ich bin es leid, zu versuchen, sie daran zu hindern. Jede Einmischung hat sich für mich erledigt.«

Der Ton in seiner Stimme ermunterte zu keiner weiteren Erörterung des Themas. Aber Wally kannte ihn gut genug, um sich klarzumachen, daß die Angelegenheit durchaus nicht außerhalb jeder Überlegung stand. Es *mußte* einen Weg geben, Versöhnung zwischen den beiden Dörfern zustande zu bringen, und Samuel war der geborene Diplomat.

Wieder zurück auf der großen Steppe, begleitete Wally, nach einer wohlverdienten Ruhepause, Derek auf einem Nachmittagsbesuch ins Dorf. Alle fragten nach Neuigkeiten von ihren Feinden. Hatte Wally sie gesehen? Waren ihm irgendwelche Gerüchte zu Ohren gekommen? Werden die Bananen im Balafili-Tal reif zur Ernte? Solande die Bananen nämlich noch klein waren, konnten die Menschen auf der großen Steppe entspannen. Ihre Feinde würden keinen Räubertrupp losschicken, ohne zuerst ein Gedenkfest abzuhalten zu Ehren der Toten, die sie rächen wollten. Und kein Fest konnte vorbereitet werden, ehe die Gartenarbeit es erlaubte.

Wally und Derek machten gemächlich eine Runde im Dorf und hielten hier und da an, um einige Verse aus dem 2. Petrusbrief weiterzugeben. Die in den Tiefland-Dialekt übersetzten Schriftabschnitte waren im Hochland nicht gut verwendbar. Deshalb wollten sie jetzt die Brauchbarkeit einiger Überarbeitungen testen. Narbenschulter rief sie an, als sie vorübergingen, und forderte sie auf, seiner Familie die Schriftstellen vorzulesen.

Klötze aus Feuerholz wurden ihnen zum Sitzen angeboten, und Narbenschulter kauerte sich neben sie auf den Boden. Dann bat er um Ruhe. Mit belustigter Nachsicht hörte er zu, als Derek und Wally ausführten, wie beide, Yanoamös und auch Ausländer, den rechten Weg verlassen und einen Irrweg eingeschlagen hätten. Verständnisvoll lächelte er, als sie von dem Opfer erzählten, das Gott gebracht hatte, um die Menwschen mit sich zu versöhnen.

»Kommt wieder!« grinste er und sprang auf seine Füße, als Wally und Derek Anstalten machten, weiterzugehen.

»Kommt morgen wieder und sagt mir das alles noch einmal!«

Aber keiner von ihnen konnte wissen, daß es dafür morgen zu spät sein würde.

Der Kampf beginnt

Wir schliefen noch, als Narbenschulter und eine Gruppe seiner Verwandten in der Dunkelheit vor Tagesanbruch an unserem Haus haltmachten.

»Bruder! Wally!« rief eine weibliche Stimme. »Ich arbeite heute nicht. Warte also nicht auf mich!«

Es klang nach Narbenschulters Kusine, einer Frau, die geholfen hatte, Lehm für die Wände der Veranda zu mischen.

»Wally, wach auf!« schrie sie eindringlich. »Ich sagte, daß ich mit meinen Vettern flußabwärts gehe. Später sind wir wieder zurück.«

Wally brummte eine schläfrige Antwort, und der Trupp zog weiter.

Das Frühstück war vorüber, und Wally brütete über einigen Versen aus dem 2. Petrusbrief, als ein lauter Tumult vor dem Haus unsere Aufmerksamkeit erregte. Wir liefen zur Vordertür und kamen gerade rechtzeitig, um zu sehen, wie ein Mann der sein Buschmesser geschärft hatte, in einem heftigen unkontrollierten Wutanfall auf seine Füße sprang. Seine Augen funkelten wild, und sein Verstand schien durch den plötzlichen Zornausbruch ausgeschaltet zu sein.

Er brüllte wie ein Tier und tastete blind nach Bogen und Pfeilen, die er neben unserer Vordertür stehengelassen hatte. Dann riß er sie fest an sich, stürmte den Pfad zum Rundhaus hinunter und schlug Räuberalarm.

Ein junger Mann, der offensichtlich die Nachrichten überbracht hatte, ging hinter ihm her und weinte bitterlich. Kaltes Entsetzen ergriff mich. Mein Herz schlug mir bis zum Hals. Das war kein falscher Alarm.

Die vor unserem Haus versammelte Menschenmenge beobachtete schweigend, wie die grimmig entschlossenen Krieger den Weg hinunterjagten. Wir standen mit den Hadleys in der Menge, warteten nervös auf einen Bericht und versuchten, uns davon zu überzeugen, daß die Nachricht wahrscheinlich nicht der Wahrheit entsprach.

Eine junge Mutter rannte den Trampelpfad hinunter. Ihr Baby baumelte an ihrer Seite.

»Mein Bruder!« jammerte sie. »Oh, mein Bruder!«

Wir wußten, daß sie überhaupt keinen Bruder besaß und konnten nicht ausmachen, auf wen sie sich bezog. Ich stellte mich neben sie und sprach im Flüsterton mit ihr.

»Wer ist es? Wen nennst du deinen Bruder?«

Eine zweite Frau ergriff sanft meinen Arm und zog mich weg. »Frage sie nicht so was! Sage das nicht!« zischte sie ärgerlich. »Es war der, der flußabwärts ging, um heute am frühen Morgen zu jagen.«

Sie konnte leicht erkennen, daß wir immer noch nicht wußten, wer erschossen worden war.

»Es war Isabella«, flüsterte sie. Bei der Erwähnung von Narbenschulters Frau brach die junge Frau neben uns erneut in Schluchzen aus. Jill und ich schauten uns bestürzt an. Waren die Räuber tatsächlich aufgebracht genug, sogar Frauen zu erschießen? Irgend jemand drängte sich neben uns, und ich fragte ungläubig, ob Isabella wirklich getötet worden war.

»O!« rief die befragte Frau voller Empörung. »Es war der *Mann*!«

»Der *Mann*?« keuchte ich, wie betäubt von der Möglichkeit, daß Narbenschulter plötzlich tot sein könnte. »Isabellas Ehemann?«

»Ha! Sei still!« schrie sie, als ich ihn erneut erwähnte. Die Tabus bezüglich des Todes waren bereits in Kraft. Offensichtlich wurde von uns erwartet, unsere eigenen Schlüsse zu ziehen.

Es herrschte ehrerbietiges Schweigen, als sich uns Isabella näherte und herzzerbrechend weinte. Sie war an diesem Morgen nicht mit den anderen gegangen und hatte eben im Dorf die Nachricht gehört. Mechanisch setzte sie ihre Füße voreinander. Sie schien sich fast in einem Zustand des Schocks zu befinden, als sie vorüberging, ihr Baby fest an sich gedrückt. Blind für die mitfühlenden Blicke, die ihr folgten, verschwand sie den Trampelpfad hinunter, den vorher auch die Jagdgesellschaft gewählt hatte.

»Auf welchem Weg werden sie ihn zurückbringen?« erkundigte ich mich bei einer der Frauen.

»Genau hier. Genau hinter eurem Haus«, antwortete sie. »Aber das wird lange dauern. Er ist schwer.«

Mit dem Blick ihrer Augen warnte sie mich, irgendwie mehr zu fragen. Niemand wußte, in welcher Verfassung sich Narbenschulter befand, und es gab nichts zu tun, als zu warten und es selbst herauszufinden.

Ungefähr eine Stunde später tauchte aus dem Dschungel ein langsamer Zug von Männern auf und schlängelte sich quer über die

Steppe. Die Leute benutzten nicht den Pfad, der geradewegs zu unserem Haus führte. Bei der Vorstellung, daß man Narbenschulter nicht als einen Anwärter auf ärztliche Hilfe betrachtete, zog sich mein Magen heftig zusammen.

Als sie herankamen, bewegten wir uns zögernd in Richtung Landebahn. Wir wollten zur Hand sein, wenn sie Hilfe brauchten, andererseits aber in ehrerbietigem Abstand bleiben, wenn es für Hilfe zu spät war.

Narbenschulters Vater trug ihn auf seinem Rücken. Der Schmerz auf seinem Gesicht, als er sich uns zuwandte, füllte unsere Augen mit brennenden Tränen. Er blieb stehen und öffnete seinen Mund, wie um zu sprechen. Doch dann besann er sich eines Besseren. Er verlagerte das Gewicht seiner schweren Last, drehte sich schweigend um und verfolgte weiter seinen Weg ins Dorf.

Stammestabus verboten es uns, die uns bewegenden Fragen zu stellen. Deshalb folgte Wally dem Zug. Als er allmählich den alten Mann eingeholt hatte, konnte er sich selbst vergewissern, daß es für uns hier nichts mehr zu tun gab. Narbenschulters Beine waren am Knie gekrümmt und seine Füße mit einer Schlingpflanze hochgebunden, damit sie nicht schleiften. Bei jedem Schritt schlug sein Kopf kraftlos gegen den seines Vaters. Ein tiefes breites Loch in seiner Seite zeigte die Stelle, an der ein Pfeil in seinen Körper eingedrungen war. Es war mit Blut bedeckt.

Lange nachdem der Trauerzug vorbeigekommen war, standen wir immer noch am Rande der Landebahn und lauschten in stummer Trauer der Totenklage, die sich aus dem Dorf erhob. Die langerwarteten Räuber hatten schließlich doch zugeschlagen, und der vergnügte, liebenswerte Narbenschulter war auf gewaltsame Weise in die Ewigkeit hineinversetzt worden.

Der Tag zog sich hin. Ich lebte wie im Traum, ließ die Vergangenheit an mir vorüberziehen und forschte in meinem Gedächtnis nach irgendeinem Anhaltspunkt, der darauf hindeuten könnte, daß Narbenschulter dem Evangelium geglaubt habe. Aber es gab keinen. Meine Erinnerung wanderte zurück zu unserer ersten Begegnung vor neun Monaten, als uns Narbenschulter erstmalig als Einzelwesen auffiel in dem Meer von Gesichtern, das uns umgab. Ich entsann mich seiner, wie er auf dem Boden hockte und sich ernsthaft anhörte, was Wally von dem Gericht erzählte, das Gott wegen der Sünde über die Welt bringen würde.

»Kennst du Gott?« hatte er Wally gefragt.

Als er eine bejahende Antwort bekam, hatte er von uns verlangt, unseren Einfluß zu nutzen und Gott zu überreden, von dem Gericht Abstand zu nehmen. Die Macht eines Zauberdoktors wurde immer beurteilt nach seiner Herrschaft über die Geister, und Narbenschulter war verwirrt von der Vorstellung, daß Wally gewillt war, sich Gott unterzuordnen. Der Indianer hatte zustimmend genickt, als Wally ihm zuredete, das von Gott angebotene Heil zu seinen Gunsten anzunehmen. Aber das Interesse hatte nicht lange vorgehalten.

Die Zeit verstrich, und kein Feuer und Schwefel fielen vom Himmel. Narbenschulter empfand keine dringende Notwendigkeit, sich dem lebendigen Gott zuzuwenden. »Ich sterbe noch nicht!« pflegte er lachend zu erklären. »Ich bin nicht alt oder krank und viel zu vorsichtig, um erschossen zu werden.« Aber seine Minuten liefen schneller ab, als irgendeiner von uns es sich vorstellte.

Ungefähr vor einem Monat hatte er seine Frau Isabella zu einem Besuch hergebracht. Wir unterhielten uns über die Zwischenwand hinweg, die die Veranda von der Küche trennte, und erlebten zusammen eine gute Zeit beim Gespräch über ihr erstes Baby, das bald ankommen sollte. »Es wird ein Junge«, hatte uns Isabella vertraulich mitgeteilt und dabei in taumelnder Erregung geflüstert: »Wir werden eine Menge Jungen bekommen.«

Ihrem Ehemann erging es wie den meisten Männern. Ein solcher Gedanke brachte ihn in Verlegenheit. Aber er lächelte widerstrebend, als Isabella und ich Pläne für das neue Baby schmiedeten.

Dann erkannte ich eines Nachmittags Narbenschulters Stimme, die mich auf die Veranda rief. Ich war in einem anderen Zimmer beschäftigt gewesen und hatte nicht sofort geantwortet. Deshalb rief er immer weiter und fügte schließlich hinzu: »Hier ist der, den du sehen wolltest, auf den du gewartet hast!«

Es dauerte einige Sekunden, bis ich begriff, daß das Baby angekommen sein mußte. Die Eltern strahlten über das ganze Gesicht, als ich auf sie zueilte. Durch eine Schicht von Staub und Schmutz drang Isabellas offenes Lächeln. Sie hielt ihren kleinen Sohn zur Besichtigung hoch. Seit der Geburt ihres Babys vor drei Tagen hatte sie nicht gebadet, und man konnte sich schwerlich ein schmutzigeres Paar vorstellen. Ich tat so, als ob der Kleine sauber und wohlriechend und in eine Windel gewickelt wäre und streckte meine Arme aus. Isabella übergab ihn mir und genoß das Lob, mit dem ich ihn überhäufte. Narbenschulter schmunzelte mit berechtigtem Stolz und mühte sich um ein gleichgültiges Aussehen. Jetzt war sein kleiner Sohn eine Woche alt und ohne Vater.

Narbenschulters Körper wurde im Mittelpunkt des beengten Lebensraums der Familie in eine Hängematte gewickelt. Dort blieb er für anderthalb Tage. Durch den Schock wie gelähmt, hatte Narbenschulters Vater es versäumt, die Männer nach Holz für die Bestattung auf dem Scheiterhaufen zu schicken. Erst am nächsten Tag tat er es.

Ein gewaltiges Feuer wurde vor dem Schuppen des toten Mannes angezündet. Dann warf man die Hängematte mit seinem Körper in die Flammen und bedeckte alles schnell mit Reisig. Mittlerweile ebbten die hysterischen, gellenden Schreie ab zu einem düsteren Klagegesang. Von Narbenschulter war jetzt nur ein weißes Skelett unter schwelender Asche übriggeblieben.

Zwei Wochen später, als die anfängliche Erschütterung über Narbenschulters Tod sich gelegt hatte, machte die Trauer dem Zorn Platz, und die Aufmerksamkeit des Dorfes verlegte sich auf eine schnelle Vergeltung. Wir fingen an, behutsam Vorschläge zur Beendigung der Kriegereien zu äußern. Zwar hörten sich die Indianer unsere Vermutungen an, daß die Bewohner des feindlichen Dorfes möglicherweise einen Waffenstillstand erwägen könnten, wo sie jetzt doch wenigstens einen ihrer Männer gerächt hatten. Aber niemand war bereit, einen solchen Preis für den Frieden zu zahlen. Sie konnten ihren Verlust nicht so sachlich betrachten.

Narbenschulters Großvater stellte einen Jagdtrupp zusammen, der losgeschickt wurde, um für ein Erinnerungsfestmahl einige Gürteltiere in ihrem Bau aufzuspüren. Während der Abwesenheit der Jäger ging Narbenschulters Mutter mit einer Gruppe von Frauen in den Familiengarten und zerstörte alles, was ihr Sohn angepflanzt hatte. Sie wollte durch nichts an ihren Kummer erinnert werden und hatte nicht die Absicht, irgend jemanden die Früchte der Arbeit ihres Sohnes ernten zu lassen, wo ihm selbst das Vergnügen untersagt worden war, den Ertrag seiner Anstrengungen zu genießen. Körbeweise trugen sie Bananen nach Hause und hingen sie zum Nachreifen für das Fest in ihren Schuppen auf.

Die Nächte waren erfüllt von Klagegesängen und Tränen, und als die Jäger zurückkehrten, kam die Handlung in Gang.

In einem großen, geschwärzten Kochtopf wurden die reifen Bananen zu einer wässrigen Soße gekocht, das Fleisch schichtete man daneben auf. Narbenschulters Verwandte hatten fast den ganzen Tag über geweint, und das Getöse ihrer Wehklagen schwoll an, als sich eine Menschenmenge um ihren Schuppen versammelte. Eine zornige Gruppe von Kriegern, in steifer, formeller Haltung wie eine Ehrengarde bei einem Begräbnis, klappte drohend ihre Bogen und Pfeile zusammen und schrie laut ihre Wut auf das feindliche Dorf heraus.

Das Weinen ging in Hysterie über. Einer der Männer griff nach einer besonders zurechtgemachten Kürbisflasche, und die Krieger drängten sich um die Feuerstelle der Mutter Narbenschulters, als die Gedächtnishandlung einen gräßlichen Höhepunkt erreichte. In eine der vier Kürbisflaschen waren im Anschluß an Narbenschulters Feuerbestattung dessen zerstäubte Knochen gefüllt worden. Ein kleiner Teil dieser Knochen wurde mit etwas Bananensoße vermischt und seiner Mutter gereicht. Begleitet von lautem, gequältem Schreien trank sie alles aus. Dann wurde das leere Gefäß in den Flammen des Lagerfeuers verbrannt. Verbissen rührten die Männer ihren Anteil an dem weißen Pulver in mehr Soße, die sie aus dem Kessel schöpften, und tranken das Gesöff auf eine erfolgreiche Vergeltung.

José erhob sich, ergriff seinen Bogen und seine Pfeile und nahm vor der Menge eine feierliche Haltung ein. »Also gut«, leierte er monoton mit kaum beherrschter Gemütsbewegung. »Wer stellt sich zu mir? Wer geht mit mir?«

Einer nach dem andern schloß sich mit ihm in einem engen Kreis zusammen und verpflichtete sich, Narbenschulters Tod zu rächen. Einige lehnten aus Alters- oder gesundheitlichen Gründen ab. Von den Furchtsamen erwartete man nicht, daß sie mitgingen.

Timotheus stellte sich dazu. Er teilte nicht Josés rücksichtslose Entschlossenheit. Aber er war ein guter Stratege, und sein Organisationstalent verbreitete Zuversicht. Seine Neffen schlossen sich ihm an. David stellte sich dazu. Er befand sich in einem inneren Aufruhr. Sein Gewissen plagte ihn, aber sein Verantwortungsgefühl spornte ihn an. Enriques Bruder stellte sich dazu. Nun richteten sich die Augen aller auf Enrique. Aber er blieb, wo er war.

Er hatte uns weder um Rat gefragt noch uns von dem Zwiespalt in seinem Herzen berichtet. Deshalb waren wir völlig in Unkenntnis über den geistlichen Kampf, der gleichzeitig mit dem physischen in ihm tobte. Es hieß – jetzt oder nie. Enrique wappnete sich gegen die überraschten, ärgerlichen Äußerungen, die um ihn herum zu hören waren. Verwandt oder nicht, für ihn waren die Kriegereien erledigt. Sein Verständnis von dem Evangelium mochte begrenzt sein, seine Wahl aber war unmißverständlich. Er hatte sich für den schmalen Weg, der zum Leben führt, entschieden, und er war darauf gefaßt, auf ihm allein zu wandern.

Die übriggebliebenen Nahrungsmittel wurden unter den Leidtragenden verteilt. Danach kehrte jeder in seinen eigenen Schuppen heim.

Früh am nächsten Morgen schritt José in die Mitte der Dorflichtung und rief die Krieger auf, mit ihm zusammen vor ihrem Abschied feierlich ihre Stärke zur Schau zu stellen. Einer nach dem anderen nahmen sie ihren Platz neben ihm ein und klappten ungeduldig ihre Pfeile zusammen. Dann marschierte unter leidenschaftlichen Appellen, die Feinde alle zu vertilgen und selbst vorsichtig zu sein, ein Trupp von fünfzehn Männern verbissen hintereinander aus dem Dorf hinaus.

Ein Sturm der Aufregung erhob sich, als die Männer einige Tage später heimkehrten. Eine Frau rannte schnell den Pfad zu unserem Haus hinunter und verlangte schreiend von ihren Kindern, sofort nach Hause zu kommen, damit sie nicht von Räubern erwürgt würden. Die Mission war nämlich ein Erfolg gewesen. Man hatte wieder einmal den Zorn des feindlichen Dorfes hervorgerufen und damit einen neuen Zeitabschnitt der Angst eingeleitet. Ein weiterer Mann war getötet worden und mußte nun gerächt werden.

Einige Wochen später erschien Samuel mit Neuigkeiten aus dem Balafili-Tal. Er saß mit Wally in der Veranda und unterhielt sich über Dinge, die überhaupt nicht zur Sache gehörten, bis er gefragt wurde, ob es irgendwelche Nachrichten aus dem feindlichen Dorf gäbe. Sein Gesicht wurde ernst. Er schaute Wally ausdruckslos an, als wüßte er nicht, wie er anfangen sollte. Dann platzte er mit seiner Botschaft heraus. »Sie sagen, daß sie dich töten werden.«

Samuel war sich nicht klar, wie Wally eine solche Nachricht aufnehmen würde. Er forschte in dessen Gesicht nach einer

Reaktion, die ihm möglicherweise raten würde, nicht weiterzusprechen.

»Sie erklären folgendes: Weil du dich entschlossen hast, diese Leute mit deiner Schrotflinte zu verteidigen, zählen sie dich jetzt auch zu ihren Feinden.«

»Das habe ich nie versprochen«, sagte Wally mit einem Stirnrunzeln über den merkwürdigen Bericht.

»Mag sein.« Samuel zuckte die Achseln. »Aber das behaupten sie.«

Einige Augenblicke lang saßen beide Männer schweigend und bestürzt da über Wallys plötzliche Verwicklung in die Kriegereien. Wally sah keine andere Möglichkeit, als selbst in das feindliche Dorf zu gehen und die Leute von seiner Neutralität zu überzeugen.

»Samuel«, fragte er, »würdest du mich hinbringen, damit ich mit ihnen sprechen kann?«

Samuel schüttelte ärgerlich den Kopf. Das stand außer Frage.

»Fürchtest du dich, dorthin zu gehen?« fuhr Wally unbeirrt fort. »Wäre es gefährlich?«

Samuel nickte. Die Freundschaft, die er einst mit dem feindlichen Dorf erlebt hatte, war automatisch zum Stillstand gekommen, als er seine Besuche bei den Leuten auf der großen Steppe beibehielt. Er konnte einfach nicht dorthin gehen, und das war endgültig.

Wally stand auf und trat ans Fenster. Samuel folgte ihm mit den Augen. »Wally«, flüsterte er, »sei vorsichtig!«

Wally antwortete nicht sofort. Als er es tat, zeigte sich deutlich, daß die Yanoamös ihn stärker beeinflußten, als es mir bewußt war. Die verrückte Angewohnheit nämlich, in bedenklichen Augenblikken mit Oberflächlichkeit zu reagieren, mußte ansteckend gewirkt haben. Wally streckte seine Brust heraus und schlug sich auf die Schenkel. Damit ahmte er genau die Art und Weise nach, mit der die Männer hier oft einen solchen Rat beantworteten.

»Natürlich werde ich vorsichtig sein!« Er äffte die hohe, aufgeregte Fistelstimme der Indianer nach. »*Mich* werden sie nicht erschießen!«

Samuel sprang auf seine Füße und betrachtete Wally. Mit seinem Handrücken wischte er ein Lächeln von seinem Gesicht. Er fing an zu singen und wiegte sich vor Wally hin und her. Dabei sammelte er Kräfte für einen voll ausgereiften Vortrag.

»Bruder, Wally! Du hast vollkommen recht, vollkommen recht!

Niemals werden sie dich erschießen. Du bist der tapferste Mann, den ich kenne. Du hältst dich heimlich im Dschungel auf. Du bist wachsam. Das, worauf du zielst, ist dem Tod geweiht.«

Er kam in Fahrt, als er fortfuhr. Mit jeder Verszeile gewann sein Gesang an Kraft. Mit beißendem Spott ging es weiter. »Du bist unzerstörbar. Du bist so ungeheuer stark. Du schleppst deine eigenen Sachen immer allein und brauchst bei nichts Hilfe. Du findest deinen Weg überall durch den Dschungel und zu jedem Dorf, das du besuchen möchtest.«

Samuel konnte das Gesicht nicht länger verziehen. Wally war schon lange in Schmunzeln ausgebrochen, und ohne Wallys ernsthafte Wirkung konnte sich Samuel nicht auf den Rhythmus seines Gesangs konzentrieren.

»Ach, Wally!« keuchte er und ließ sich mit krampfhaftem Gelächter auf eine Bank fallen.

»Bruder«, lächelte er, als er seine Fassung wiedergewann. »Sei auf jeden Fall vorsichtig!«

»Das will ich«, nickte Wally. »Ja, das will ich.«

Einige Wochen später erfuhren wir, daß ein unplanmäßiger Flug stattfinden sollte, um eine neue Missionarsfamilie einzufliegen, die mit uns auf der großen Steppe arbeiten würde. Darum machte Wally jetzt Pläne zum Besuch des feindlichen Dorfes. Über das Radiogerät teilte er Paul Dye seine Absicht mit, und Paul bot sich an, ihn zu begleiten. Sie flogen zu einem kleinen Landeplatz in der Nähe von Samuels Dorf. Es war der gleiche Flug, der Paul und Martha Shadle mit ihren zwei kleinen Kindern in unsere Gemeinschaft brachte. Für das Flugzeug wurden Vereinbarungen getroffen, Wally und Paul am folgenden Tag abzuholen, wenn die letzten Vorräte der Familie Shadle von einem Stützpunkt im Tiefland aus herbefördert worden waren.

Wally und Paul verbrachten die erste Nacht in Samuels Schuppen. Sie unterhielten eine begeisterte Zuhörerschaft mit der bebilderten Geschichte vom reichen Mann und armen Lazarus. Samuel borgte sich die Bilder aus, als die Missionare zu Ende waren, rollte sie zusammen und verstaute sie in seinem Köcher. Die Zuhörer wanderten schließlich langsam zu ihren Hängematten, und Wally und Paul ließen sich am Lagerfeuer nieder, um mit Samuel ihre Pläne zu erörtern. Er willigte ein, sie zu dem feindlichen Dorf zu bringen. Das klang zwar gefährlich. Aber wenn sie zu dem Wagnis bereit waren, dann war er es auch.

In der Frühe des nächsten Tages brachen die drei auf. Als sie sich feindlichem Gebiet näherten, wurde Samuel unruhig, weil er sich nur mit einem Buschmesser bewaffnet hatte. Er hielt den kleinen Trupp an und ermahnte die Männer, von jetzt an besonders ruhig, aber auch besonders schnell zu sein. Sie konnten es sich nicht leisten, auf ihrem Weg ertappt zu werden. Ehe ihre Anwesenheit entdeckt wurde, mußten sie schon geradewegs die Dorflichtung erreicht haben, damit ihre Absichten nicht falsch gedeutet würden. Ihre persönliche Beziehung zu der großen Steppe machte sie nämlich höchst verdächtig. Ihr Besuch konnte leicht als Angriff aufgefaßt werden.

Alles ging gut, bis sie in die Nähe des Dorfes kamen. Da erspähte sie auf dem Weg eine Frau, die mit einer Ladung Feuerholz heimkehrte. Kreischend, so daß einem das Blut erstarrte, schlug sie Räuberalarm und warnte ihre Leute.

Samuel wirbelte herum, um Wally und Paul anzusehen. »Rennt!« schrie er gellend. »Rennt!«

Für den Bruchteil einer Sekunde war sich Wally nicht sicher, ob man erwartete, daß sie auf das Dorf zu oder von ihm wegrannten. Als Samuel aber einen wahnsinnigen Anlauf zu dem Rundhaus nahm, folgten sie dicht hinter ihm.

Ein alter Mann war in der Nähe des Dorfes spazierengegangen, als der Alarm der Frau ertönte. Von schrecklicher Furcht befallen, rannte er, um in die Sicherheit seines Heims zu kommen. Ehe er sein Ziel erreichte, wurde er aber von Samuel eingeholt. In plötzlicher Panik langte Samuel nach Bogen und Pfeilen des alten Mannes und versuchte, sie dessen Griff zu entwinden. Beim Weiterrennen packte er verzweifelt die Waffen und zog den alten Mann hinter sich her.

Die Zeit erlaubte keinen weiteren Kampf. Samuel gab auf, griff fester nach seinem Buschmesser und spurtete zu dem Eingang des Dorfes. Aber er kam eine Sekunde zu spät an. Die Öffnung war mit Pfählen verbarrikadiert.

Damit war der von ihnen geplante überraschende Eintritt ausgeschlossen. Die anderen Möglichkeiten sagten ihnen nicht zu. Sie konnten sich weder zurückziehen noch hineingehen, ohne Gefahr zu laufen, erschossen zu werden.

Etwas unsicher, was jetzt am besten zu tun wäre, machten sie eine kleine Pause. Der alte Mann, der Samuel seinen Bogen und seine Pfeile verweigert hatte, war gleichzeitig mit ihnen angekommen. Er stellte sich vorsichtig auf eine Seite und forderte Samuel durch einen Wink auf, die Pfähle zu entfernen, die den Eingang zur Dorflichtung versperrten. Samuel gab Wally und Paul strenge Anweisung, zurückzubleiben. Dann begann er, die Pfähle einen nach dem andern herauszunehmen. Drinnen herrschte tödliches Schweigen. Samuel arbeitete schnell und vorsichtig. Bald hatte er genug Pfähle beiseite geräumt, so daß ein Durchgang durch die Barrikade möglich war. Es blieb nur noch eins zu tun, sich selbst gegen die Möglichkeit zu wappnen, beim Eintritt in die Öffnung erschossen zu werden.

Samuel bedeutete Wally und Paul, ihm zu folgen, holte tief Atem und marschierte schnell in das feindliche Rundhaus hinein.

Die allzu angespannte Lage gestattete kein kühles, objektives Urteil über die feindliche Reaktion, als die Besucher flott in die Mitte der Lichtung schritten. Der übliche Höllenlärm der Begrüßung, der endlich die Stille durchbrach, war dann Musik für ihre Ohren.

Ein alter Mann näherte sich ihnen und fragte mit gedämpftem Leierton, warum die Fremden gekommen wären. Paul erkannte ihn sofort. Bei seiner und Dan Shaylors erster Ankunft auf der großen Steppe, als sie einen Landeplatz errichten wollten, hatten sie einige Impfungen in den anderen Dörfern des Balafili-Tals durchgeführt und dabei in einem Dorf denselben alten Mann getroffen. Er besuchte dort Freunde.

»A, mein Vater!« rief Paul aus. »Kennst du mich noch? Dich habe ich doch ›Vater‹ genannt, als wir mit Spritzen die Gefahr einer Masernepidemie abwehrten.«

Einen Augenblick lang betrachtete ihn der alte Mann schweigend. Dann antwortete er mit einem zaghaften Lächeln und hieß »seinen Sohn« in dem Dorf willkommen. Alle atmeten auf.

Die anfängliche Aufregung legte sich. Die Männer begannen, den Frauen den Auftrag zu erteilen, für ihre Gäste eiligst Essen zuzubereiten. Die Fremden ruhten sich in Hängematten aus, die ihnen von den Gastgebern angeboten wurden. Die mutigeren Bewohner des Dorfes versammelten sich um sie und musterten die Besucher.

Auch Samuel verursachte einen ziemlichen Wirbel. Es war lange Zeit vergangen, seit er hier gewesen war. Die Vorwürfe, die während der Kriegsmonate gegen ihn erhoben worden waren, entluden sich jetzt in einem förmlichen eintönigen Gesang. Samuel und seine Ankläger standen sich auf der Dorflichtung gegenüber. Während sie ihre Streitigkeiten auf bewährte Yanoamö-Art austrugen, erinnerte sich Samuel an das Bild vom reichen Mann und armen Lazarus, das er aufgerollt und in seinen Köcher geschoben hatte. Ohne in dem Leiergesang zu pausieren, langte er über seine Schulter, ergriff seinen Köcher und zog ihn nach vorn, so daß er das Oberteil abnehmen und seinen Inhalt ausschütten konnte. Er übergab die Rolle einem neugierigen Kind, das in der Nähe stand, und schickte es damit zu Paul und Wally.

Die Leute drängten sich begierig heran, um zu sehen, ob das Papier wirklich eine Nachricht enthielt. Vor langer Zeit hatten sie Gerüchte über die Zauberkraft des Lesens und Schreibens gehört. Seitdem untersuchten sie jedes Bild mit großer Begeisterung. Lebhaft zustimmend nickten sie, als ihnen das Evangelium vorgestellt wurde, obwohl sie wahrscheinlich seine Konsequenzen für sie persönlich nicht begriffen. Wally und Paul nahmen dann Bezug auf die Kriegereien mit den Leuten der großen Steppe. Sofort senkte sich über alle eine so schwer drückende Stille, daß es wie eine Betäubung wirkte.

Paul und Wally erklärten ihnen, daß wir Ausländer uns neutral verhielten. Wir wollten mit allen Freund sein. Sie nickten schweigend. Wally erzählte ihnen auch, wie er versucht hatte, unsere Leute davon abzuhalten, Narbenschulters Tod zu rächen.

Es kam keine Antwort. Die Indianer wiegten sich nur in ihren Hüften, die Ellbogen auf ihren Knien und die Hände auf ihren Mund gepreßt. Das Thema war noch nicht reif für eine Erörterung. Sie wollten den Kampf nicht aufgeben.

Paul Johnson, der Pilot der Missionarischen Fluggesellschaft, sollte in wenigen Stunden planmäßig auf dem winzigen Streifen in der Nähe von Samuels Dorf landen. Auf der Suche nach einem guten Vorwand für einen weiteren Besuch entschloß Paul sich, von einem der Männer hier etwas Wildfleisch zu kaufen – auf Kredit. Untereinander Handel zu treiben galt als sicheres Zeichen der Freundschaft. Als Paul anbot, beim nächsten Mal ein Messer als Entgelt mitzubringen, wurde das Geschäft begeistert angenommen. Man lud die Missionare ein, sobald als möglich wiederzukommen.

Sie packten ihre Sachen zusammen und eilten unverzüglich den Weg hinunter zu Samuels Dorf.

Die Regenzeit verging in einer Kette zermürbender Stunden Schreibtischarbeit. Es gab Tage der Entmutigung, dann wieder erfrischende Pausen geistlichen Interesses von Seiten unserer Nachbarn, aber auch haarsträubenden Räuberalarm. Nicht einmal Timotheus oder José konnten sich mit den Wutausbrüchen messen, in denen sich Isabella bei solchen Gelegenheiten erging.

Paul und Marty Shadle begannen mit einem ernsthaften Sprachstudium. Jill und ich plagten uns mit der Durchsicht von Material für den Lese- und Schreibunterricht; und Wally und Derek fuhren mit der Übersetzung biblischer Geschichten fort.

Wir wurden ermutigt durch die Reaktionen vieler, aber keiner fand zu der Freiheit, sein Leben nach seiner eigenen Erkenntnis zu gestalten. Möglicherweise hatten nicht alle die Vergeltungsmaßnahmen gegen das feindliche Dorf gutgeheißen. Aber an der sich daraus ergebenden Bedrohung hatten alle gleichermaßen Anteil. Oft wurde das Dorf für einige Tage evakuiert, wenn man eine Ruhepause suchte in dem Zustand der Angst vor einem Angriff aus dem Hinterhalt.

Das Kampieren im Dschungel blieb nicht ohne Verwicklungen. Die Dorfbewohner waren in den Wäldern verstreut. Auf diese Weise ließen sich selbst die kleinsten gesellschaftlichen Hindernisse des gemeinschaftlichen Lebens im Rundhaus nicht beheben. Man bekämpfte also eine Folge von Streitereien und Zänkereien, die aus Diebstahl, Klatsch und Sittenlosigkeit entstanden. Immer wenn die Leute zurückkamen, beklagten sie sich, alles vergessen zu haben, was wir ihnen jemals beigebracht hatten. Auch uns schien das so zu sein. Wir pflegten dann müde zu nicken und von vorn zu beginnen, indem wir uns daran erinnerten, daß wir nicht mit Fleisch und Blut zu kämpfen hatten.

Anläßlich einer Heimkehr fanden die Dorfbewohner ihre Gärten geplündert vor. Ihnen war bekannt, daß oft Besucher zu uns hereinkamen, um während ihrer Abwesenheit unsere Zeit und unsere Tauschgüter zu beanspruchen. Sie gaben Miguels Leuten aus dem Dorf auf der gegenüberliegenden Seite der Steppe die

Schuld und luden sie zu einem Gedenkfest ein, um ihre Streitigkeiten beizulegen.

Diese Gedenkfeierlichkeiten bildeten immer einen Höhepunkt im gesellschaftlichen Leben des Dorfes. Über Jahre wurden die zu Staub zermahlenen Knochen der Toten aufbewahrt, und wenn der Tod, dessen gedacht werden sollte, erst einmal weit genug zurücklag und damit seinen Stachel verloren hatte, dienten diese Ereignisse nicht nur dem Trauern. Manchmal waren Tänze, Gesänge, sportliche Kämpfe, Zaubereien und Zechereien damit verbunden.

Nicht immer wurden die Gäste darüber informiert, was auf der Tagesordnung stand. Aber Miguels Leute hatten Grund zu der Annahme, daß sie zur Rechenschaft gezogen würden, was die gestohlenen Nahrungsmittel betraf. Bewohner des Balafili-Tals waren der gleichen Ansicht, und eine Gruppe aus Samuels Dorf kam herüber, um die Party auffliegen zu lassen. Als diese Leute für Paul und Marty Shadle gearbeitet hatten, war eine Anzahl ihrer Besitztümer von Leuten aus Miguels Dorf gestohlen worden. Jetzt brannten sie darauf, eine öffentliche Beschwerde einzubringen.

Der Tag der Feierlichkeiten kam, und Miguels Gruppe marschierte in einer Reihe auf die Dorflichtung, um ihre farbenprächtigen Tänze aufzuführen. Man aß, man trank, man weinte mit den Trauernden.

Die Dunkelheit brach herein, und irgend jemand stimmte einen Gesang an mit umständlichen Anklagen gegen Miguels Leute. Die Beschuldigungen wurden in feierlicher Form zurückgewiesen. Miguel ergriff die Gelegenheit, seinerseits einige Beschwerden an die Öffentlichkeit zu bringen. Das leise Gemurmel der eintönigen Gesänge steigerte sich bald zu einem wilden Crescendo von Schreien und Rufen, als die Frauen von beiden Seiten begannen, sich gegenseitig Beleidigungen ins Gesicht zu schleudern. Jetzt fanden es die Männer aus Samuels Dorf an der Zeit, in Aktion zu treten.

Sie stampften mit Bogen und Pfeilen, Stangen und Buschmessern auf die Dorflichtung und vermehrten mit ihren Klagen das allgemeine Getöse. Bald war der Aufruhr nicht mehr zu bändigen. Sie würden ihr Gesinge aufgeben und ihre Verstimmungen auf andere Weise lösen müssen.

»Hierher! Hierher!« begann José zu rufen und schob achtlos die Menge zurück, ehe sie einen Kreis um ihn bildete. »Alle, die über mich gesprochen haben, sollen hierher kommen!« Er pflanzte sich mitten in der Dorflichtung auf – die Schultern gestrafft, die Brust vorgestreckt, die Füße zur besonderen Abstützung fest auseinandergesetzt. »Hierher!« schrie er gellend und schlug sich selbst auf die Seite seines Oberkörpers, als ob er zu einem Test seiner Stärke und Ausdauer aufforderte.

Bald standen in dem Kreis unbändig brüllender Zuschauer zwei Männer, die sich mit geballten Fäusten gegenseitig Schläge versetzten. Jeder versuchte, den anderen umzuwerfen. Freunde und Verwandte beider machten ermunternde Zurufe und boten sich als Ersatzmänner an.

Beleidigungen und Entgegnungen darauf vervielfachten sich. Einer der Männer, die an die Stelle der ursprünglichen Gegner getreten waren, behauptete, sein Herausforderer habe ihn mit der Breitseite eines Buschmessers geschlagen. So wurde der Kampf zuerst mit Fäusten, dann mit Buschmessern und schließlich mit Äxten ausgetragen. Während der ganzen Nacht machten die Indianer ihrer heftigen Enttäuschung Luft. Beim Morgengrauen des nächsten Tages suchten die Besucher ihre Habseligkeiten zusammen und verließen empört das Dorf. Die Party war beendet.

Ich teilte die Erschöpfung der Leute. Der Tumult im Dorf hatte uns fast die ganze Nacht wachgehalten und unseren missionarischen Bemühungen Hohn gesprochen. Es war nun schon anderthalb Jahre her, seit wir die Bewohner der großen Steppe mit dem »Fürsten des Friedens« bekanntgemacht hatten. Aber wie es schien, tobten immer noch die gleichen Kämpfe. Was konnten wir hoffen, zwischen *feindlichen* Dörfern zu erreichen angesichts der zerbrechlichen Freundschaften, die zwischen *friedlichen* Gruppen bestanden?

Die Räuber schlugen wieder zu und verwundeten zwei Teenager. Sobald die Jungen kräftig genug für den Transport waren, wurde das Dorf für zwei Monate geräumt.

An dem Morgen des Auszugs der Dorfbewohner stieg kein Rauchfetzen aus dem Rundhaus auf. Kein Laut durchbrach die Stille. Ich lehnte mich gegen das Fenster und starrte abwesend in die Richtung des leeren Dorfes. Dabei fragte ich mich, ob wohl jedermann in Sicherheit war.

Ich dachte an die Babys, die in der Nacht zuvor gefiebert hatten, und hätte gern gewußt, ob sie wohl vor dem Regen geschützt wären, der im Tal niederging. Ich machte mir Gedanken um die Krüppel. Eine Folgeerscheinung in Zeiten der Gefahr waren nämlich die mit Gestrüpp zugewachsenen Pfade, über die sie jetzt kriechen mußten. Die Kinder würden bald vor Hunger schreien, die Frauen verdrießlich und die Männer gereizt sein. Ich wandte mich vom Fenster ab und versuchte, meine Gedanken auf das Frühstück zu richten. Aber die Hoffnungslosigkeit der ganzen Lage schien mich zu erdrücken.

Ich dachte an die Qual von Narbenschulters Tod und an den gleichbedeutenden stechenden Schmerz, der wohl in dem feindlichen Dorf aufgekommen war, als sein Tod gerächt wurde. Wie schnell waren doch unsere Hoffnungen auf Frieden zerbröckelt! Wie unsinnig schien es, eine Veränderung zu erwarten! Anscheinend waren die althergebrachten blutigen Traditionen der großen Steppe so unüberwindlich wie die sie umgebenden Berge.

Ich blätterte die Seiten des Propheten Jesaja durch, und meine Augen blieben an einer auf unsere Situation überraschend gut anwendbaren Ermahnung hängen. In Jesaja 43, 18–19a. 21 las ich: »Gedenkt nicht an das Frühere und achtet nicht auf das Vorige! Denn siehe, ich will ein Neues schaffen.« Und als eine zusätzliche Bestätigung: »Das Volk, das ich mir bereitet habe, soll meinen Ruhm verkündigen.«

Das war eine Ermutigung, die ich jetzt dringend brauchte. Die Lage verschlimmerte sich erst, bevor sie sich besserte.

Besucher kamen an. Eine Woche zuvor hatten sie einen Vertreter geschickt. Er sollte José fragen, ob er ihnen eine freundliche Aufnahme zusichern würde. Über diesen beabsichtigten Besuch war mit großer Aufregung beraten worden. Es war Jahre her, daß jemand aus dem Schamatali-Volk seinen Fuß auf die große Steppe gesetzt hatte, und so wurden große Anstrengungen unternommen, für ein Willkommen zu sorgen, das dem Anlaß entsprach.

Vor langer Zeit hatten kriegerische Entwicklungen Verwandtschaften zwischen den Bewohnern der großen Steppe und den Schamatali-Dörfern, südlich von uns, durchtrennt. Nur Josés Familie hatte einen gelegentlichen Kontakt aufrechterhalten zu Verwandten, die am Rande des Schamatali-Gebiets lebten. Aber die Angreifer in den anfänglichen Kämpfen waren tot, jetzt also weg, und das Angebot erneuter Freundschaft durch die Schamatalis wurde mit unbändiger Begeisterung aufgenommen. Keine bitteren Erinnerungen sollten den Glanz ihrer Rückkehr beeinträchtigen.

Wir saßen an Josés Feuerstelle und unterhielten uns mit seiner Stiefmutter, einer runzligen alten Einheimischen aus diesem Schamatali-Dorf, dessen Bewohner bald ankommen sollten. Sie hatte ihre Sippenangehörigen schon vor zwei Tagen erwartet, und ihr Unterstand war gut ausgestattet mit Gartenerzeugnissen. José war von einer kurzen Jagd heimgekehrt und hing dicke Fleischstücke von einem Ameisenbär über das Lagerfeuer. Kleidungsstücke, Messer, Buschwerkzeuge und Pfeile waren als Geschenke zurechtgelegt worden. Körbe voll roter Samenhülsen hatte man gesammelt, um sicherzugehen, daß alle an dem großen Tag angemessen geschmückt wären. Die alte Frau griff sich eine geröstete Banane aus der glühenden Kohle. Mit einem hungrigen Kreischen kam ihr kleiner grüner Papagei an den Seiten der Hängemattenseile herunter.

»Kommen sie jetzt? Kommen sie jetzt?« fragte die alte Frau und ahmte den Ruf des Papageis nach. Der kleine grüne Prophet plusterte sich auf und kreischte vernehmlich. »Sie kommen! Sie kommen!« plärrte er laut und deutlich an den Ohren der alten Frau. Diese schürte das Feuer zu ihren Füßen und ließ sich daran nieder, um zu warten.

Die Schamatali-Leute kamen in ihrer ganzen Pracht und sammelten sich vor unserem Haus, um sich zu einem farbenprächtigen Einzug ins Dorf aufzustellen. Sie waren mit weißen Perlen und glänzenden Federn prächtig geschmückt. Auf ihrem ganzen Körper waren sorgfältig Muster gemalt.

Wir eilten nach draußen, um ihre Bekanntschaft zu machen. Viele von ihnen hatten noch nie vorher Fremde gesehen und wurden durch die Begegnung mit uns in Schrecken versetzt. Die Frauen zeigten sich sehr erleichtert, als der Anführer des Trupps verkündigte, man wäre bereit, ins Dorf weiterzugehen. Sie suchten ihre Habseligkeiten zusammen und hatten gerade den Weg hinunter beschritten, als ein Mann plötzlich stehenblieb.

»Oh, ich wollte dich etwas fragen«, sagte er und kehrte zurück, um Wally etwas ins Ohr zu flüstern. »Ist es wahr, daß es dort oben einen Gott gibt? Hast du ihn gesehen? Ist er freundlich?«

Die anderen eilten zurück, um zuzuhören. Sie hatten sich schon oft den Kopf über die merkwürdigen Vorstellungen zerbrochen, von denen Josés Familie während ihrer gelegentlichen Besuche in den Häusern ihrer Schamatali-Verwandten sprach.

»Es ist wahr«, nickte Wally. »Ich weiß, daß er in mir lebt.« Sie hielten untereinander eine eilige Beratung ab. »Ist es wahr, daß er die Welt richten wird? Werden wir ins Feuer geworfen werden? Wir? Und auch unsere Hunde?«

»Menschen, die Jesus vertrauen, werden errettet«, erzählte Wally ihnen. »Gott will euch nicht auf diese Weise verderben. Deshalb schickt er uns zu euch, um euch das zu berichten.«

Die Indianer nickten mit dem Kopf, und Wally fuhr fort: »Das Buch sagt, Gott wird eine neue Erde schaffen, eine ohne Krankheit und Kriege.«

»Und auch ohne Schlangen«, fügte einer von ihnen hinzu. Sie hatten diese Geschichte schon vorher gehört. Der Sprecher beschrieb mit seinem Arm einen weiten Kreis, der die ganze Gruppe einschloß.

»Wir vertrauen ihm. Alle von uns. Sag' ihm das!«

Einige brannten darauf, in das Dorf zu kommen. Also gingen sie erneut auf den Pfad zu. »Morgen kommen wir wieder«, riefen sie über ihre Schulter zurück. »Morgen setzen wir uns mit euch zusammen, und dann könnt ihr uns alles erzählen, was ihr von Gott wißt.«

Wir nickten und schauten einander verblüfft an. Das war wie ein Befehl.

Wir entschieden uns für zwei biblische Geschichten. Einmal wollten wir ihnen den Bericht der Schöpfung wiedergeben, um ihnen Gott vorzustellen. Die andere Geschichte war die von den zwei Wegen. Ihnen sollte bewußt werden, daß ihr endgültiges Geschick von ihrer persönlichen Entscheidung abhing. Daß eine Grundlage für das Verständnis der biblischen Wahrheiten bei ihnen praktisch nicht bestand, war uns klar. So blieben wir auf die Hilfe unserer Dorfbewohner angewiesen. Sie sollten für die anderen die unbeschriebenen Blätter ausfüllen, als die Versammlung ihren Verlauf nahm.

Den ganzen Tag über schauten verschiedene Mitglieder aus Josés Familie herein und gaben aufregende Schilderungen der Besuche. Sie unterrichteten uns auch davon, daß sie am nächsten Tag zu einer großen Versammlung kämen, in der nach ihrem Wunsch die

Schamatali-Leute alles über Gott erfahren sollten. Auch José kam herein. Möglich, daß er kein Interesse an der Botschaft selbst hatte. Ganz sicher aber genoß er das Ansehen, ein gewisses Eigentumsrecht über einige Fremde zu besitzen.

Am folgenden Nachmittag drängten sich Hunderte von Menschen um das Haus und überlegten, wie sie sich in unsere kleine Veranda quetschen könnten. José begann, den Verkehr zu regeln. »Zuerst die Frauen! Zuerst die Frauen! Geht und ruft die Frauen! Wir Männer kommen später herein, wenn sie fertig sind. Ruft die Frauen!«

Einige Kinder rannten an den Waldrand und riefen in den Dschungel hinein, wo die Besucher behelfsmäßige Unterkünfte errichtet hatten. Bald war unsere Veranda mit fünfundsiebzig Frauen und Kindern vollgestopft, die mit verdutzten Gesichtsausdruck völlig verblüfft den Lieder und Geschichten lauschten. Dann duckten sie sich, so schnell sie konnten, unter der Tür hindurch, um den Männern Platz zu machen, die sie schon schreiend zur Eile aufgefordert hatten. Als die letzte Frau um die Hausecke verschwunden war, drängten sich die Männer herein.

Sie schritten behutsam und bahnten sich ihren Weg über den Fußboden, auf dem Stöcke, Blätter, Steine, Feuerholz, getrocknete Tabakbüschel und zerknitterte Papierfetzen herumlagen, die die Frauen zurückgelassen hatten.

»Dreckige Frauen! Dreckige, großmäulige Frauen! Wo ist hier noch ein sauberer Platz zum Sitzen?«

Einer der Männer beäugte argwöhnisch eine Bank. »Haben die Frauen hier auch gesessen?« Er wischte sie mit seiner Hand ab. Obwohl er noch nicht überzeugt schien, daß sie seinen hygienischen Anforderungen entsprach, entschloß er sich, sich darauf zu setzen. Andere folgten seinem Beispiel, kletterten auf die Bänke oder hockten auf den Boden und warteten auf den Beginn ihres ersten »Gottesdienstes«.

Die Gastgeber hatten Anschauungsmaterial für die Unterweisung vorbereitet. Nach dem Singen gemeinsamer Lieder richtete sich die Aufmerksamkeit aller auf die Skizze an der Wand. Sie wollten die Botschaft der Pappe hören. Nach und nach stellten sich ihre Augen auf die Zeichnung vor ihnen ein.

»Da – ein Mensch! Da – Pfeil und Bogen!« riefen sie aufgeregt. »Sie kriechen vorwärts!« Einer der Männer hob eine Ecke der Pappe

hoch, um dahinter zu erspähen, woher die Menschen auf dem Bild kamen. »Irgendwie laufen die stolz herum! Nein, so was – ihre Gesichter sind schwarz! Es sind Räuber, die im Hinterhalt warten.«
Sie erkannten jede Szene – Leute, die kämpften, stahlen, Zauberei trieben, Frauen erbeuteten. Es bereitete ihnen solange ungeheures Vergnügen, bis sie entdeckten, daß alle diese Menschen auf dem verkehrten Weg gingen.

Ernsthaft lauschten sie einer Auslegung über den schmalen Weg. Die Menschen, die in Richtung Himmel liefen, waren Gottes Kinder, die er beschützte. Sie vertrauten ihm so wie ein Kind dem Vater. Sie gaben sich Mühe, ihm Freude zu machen. Ihre Sünden waren vergeben und ihre Herzen nicht mit Schuld beschwert. Sie beteten füreinander und erflehten Gottes Segen und Fürsorge für ihre Familien und Freunde. Die Angst vor der Zauberei war weg.

Als die Versammlung beendet war, marschierten die Männer schweigend hinaus. Sie fragten sie, ob die Fremden das wirklich erlebt hatten, worüber sie sprachen. Konnte Gott tatsächlich Menschen beschützen? Konnte er Schuld wegnehmen? Oder sollten sie ihre Freunde warnen, solche bis zum Äußersten gehenden Vorstellungen anzunehmen?

Sie kamen wieder, um mehr zu erfahren, und hörten gespannt zu. Nicht einmal Josés Witzeleien darüber konnten sie stören. Sie verloren in unserer Nähe ihre Nervosität, und wir begannen, einige wirkliche Freundschaften zu entwickeln. Jetzt verbrachten sie mit uns auch Zeit auf der Veranda. Ein junger Mann, dem wir den Namen »Krankes Auge« gaben, gehörte schon fast zu unserem festen Inventar.

»Dieses Hemd gefällt mir wirklich«, sagte er zu Wally und schmiegte sich fest an ihn, während er den von ihm so bewunderten Stoff betastete. »Bruder«, lächelte er, »wenn du nur mehr in unserer Nähe wohntest, würde ich deinen Tisch mit Wildfleisch, Schweinefleisch, wilden Truthähnen und Fisch überhäufen. Ich wäre bestimmt großzügig.«

»Kleiner«, konterte Wally, »wenn du schon meinen Tisch mit all dem Fleisch überhäufen wolltest, so würde ich deine Körbe mit Äxten, Kochtöpfen, Zwirn, Buschmessern und Kleidern füllen. Ich wäre bestimmt großzügig.« Dann machte er Krankem Auge ein ernst zu nehmendes Angebot.

»Hör zu! Wenn du wirklich Tauschgüter haben möchtest, dann

hilf Paul beim Hausbau. Wir brauchen zehn Hartholzpfähle.«
Krankes Auge erwog das Angebot nachdenklich. »Wo ist Paul?«
Sie gingen zum Bauplatz von Paul und Marty Shadles neuem
Heim hinüber.

»Bruder«, grinste Krankes Auge nervös, als sie mit Paul zusam-
mentrafen, »vielleicht will ich doch nicht. Der Dschungel ist
gefährlich. Wer weiß, wo sich die Räuber verstecken?«

»Oh«, antwortete Wally, »ist schon in Ordnung.« Es widerstrebte ihm, Krankes Auge trotzdem in die Wälder zu schicken. Er
erklärte Paul sein Zögern, aber Krankes Auge war versucht anzunehmen, das Hemd verdiene das Wagnis.

»Wieviele Pfähle brauchst du?« fragte er Paul. »Genau zehn?«
Paul Schadle nickte unschlüssig. Er war sich nicht sicher, daß die
Pfähle das Risiko wert waren. »Fürchtest du dich nicht?« fragte er.
Krankes Auge musterte Paul nüchtern.

»Rächst du mich, wenn man mich bei dieser Arbeit tötet?«
Paul schüttelte den Kopf. Der Preis wurde allmählich zu hoch.
Krankes Auge lachte erleichtert und entschied, daß er gar kein
Hemd brauchte.

»Wir wollen uns lieber hinsetzen und uns unterhalten«, schlug er
vor. »An irgendeinem anderen Tag werde ich für ein Hemd
arbeiten. Jetzt wollen wir lieber hören, was das Buch sagt.«

Am nächsten Morgen zerstreuten sich die Schamatali-Besucher
in die verschiedensten Richtungen. Einige gingen mit Josés Gruppe
zum Jagen. Einige suchten den Garten von Timotheus auf, um
Bananen zu holen. Einige gingen mit David.

Krankes Auge und sein Bruder folgten einer Gruppe von Frauen
in Enriques Garten, wo sie die eßbare Zehrwurzel zu ernten
hofften. Im Gänsemarsch eilten sie den Weg hinunter und hatten
ein wachsames Auge auf Vögel, die sie längs des Weges abschießen
könnten.

Die alte Frau, die vor dem Bruder von Krankes Auge ging,
verschwand über dem Hügelrücken, und er beschleunigte seinen
Schritt. Dann ließ ihn ein kaum hörbares Knacken bis ins Mark
erstarren. Unwillkürlich wandte er sich nach dem geflüsterten Laut
um. »Kind, wohin gehst du?«

Aber ehe er den Sprecher ausmachen konnte, war ihm ein Pfeil
ins Auge gefahren, und er fiel mit einem Aufschrei und dumpfem
Aufschlag zu Boden. Sein Körper erzitterte unter der Wucht einer

Enrique, der zu einer geistlichen Persönlichkeit wurde

Das Rundhaus in der großen Steppe

Der Landeplatz und die Häuser der Missionare

Yanoamö-Männer ruhen sich in ihren Hängematten aus

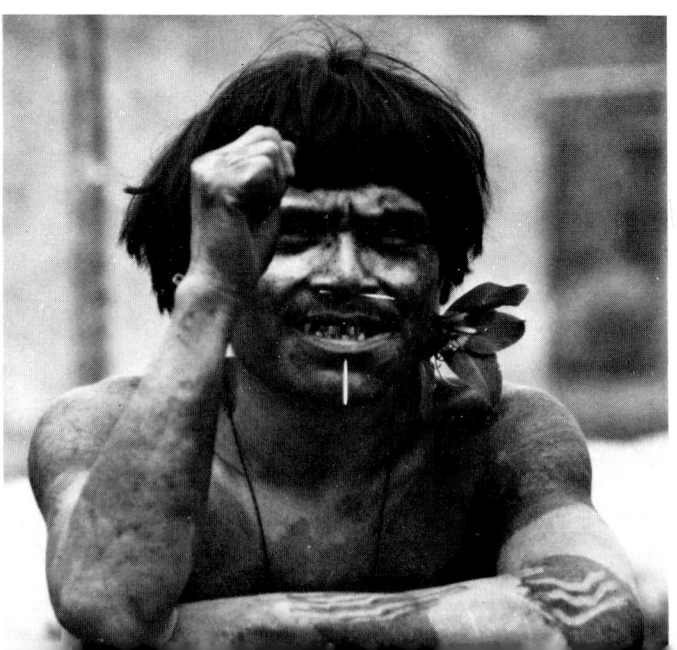

Dan Shaylor mit Timotheus und Enrique vor einer Versammlung

José

Timotheus

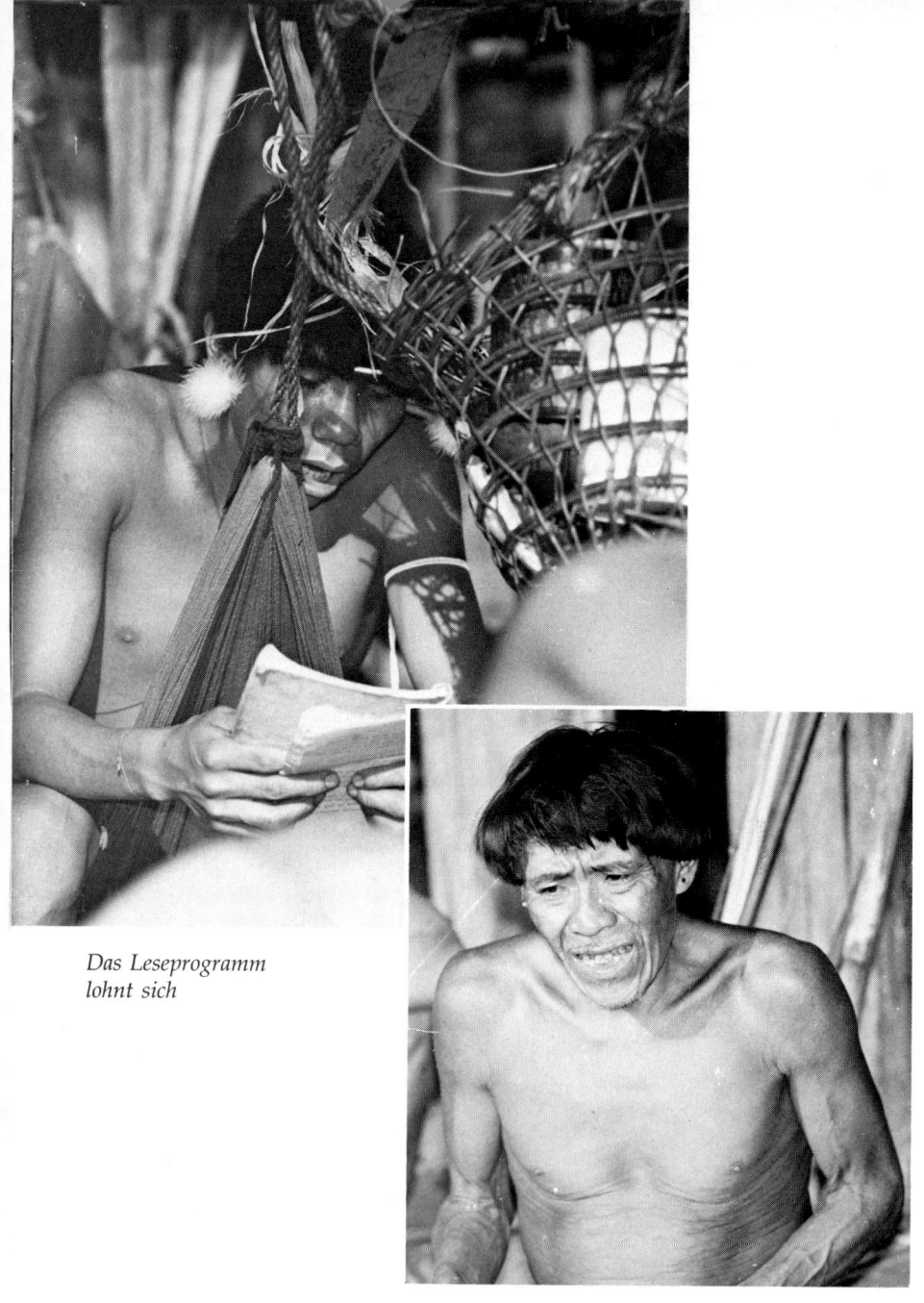

Das Leseprogramm
lohnt sich

Ein Yanoamö singt aus vollem Herzen

Samuel

Trophäensammlung der Yanoamös

Salve von Pfeilen. Auf seinen Schrei hin stürzten die anderen auf ihn zu und fanden ihn tot auf dem Wege.

»Räuber! Räuber!« Dieser Ruf pflanzte sich zum Dorf fort. Dort verbreitete sich schon bald die Nachricht, daß der Besuch der Schamatalis in einer unerwarteten Katastrophe geendet hatte. Ein Trupp aus dem Hinterhalt hatte den Indianer fälschlicherweise für einen Bewohner des Dorfes auf der großen Steppe gehalten. Die alte Frau, die vor dem Bruder von Krankes Auge hergegangen war, hievte die leblose Gestalt auf ihren Rücken und trug sie heim. Sie weinte beim Gehen. Die anderen liefen nebenher, mit dem Gesicht zum Himmel gewandt und schluchzten bitterlich.

»Oh, mein Bruder! Mein Bruder! Was soll aus uns ohne dich werden?«

Am Rundhaus angekommen, betteten sie den toten Mann in seine Hängematte. Sie drängten sich um ihn, riefen ihn an, berührten ihn, zogen hysterisch an seinen Armen. Aber es tat sich nichts. Ein Suchtrupp verfolgte vergeblich die Räuber. Schließlich kehrten die Männer bei Anbruch der Dunkelheit heim und stimmten mit ein in die Trauer des Dorfes.

Am nächsten Morgen wurde wieder einmal für ein Bestattungsfeuer gesammelt und der Bruder von Krankes Auge den hungrigen Flammen übergeben. Seine Freunde und Verwandten tanzten trauernd um das Feuer. Eine Frau, vermutlich seine Ehefrau, weinte herzzerbrechend, und seine kleine Tochter stand stumm neben ihrer Mutter. Sie war sich der Tragödie, die sich um sie herum abspielte, nicht voll bewußt.

Wally und Paul gingen zum Dorf hinunter, als die Leiche verbrannt wurde. Sie schritten durch die Öffnung auf der gegenüberliegenden Seite und machten langsam eine Runde im Kreis der Schuppen. Hier und dort blieben sie stehen und unterhielten sich mit den anderen.

»Kinder, setzt euch hierhin!« sagten die älteren Männer, um zu verhindern, daß die Fremden näher herangingen. Brummend gaben sie ihre Zustimmung, als Wally erklärte, er und Paul seien gekommen, um mit ihren Freunden zu trauern.

Krankes Auge sah sie kommen und ging langsam auf sie zu. Einen Finger hielt er zitternd hoch. Seine Stimme klang unnatürlich heiser.

»Jetzt gleich! Jetzt gleich bringe ich einen von ihnen um.«

Eine Menge von Antworten ging Wally in Windeseile durch den Kopf. Aber alle schienen die Sache nicht zu treffen. Er konnte dem am ganzen Körper bebenden Mann, der vor ihm stand, nicht befehlen, die Gerechtigkeit den Händen des Gesetzes zu überlassen. Es gab kein Gesetz. Er konnte nicht sagen, daß es ohne Bedeutung wäre. Es gab keinen Trost.

Wally schüttelte kummervoll den Kopf. »Sie haben meinen Freund getötet«, flüsterte er, »meinen guten Freund. Aber seine Mörder gehen ganz deutlich auf dem breiten Weg, der ins Verderben führt.«

Krankes Auge fand diese Vorstellung auf grausame Art reizvoll. Durch Nicken bekundete er sein Einverständnis, und in einem Wutanfall verfluchte er die Mörder.

»Und du, Kleiner«, fügte Wally noch hinzu, »willst du mit ihnen auf demselben Weg gehen?«

Krankes Auge konnte nicht antworten. Die Worte blieben ihm in der Kehle stecken. Aber seine Augen baten um Verständnis, als er einen zitternden Finger hob, gerade nur einen.

Zwei Monate waren dahingegangen, seit feindliche Pfeile den Besuch der Schamatalis so jäh abgebrochen hatten. Derek hatte eine der üblichen Reisen ins Balafili-Tal unternommen und war eben erst einen oder zwei Tage wieder zurück. Da erschienen zwei junge Männer aus einem von ihm besuchten Dorf im Zustand höchster Aufregung an seiner Tür. Sie gehörten zu der Gruppe, die mit dem feindlichen Dorf sympathisierte. Nur eine entsetzliche Notlage konnte sie dahin gebracht haben, auf die große Steppe zu gehen. Glücklicherweise kamen sie im frühen Morgengrauen an, ehe unsere regelmäßigen Besucher hereinzuschauen pflegten.

Sie stürzten geradezu in Dereks Haus hinein. Der Gedanke, daß irgend jemand sie hier entdecken könnte, erfüllte sie mit panischer Furcht. Mühsam kämpften sie gegen ihre angeborenen Hemmungen an, familiäre Schwierigkeiten Fremden mitzuteilen. Die Mutter des einen jungen Mannes war am Tag zuvor von einer giftigen Schlange gebissen worden, und nun suchten sie verzweifelt Hilfe.

Derek brachte sie in unser Haus. Ihm tat noch alles weh von seiner nur kurz zurückliegenden Tour über die Berge. Er meinte, Wally könnte eher Zeit für diesen Notfallauftrag erübrigen. Die zwei jungen Burschen beobachteten ängstlich die Rede und Gegenrede der Missionare. Erleichtert lächelten sie, als Wally seine medizinische Ausrüstung einzupacken begann.

Bei ihrem Aufbruch ins Balafili-Tal fiel leichter Sprühregen. Zwar versprach die Reise nicht vergnüglich zu werden, aber Wally glaubte doch zuversichtlich, daß sie eine Möglichkeit bot, nach der wir lange ausgeschaut hatten – eine Gelegenheit, das Vertrauen eines Dorfes zu gewinnen, das sich allen Freundschaftsanträgen gegenüber absolut unempfänglich gezeigt hatte.

Erst zwei Wochen zuvor hatte Samuels Gruppe im Dschungel zwischen ihrem und unserem Dorf vorläufige Unterkünfte errichtet und einen Führer vorgeschickt. Er sollte erkunden, ob wir ein paar Tage lang mit ihnen zusammen bei Fleisch und wildem Honig feiern wollten.

Glücklich über die Aussicht einer kurzen Ferienzeit, hatten wir die Einladung angenommen und uns unverzüglich quer über die Steppe auf den Weg in das uns erwartende Dschungelgebiet gemacht. Wally nahm jetzt die gleiche Route, als er hinter seinen zwei jungen Führern hereilte. Ihr anfängliches Drängen hatte sich gelegt. Wally war bei ihnen. Nun wußten sie, daß alles in Ordnung käme. Sie schwatzten und lachten und wurden nur gelegentlich ernst, um Wally zu fragen, ob er annehme, daß die Frau noch bei Bewußtsein sei.

Sie überquerten einen kleinen Fluß und erkletterten eine Bergkuppe bis zu dem Gebiet, wo wir mit Samuels Leuten gecampt hatten. Wally schaute durch die Bäume und lachte in der Erinnerung an unsere beschwerliche Ankunft damals. Zum ersten Mal nämlich hatten die Kinder und ich ihn auf dem Weg begleitet, und das war nicht einfach gewesen.

Der blaue Dunst, der den Campingplatz unserer Freunde anzeigte, hatte uns willkommen geheißen. Ein ins Hüttenfenster gestelltes Licht versprach Behaglichkeit. Aber unsere Unterkunft war alles andere als gemütlich.

Der Schuppen war nicht fertig geworden. Samuel hatte uns großartig unser »Appartement« gezeigt. »Hier ist es!« sagte er und wies dabei mit ausgestreckten Armen unbestimmt in die Richtung von vier einsamen Pfählen, die irgendwer in den Boden gesteckt hatte. »Hängt eure Hängematten auf!«

Es gab kein Dach über unserem Kopf und keine Wände um uns herum. Unsere begeisterten Gastgeber hatten diesen Mangel ausgeglichen durch ein kräftiges Feuer mitten in unserem »Haus« und sich um uns gedrängt, damit wir uns freundlich aufgenommen fühlten.

»Samuel«, sagte Wally. Dabei schaukelte er sich in seiner Hängematte und betrachtete den grauen Himmel über sich. »Warum hat mein Haus überhaupt kein Blätterdach?«

Samuel schob sich näher heran und summte leise, als ob er ein Kind beruhigen wollte. »Kleiner«, lachte er freundlich, »es wird nicht regnen. Es regnet niemals in dieser Jahreszeit.«

»Aber *eure* Schuppen haben doch Blätterdächer!«

»Nur, um die Hitze fernzuhalten«, versicherte Samuel ihm mit einem schwachen Lächeln.

»Aber *wir*, wir wollen die Hitze auch nicht haben!« rief Wally in vorgetäuschter Verägerung. Er stand auf und schwenkte seine Arme, während er alle an ihr Versprechen erinnerte, einen Schuppen für uns bereit zu haben. Die Männer beschwichtigten ihn lachend und sicherten ihm zu, man würde sich unverzüglich um alles kümmern.

Kaum war unser Schuppen überdacht, als sich ein leichter Nieselregen einstellte. Die Männer drängten sich näher ans Feuer. Samuel streckte unter der überhängenden Dachkante seinen Finger heraus, bis dieser naß war. Dann prüfte er ihn und leckte sich die Lippen.

»Ich möchte bloß wissen, was da vom Himmel runterkommt«, grübelte er. »Regen kann es in dieser Jahreszeit nicht sein. Ja, klar, das ist Honig!«

Er lachte, ergriff Wally bei den Schultern und schüttelte ihn so, daß dieser fast aus seiner Hängematte herausfiel. »Hast du das gehört?« neckte er ihn. »Wir haben dir doch gesagt, daß hier eine gute Honiggegend ist. Der Honig fällt direkt vom Himmel.«

Die Stunden bei Tageslicht waren mit freundlichem Geplauder ausgefüllt gewesen. Aber am Abend hatte sich die Unterhaltung ernsteren Dingen zugewandt...

Wallys Sinn kehrte in die Gegenwart zurück, während er seinen Führern über eine wacklige Brücke aus Pfählen folgte. Der Herr war gut. Vielleicht hatte man den Zustand der kranken Frau überbewertet. Möglicherweise war ihre Verletzung ein von göttlicher Seite vorgesehener Unfall, der uns einen Zugang zu dem Dorf verschaffen sollte. Wally und seine Führer machten sich daran, einen weiteren Berg zu überqueren. Dabei gingen Wallys Gedanken zurück zu den Abenden, die wir mit Samuels Leuten verbracht hatten.

Es war ihr Wunsch gewesen, neue Lieder zu lernen und ihre Lieblingsgeschichten aus der Bibel zu hören. Sie wollten ihre Fragen beantwortet haben. Konnte Gott den Menschen wirklich helfen? Konnte er etwas tun? Konnte er heilen? Konnte er die Windrichtung ändern oder den Regen zurückhalten? Waren wohl auch ihre Hunde und ihre Babys wichtig für ihn?

»Bruder«, flüsterte einer der Männer, »kennt Gott den Clacamani? Kennst du ihn?«

Alle schwiegen und drängten sich möglichst nahe heran.

Wally antwortete, *er* kenne ihn nicht, aber Gott sicher.

»Clacamani ist kein Freund«, raunte Samuel ihm zu. »Er ist gemein und ein Feind aller Yanoamös genau wie Wacaboli.«

»Wally«, fiel ihm ein anderer ins Wort, »hast du nicht einmal erzählt, daß salziges Wasser zwischen eurem und unserem Land liegt?«

»Ja, so viel, daß man die gegenüberliegende Küste nicht sehen kann.«

»Und niemand kann es trinken?« »Nein.«

»Bruder, wir nehmen an, Clacamani hat das gemacht. So ist er nämlich.«

Allmählich wurde uns klar, daß unser Gespräch sich um Wesen aus der Geisterwelt drehte; denn bald fragten die Indianer, ob Gott alle Geister kenne. Kannte er die, die das Feuer schickten? Kannte er die Geister der Dunkelheit? Was war mit denen, die Kinder töteten? Wußte er von den Geistern, die die Männer in Schrecken versetzten und die Frauen vor Furcht lähmten? Kannte er die Geister, die Neulinge im Gewerbe der Zauberei quälten und ihre Seelen mit Messern in Stücke schnitten?

Wally versicherte ihnen, daß Gott jeden existierenden Geist genau kennt. Daraufhin zogen sie sich sichtbar erleichtert zurück. Ihrer festen Überzeugung nach hatte Gott schon die *Absicht*, für sie eine neue Welt, frei von der Bedrängnis durch die Geister zu schaffen.

Aber sie hatten ständig den beunruhigenden Verdacht in sich genährt, daß Gott keine Vorstellung davon hatte, wie schwierig diese Aufgabe tatsächlich sei.

Einer von Wallys Führern riß ihn jetzt aus seinen Träumen. Er deutete auf eine dünne Rauchsäule, die aus dem Dschungel auf der gegenüberliegenden Seite der Landebahn aufstieg. Bald erreichten sie ihren Bestimmungsort, und Wally wurde aus der Vergangenheit in die Gegenwart befördert.

Nervosität befiel die jungen Männer, als sie sich dem Dorf näherten. Sie hörten auf, sich zu unterhalten, und lauschten gespannt, ob wohl ein Wehklagen zu vernehmen war. Es hätte bedeutet, daß sie zu spät kamen. Bei einem Schlangenbiß stellte sich der Tod schnell ein. Sie waren immerhin ungefähr fünfzehn Stunden unterwegs gewesen.

Sie schritten auf die Dorflichtung zu und wurden schnell in den Raum geleitet, wo die Frau lag. Ein Mann neben ihrer Hängematte leierte monotone Trauergesänge. Ringsum waren Blätter verstreut. Sie hatten dazu gedient, den Boden zu säubern und den Geist der Frau aus der Bewußtlosigkeit zurückzuholen. Der ganze Raum war feucht von dem Wasser, das man über die Kranke geschüttet hatte in dem verzweifelten Versuch, ihr die Schmerzen zu erleichtern.

Die Frau lag in ihrer Hängematte. Als Wally näherkam, jagte man die Kinder um sie herum weg. Ihm sank der Mut, als er die Bedenklichkeit ihres Zustands erkannte. Sie war zweimal in den rechten Arm gebissen worden und ihr Körper zur Hälfte auf groteske Weise angeschwollen. Ihr Atem ging schnell. Ständig befeuchtete sie ihre Lippen mit der Zunge. Mit glasigen Augen erkannte sie dankbar die Anwesenheit Wallys.

Er kauerte sich neben ihre Hängematte und öffnete mechanisch seine Arzttasche. Die Hoffnungslosigkeit, die er empfand, wurde noch verschärft durch die Erleichterung auf den Gesichtern der ihn umdrängenden Menschen. Gespannt warteten sie auf ein Wunder. Nur ein Wunder konnte helfen. Die Behandlung der Frau hätte fünfzehn Stunden früher einsetzen und dreimal stärker sein müssen. Aber unser Vorrat an Antivenin war durch eine plötzliche Häufung von Schlangenbissen erschöpft und die nächste Apotheke Hunderte von Luftkilometern entfernt. Wally gab der Frau eine Probespritze, um sicherzugehen, daß sie auf das Medikament nicht allergisch reagierte. Dann fuhr er mit den Injektionen fort.

Die Männer fragten, ob sich der Zustand der Kranken bessern würde. Er hoffe es, antwortete Wally. Nichts in ihrem Befinden gab Anlaß zu Optimismus. Aber Wally wußte, daß der Herr ihn zu einem bestimmten Zweck hierher geführt hatte. Die Heilung der Frau könnte einen Zugang in das gesamte Gebiet zur Folge haben, ja, sie könnte sogar einen Wendepunkt bedeuten in unseren Beziehungen zu dem feindlichen Dorf genau jenseits der Berge. Eine Menschenmenge drängte sich um Wallys Hängematte. Die Indianer wollten die Schöpfungsgeschichte hören und auch etwas von dem Heilsweg. Sie versuchten, einige Lieder zu singen. Die von Wally mitgebrachten Bilder der biblischen Geschichten betrachteten sie interessiert. Wie es im Himmel sein würde, wollten sie wissen. Zugleich hielten sie bei der neben ihnen liegenden Frau Ausschau nach Zeichen der Besserung.

Drei Stunden vergingen. Die Dunkelheit brach herein. Wally holte eine Taschenlampe heraus, um den Zustand der Kranken zu untersuchen. Es ging ihr überhaupt nicht besser. Die Männer hängten Wallys Hängematte neben der Frau auf, und Wally lehnte sich zurück, um die Kranke in dem flackernden Schein des Lagerfeuers zu beobachten. Ihr Atem schien noch schneller zu gehen. Aber es gab nichts, was Wally tun konnte.

Der Ehemann der Frau schlich neben ihr herum und beruhigte sie in ihrem Fieberwahn. Dann brach der Rhythmus ihres Atmens jäh ab, und im gleichen Augenblick auch der von Wally. Der Ehemann flüsterte Wallys Namen, und Wally trat schnell an die Seite der Kranken. Aber er konnte ihr auf keinerlei Weise helfen. In der verzweifelten Hoffnung auf ein Wort des Zuspruchs beobachtete der Ehemann Wally genau. Als ihm klar wurde, daß Wally aufgegeben hatte, beherrschte er seine Gefühle nur lange genug, um auszurufen:»Das hat ein Feind getan, um mir Kummer zuzufügen. Ich bin vernichtet!«

Sein gequälter Aufschrei führte das ganze Dorf neben die Frau. Wally lehnte sich in seiner Hängematte zurück, eingeschlossen von dem Kummer dieser Menschen.

Die Nacht verging schleppend, und Wally fühlte die erdrükkende Last der Hoffnungslosigkeit der Dorfbewohner.

»Kleine, antworte mir! Laß mich doch nicht so weinen! Das bin ich, dein Vetter!«

Dann erklang ein durchdringendes verzweifeltes Jammern. »Frau, sprich mit mir! Mutter meiner Kinder, was soll ich ohne dich tun? Kein junges Mädchen kann mir jemals so gefallen wie du!«

Jemand hockte sich neben Wallys Hängematte und flüsterte in

der Dunkelheit: »Wally, wird sie wieder aufstehen? Wird ihr Geist in ihren Körper zurückkehren? Schenkt Gott uns unser Glück wieder?«

»Es ist vorbei«, sagte Wally, »sie ist von uns gegangen.«

Als der Morgen dämmerte, wurde das Getöse zu einer unbeschreiblichen Qual. Die Menschen wußten, daß die Zeit nahe war, in der die Tote im Bestattungsfeuer für immer ausgelöscht wurde. Mit zitternden Händen legten sie Blätter über ihre Augen und befestigten diese mit Schlingpflanzen. Immer wieder warfen sie gequälte Blicke auf Wally. Sie wollten ihn nicht wegschicken und dadurch beleidigen, aber auch nur ungern ihren Kummer mit einem Fremden teilen.

Schließlich näherte sich Wally ein alter Mann und kauerte sich neben seiner Hängematte auf den Boden.

»Kleiner«, sagte er zu ihm, »gehst du jetzt fort? Möchtest du einen Führer haben?«

Der Rückweg war ermüdend und ging nur langsam vor sich. Die Männer schleppten sich mühsam die Berge hinauf und hinunter. Wally durchlebte erneut die Ereignisse der vergangenen Nacht und fragte sich, welchen Sinn sie gehabt haben könnten. Ein dumpfer Schmerz klopfte unbarmherzig in seinem Kopf. Die kummervollen Worte des Ehemanns der toten Frau belasteten sein Gemüt: »Das hat ein Feind getan, um mir Kummer zuzufügen. Ich bin vernichtet!«

Zum Zeitpunkt von Wallys Ankunft auf der großen Steppe stand das Ergebnis seiner Reise deutlich auf seinem Gesicht geschrieben, so daß die Leute davon höflich Abstand nahmen, ihm irgendwelche Fragen zu stellen.

Etwas Neues

Die Weihnachtszeit brachte einen überraschenden Wechsel im Verhalten der Menschen auf der großen Steppe. Wir waren völlig verblüfft und kaum in der Lage, uns darauf einzustellen. Eine ziemlich große Gruppe schloß sich mit Enrique zusammen in der Entscheidung, für Zeit und Ewigkeit ihr Vertrauen auf Gott zu setzen. Es gab keine natürliche Erklärung für ihren plötzlichen Entschluß, und wir wagten fast nicht, an seine Echtheit zu glauben. Aber sie stellten sich selbst der schier unmöglichen Aufgabe, uns davon zu überzeugen, daß sie es wirklich ernst meinten. Das war keine leichte Arbeit, und sie nahmen sie mit bewundernswertem Optimismus in Angriff.

Gegenüber voreiligen Annahmen betreffs der Echtheit ihres Glaubens waren wir zurückhaltend gewesen. Aber unsere Zweifel schwanden dahin bei ihrer freundlichen Beteuerung, daß sie wirklich dem Herrn angehörten. Wir begannen ihre Erregung zu teilen. Gelassen nahmen sie eine neue Haltung der Geduld dem Krieg gegenüber ein. Sie vertrauten sich ihrem himmlischen Vater an und ließen ihren Zorn in der Wärme von Gottes Liebe zergehen.

Wir entschlossen uns, sie beim Wort zu nehmen und sie dementsprechend zu unterweisen. Weil so viele der Indianer die Gewohnheit beibehielten, uns ihre Bitten vorzutragen, damit wir sie an Gott weiterleiteten, entschieden sich Wally und Derek, mit einer Auslegung über das Gebet zu beginnen. Die Zweifel, die wir immer noch hegten, zeigten sich deutlich in unserer Ankündigung einer *Abend*versammlung. Wir wußten sehr wohl, daß sich nur die Aufrichtigsten für einen solchen Anlaß in die Dunkelheit hinauswagen würden.

Es war der Neujahrstag. Wir hatten die beabsichtigte Gebetsversammlung wöchentlich angezeigt und uns eines begeisterten Echos erfreut. Enrique, David und einige andere ehemalige Medizinmänner sahen dem Tag mit mäßiger Erwartung entgegen. Bei der Anstrengung, mit der Geisterwelt in Verbindung zu kommen, hatten sie früher qualvolle Erlebnisse durchgemacht. Auf die gleiche Weise, in der ihnen ein Zauberdoktor einst geholfen hatte, in Beziehung zu den Geistern der Berge zu treten, wollten Derek und Wally sie jetzt mit Gott dem Herrn bekanntmachen. Wenn sie es erst einmal verstanden, mit ihm zu verkehren, würden sie auch wieder Verantwortung für andere übernehmen können. Das taten sie so gern. Als sie die Verbindung zur Welt der Geister aufgegeben hatten, war ihnen diese Verantwortlichkeit nämlich verloren gegangen. Jetzt würden sie wieder für ihre Leute Fürsprache einlegen können.

Die anderen Indianer, die sich vor langer Zeit mit der Tatsache abgefunden hatten, daß sie als Vermittler nie von Wert sein könnten, waren entzückt, in diese Begegnung mit Gott nun auch einbezogen zu sein. Schon allein der Gedanke zu erfahren, wie man mit Gott unmittelbar verkehren kann, schien ihre Vorstellungskraft zu übersteigen.

Die ersten unserer Versammlungsbesucher erschienen mit den letzten Strahlen der untergehenden Sonne. Andere folgten während der Dunkelheit mit brennenden Holzscheiten als Fackeln. Über eine Stunde waren sie zu früh dran. Sie ließen sich in der Veranda nieder und vertrieben sich die Zeit mit unbeschwerten Späßen, die gelegentlich in schallendes Gelächter übergingen. Von Zeit zu Zeit saßen sie erschöpft still, und irgend jemand lehnte sich dann über die Trennwand und fragte uns, ob es nicht bald Zeit wäre.

Derek und Wally gesellten sich zu ihnen. In gespannter Erwartung wurden alle still. Mit ungeteilter Aufmerksamkeit verfolgten sie die Erklärungen darüber, wie Jesus seine Jünger beten lehrte und möchte, daß auch wir unsere Bitten, unsere Probleme und unseren Dank vor ihn bringen. Durch unseren Glauben an Christus nimmt Gott uns als seine Kinder an und macht uns Mut, so unerschrocken mit ihm zu sprechen wie ein Kind mit dem Vater.

Und dann fingen sie an. Derek betete. Er dankte Gott für die Erde und alles, was darauf ist. Er dankte für Jesus, der auf die Erde gekommen war, um die Menschen vor dem Verderben zu erretten; und er dankte für die vielen Leute der großen Steppe, die Gott ihr Vertrauen geschenkt hatten.

»Das ist alles«, sagte er abschließend. Dann nickte er David zu, der neben ihm saß, und flüsterte: »Du bist dran.«

David begann zu beten. In dem Bemühen, an alles zu denken, was Derek ihm erklärt hatte, kam er ein bißchen ins Stocken. Er wollte sagen, wie froh er über das Kommen Jesu auf die Erde war. Aber ihm war nicht ganz wohl dabei, den richtigen Namen Jesus zu gebrauchen. Das schien ihm nicht ehrerbietig zu sein. Einige der anderen kicherten, David beeilte sich, seine Worte zu wiederholen, und ersetzte »Jesus« durch »deinen Sohn«. Diese Verwandtschaftsbezeichnung hielt er für angemessener.

»Hm, hm!« murmelte Enrique und ermunterte ihn leise.

Davids Gebet nahm jetzt mehr die Eingeborenenart an. Er sprach schon bald ganz ungezwungen mit seinem Vater und entschuldigte sich dafür, das nie vorher getan zu haben.

»Vater, Gott«, begann Enrique, als David sein Gebet beendet hatte. »Ich bin ein Nachkomme Adams und ein Freund von Derek und Wally. Sie haben uns erzählt, du liebst uns und hast deinen Sohn auf die Erde geschickt, um uns vor der Hölle zu retten. Er lebte und herrschte mit dir in der Ewigkeit, aber er scheute sich nicht, herabzukommen und einer von uns zu werden. Er ging nicht zurück, nicht einmal, als er erkannte, daß man ihn töten wollte.«

Enrique bat den Herrn, seine Sünden wegzunehmen und sein Herz unerschütterlich auf den Himmel gerichtet zu bewahren. Dann befahl er seine Mutter, seine Schwestern, seine Brüder und alle seine Verwandten dem Herrn an und erbat Gottes Segen der Reihe nach für einen jeden. Als er sein Gebet beendete und sein jüngerer Bruder neben ihm zögerte, sagte er: »Hab' keine Angst! Gott ist nicht zum Fürchten. Fang an und sprich mit ihm! Fang nur an! Wenn du erst mal anfängst, vergeht deine Angst.«

Sein Bruder betete also, und außer zweien beteiligten sich im Kreis der Männer alle nacheinander am Gebet. Ich konnte die Freude kaum zurückhalten, die mein Herz erfüllte. Wir waren eins in Christus. Das »Licht der Welt« hatte die Dunkelheit der großen Steppe durchdrungen.

Als der Kreis sich geschlossen und Wally das Gebet beendet hatte, richteten sich alle auf und lächelten sich zufrieden an. Ihre Entscheidung war besiegelt.

Eine einzigartige Entwicklung hatte begonnen. Leute aus den Nachbardörfern kamen, um zu untersuchen, ob die Yanoamös tatsächlich mit Gott verkehrten. Als sie die Geschichte bestätigt fanden, schauten sie sich gegenseitig in freudiger Verwunderung an. Einige von ihnen zweifelten zwar an Gottes Macht. Nicht einmal in ihren wildesten Träumen hatten sie sich vorgestellt, daß eine persönliche Verbindung zu einem so hochgestellten Wesen möglich wäre.

Aus Neugier kamen sogar die Unschlüssigsten zu den nächsten

Versammlungen. Gelegentlich saß auch José im Kreis der Männer, die mit großer Begeisterung und Originalität zu beten begannen. Seine Anwesenheit hielt sie nicht im geringsten davon ab, so wie immer zu beten: »Hilf José!« pflegten sie zu sagen. »Er ist so stur! Ich habe ihm so oft erzählt, daß du wirklich hier bist. Doch er will mir nicht glauben. Aber hilf ihm trotzdem! Nimm seine Sünde weg und schenke ihm eine friedliche Gesinnung gegen jedermann. Er versucht immer, uns wieder in Kriegereien hineinzuführen. Aber das wollen wir nicht mehr.«

Sie sahen wenig Erfolg ihrer Gebete. José fing vielmehr an, ihnen Beleidigungen nachzurufen, wenn sie das Dorf zum Besuch der regelmäßigen, darauffolgenden Versammlungen verließen. »Geht und betet für euch selbst!« johlte er dann höhnend. »Ich komme nicht. Ihr laßt euch alle täuschen. Außerdem wird man euch töten. Sagt nicht, ich hätte euch davon nicht verständigt!«

Niemals kam es José zu Bewußtsein, wie ungeheuer seine Warnungen die anderen aufregten. Er war nämlich nie dabei und konnte die überängstlichen Beratungen nicht miterleben, die auf solche Ausbrüche folgten. Die jungen Christen wußten sehr wohl um die Tatsache, daß sie einen neuen Weg beschritten, der von ihren Vätern nicht erprobt worden war. So kamen sie nicht umhin, sich die Frage zu stellen, welche Erschwerungen wohl in der Zukunft noch verborgen lagen. Aber sie erkannten auch nicht, welche Wirkung ihr neuer Glaube auf José hatte.

Mit einem Besucher aus Samuels Dorf saß er in unserer Veranda, und ich mußte unweigerlich ihre merkwürdige Unterhaltung mit anhören.

»Verkehren die Leute hier wirklich mit Gott«, fragte der Besucher, »obwohl sie doch immer noch Yanoamös sind?«

Josés Antwort war sehr leise. Er wirkte verlegen. Schließlich sah er sich in der unbehaglichen Lage, einen Glauben erklären zu müssen, den er selbst verspottete. Der Besucher schien von der Möglichkeit des Gebets beeindruckt zu sein. Aus irgendeinem Grund betrachtete er es als selbstverständlich, daß José zu den Gläubigen zählte. Ebenso merkwürdig war es, daß José sich nicht die Mühe gab, die Sache richtigzustellen.

Die wöchentlichen Gebetsversammlungen riefen in den umliegenden Dörfern beides hervor: Interesse und Bestürzung. Alle hatten nämlich ein wachsames Auge auf die verborgenen Gefahren, die eine derartig revolutionäre Handlungsweise für die an ihr Beteiligten haben könnte. Aber für diejenigen, die sich von ganzem Herzen dem neuen Weg verschrieben hatten, kam die Feuerprobe an einem Abend, als Paul Shadle einen Besuch im Rundhaus machte.

Ein Riesentumult auf der gegenüberliegenden Seite des Dorfes steigerte sich zu hysterischem Schreien. Paul rannte quer über die Lichtung und fand Enriques siebenjährigen Sohn bewußtlos vor. Niemand wußte genau, was passiert war. Einige kreischten, er würde von Geistern gewürgt. Andere dagegen vermuteten, irgend etwas wäre in seiner Kehle steckengeblieben. Enrique schüttelte abwechselnd die kraftlose kleine Gestalt und schlug ihr auf den Rücken. Aber es nützte nichts.

Paul übertönte mit seiner Stimme den Tumult und wies Enrique an, den Jungen schnell zu unserem Haus zu tragen. Lange vor ihrer Ankunft drang ein lautes Wehklagen an unsere Ohren, während die Indianer den Pfad hinabeilten. Wir rannten nach draußen, um sie zu treffen. Da hielt uns Enrique zitternd den Körper seines Sohnes entgegen mit der unausgesprochenen Bitte um ein Wunder.

Paul erklärte schnell, wie er den Jungen gefunden hatte. Während Wally das Kind mit dem Kopf nach unten hielt, versuchte Paul, den hinderlichen Gegenstand durch einige scharfe Schläge zwischen die Schulterblätter hinauszubefördern. Aber er hatte keinen Erfolg. Es kam kein Lebenszeichen.

Paul legte den Jungen auf den Boden und begann mit künstlicher Beatmung. Die Leute waren außer sich. Sie versuchten, uns behilflich zu sein, fürchteten aber gleichzeitig, daß jede Sekunde ihren Kleinen weiter hinabführte auf der Straße, von der es keine Rückkehr gab. Ich rannte los, um Derek und Jill zu rufen, und wir verlegten die Betätigungen in die Veranda.

Dabei versuchten wir, uns auf ein vernünftiges Vorgehen zu besinnen. Aber unsere Hilflosigkeit war für jedermann peinlich sichtbar.

Enrique riß seinen Sohn wieder an sich und umarmte ihn verzweifelt. Kummer und Angst machten ihn hysterisch. Er schüttelte seinen Kleinen heftig, er schlug und drückte ihn und rieb seine regungslose Brust in vergeblichen Versuchen, ihm irgendein Lebenszeichen zu entlocken. Von Panik erfüllt, begann er sich zu fragen, warum er jemals den Geistern den Abschied gegeben hatte, die in den Tagen seiner Zauberkraft in ihm gewohnt hatten.

Derek drehte sich zu Wally um. »Wir haben ihnen erzählt, daß Gott Gebet erhört«, sagte er leise. »Das müssen wir ihnen jetzt zeigen. Wir müssen uns selbst in eine gefährliche Lage begeben und Gott vertrauen, daß er etwas tut.«

Alle nickten wir ernst. Wir wußten, daß er recht hatte. Aber es schien uns eine sehr bedenkliche Lage zu sein.

Wally, Paul und Derek stellten sich zu Enrique, der auf dem Boden hockte. »Wir wollen es Gott sagen«, schlug Derek freundlich vor. Wieder einmal lieferte ein verzweifelter Vater Gott seinen Sohn aus.

Die Indianer betteten das Kind vor die Missionare. Diese legten ihre Hände auf den stillen, kleinen Körper. Sie begannen, Gott um das Leben des Kindes anzugehen. Sie baten ihn, es wieder aufzurichten, wie er es bei seinem Erdenleben zu tun pflegte.

Enrique lockerte den Griff, mit dem er den Jungen hielt, und wartete auf Gottes Handeln.

Ich eilte zu der Radioausrüstung und versuchte, im Frequenzbereich jemand zu finden, der einen Rat erteilen könnte. Als ich gerade eine Verbindung zu einem Arzt herstellte, der »zufällig« eine unserer Missionsstationen besuchte, stürzte Jill herein mit einem Dankgebet dafür, daß der Junge plötzlich zu weinen begonnen hatte.

Beim ersten Lebenszeichen riß Enrique ihn an sich, und der Junge fiel unverzüglich wieder in Bewußtlosigkeit. Aber seine Atmung blieb regelmäßig.

In Übereinstimmung mit den Anordnungen des Arztes wickelten wir den Jungen in Decken und legten ihn mit dem Gesicht nach unten auf den Boden. Seine Füße hoben wir hoch. Für die weinenden Verwandten, besonders für Enrique, bedeutete es eine Quälerei, ihn so auf dem Boden liegen zu sehen, ohne daß jemand etwas tat. Der Vater wünschte so sehnsüchtig, ihn in seinen Armen zu halten.

Er hockte sich neben ihn, stützte die Ellbogen auf seine Knie und bedeckte sein Gesicht mit den Händen. Es gab nichts anderes zu tun, als zu warten und zu beten.

Enriques Frau kam leise herein und setzte sich hinter ihren Mann auf eine Bank. Beim Anblick ihres auf dem Boden ausgestreckten

Sohnes brach sie in Tränen aus. Ich schlüpfte neben sie und überlegte, wie ich sie trösten konnte.

»Jetzt atmet er wieder«, sagte ich.

Sie nickte und fragte, ob wir Gott schon davon berichtet hätten.

»Ja«, flüsterte ich. »Er hat schon darüber gesprochen.« Ich bezog mich darauf, daß Derek mit Gott geredet hatte. Sie verstand es aber so, daß Gott sich zu der Angelegenheit bereits geäußert habe.

»Oh«, rief sie aus, »was hat er gesagt?« Ich versuchte, das Ganze richtigzustellen, wurde aber von anderen unterbrochen, die ihr von unserem Radiokontakt mit dem Arzt erzählten. Zum Schluß war sie der festen Überzeugung, daß wir mit Gott mittels Radio gesprochen hatten.

Nach ungefähr einer Stunde öffnete der Junge die Augen. Derek sah zu Enriques Frau hin und tuschelte ihr zu: »Dein Sohn sucht dich.« Sie hörte ihn nicht. Ein betäubender Schmerz hatte sie um ihren Verstand gebracht. Dann riß sie in ihrer Verwirrung ihre Augen weit auf. »Mein Junge?« fragte sie. »Ist mein Junge hier? Ist er ins Leben zurückgekehrt?« Derek nickte, und sie glitt schnell von der Bank herunter und setzte sich an das Kopfende ihres Kleinen. Er schaute ihr in die Augen, starrte mit tiefer Befriedigung auf ihr verweintes Gesicht und lächelte matt.

Nachdem der Junge eine Zeitlang wieder bei Bewußtsein war, löste sich die anfängliche Spannung, und das Weinen machte lautem Schelten Platz. Enrique und seine Familie beschuldigten sich gegenseitig, dem Kind ein zu großes Stück Fleisch gegeben zu haben, das es nicht schlucken konnte. Wir atmeten erleichtert auf. Der Lärm der Vorwürfe war sehr tröstlich. Alles lief wieder normal.

Eine Stunde verging so. Als sich der Junge aufsetzte, ohne einen kranken Eindruck zu machen, gaben wir den Indianern eine alte Decke, in die sie ihn für den Heimweg wickeln sollten. Aber sie verpackten ihn so ungeschickt, daß sie ihn kaum zu transportieren wußten. Schließlich bot Derek seine Dienste an. Er nahm ihre kostbare Last auf seine Arme und folgte ihnen den Weg hinunter ins Dorf. Nun fingen sie an, mit lauter, froher Stimme zu beten, und dankten Gott für alles, was er getan hatte.

Die Geschichte verbreitete sich schnell auf der anderen Seite der Berge. In vielen Dörfern machten sich Menschen über die Wirksamkeit des Gebets Gedanken. In der Tat schien Gott in einer schwierigen Lage verläßlich zu sein.

111

Die nächsten paar Monate verstrichen in einer Folge von Prüfungen, die uns zu erdrücken drohten. Das Neue, das der Herr schuf, blieb nicht unangefochten durch den einen, der bis jetzt die alleinige Machtbefugnis über die Menschen auf der großen Steppe besessen hatte. Die Wirklichkeit des geistlichen Kampfes, in den wir uns eingelassen hatten, kam zu einem furchtbaren Höhepunkt. Immer wieder auftretende Probleme mit ihrer Gesundheit zwangen Derek und Jill, vorzeitig Urlaub zu nehmen. Wir blieben zurück, hoffnungslos gefangen in dem täglichen Trott des Lese- und Schreibunterrichts, der biblischen Unterweisung, der medizinischen Arbeit, der Besuche und der Übersetzungstätigkeit.

Ärztliche Notfälle forderten unsere Zeit, und eine Kinderlähmungsepidemie verzehrte unsere physischen und psychischen Kräfte im Kampf um das Leben von Menschen, die uns überaus lieb geworden waren. José und Timotheus nutzen ein zweites Gedenkfest für Narbenschulter dazu, um Interesse zu wecken an der Fortführung von Kriegereien. Es gab Fälle von Kindesmord, bei denen unerwünschte Babys auf herkömmliche Weise beiseite geschafft wurden.

Heftige Auseinandersetzungen drohten die Dorfgemeinschaft zu spalten. Die Geister, die einst die Angelegenheiten der Gruppe geregelt hatten, kehrten in der Dunkelheit zurück und quälten die Jungbekehrten. Nacht für Nacht pflegte Octavio vor Furcht aufzuschreien. Dann eilten die Männer an seine Seite und erbaten Gottes Bewahrung für ihn.

Aber der Geist Gottes war noch am Werk, und die Spuren seiner Güte konnte man durch die Schwierigkeiten hindurch verfolgen. Immer mehr Menschen traten in die Reihen derer ein, die ihre Füße entschlossen auf den schmalen Weg gestellt hatten. Einige der Jungen konnten jetzt lesen und schreiben. Paul und Marty Shadle füllten allmählich die Lücke aus, die Hadleys hinterlassen hatten. Allem Anschein nach wuchs auch die Zuversicht, daß Gott in der Lage war, die Menschen auf der großen Steppe vor feindlichem Angriff zu schützen.

Ich saß am Tisch mit Ramón und Eladio, zwei jungen Teenagern, die oft bei der Vorbereitung von Unterlagen für den Lese- und Schreibunterricht halfen. Wir besprachen verschiedene Möglichkeiten, aus dem Dschungel Fleisch zu beschaffen. Ameisenfresser wurden mit einer Keule erschlagen, Schlangen aufgespießt, Frösche enthäutet, Affen geschossen und Bienenlarven von Bäumen heruntergeschüttelt.

»Gürteltiere werden aus ihrem Bau ausgeräuchert«, grinste Ramón, »oder ertränkt, wenn sie nahe am Wasser leben.«

Er hielt seine Hände an die Seite des Kopfes nach dem Muster von Gürteltierohren. »Sie haben große Ohren abbekommen«, lachte er, »fast wie Neugeborene. Das ist so, weil Babys sich in Gürteltiere verwandeln, wenn man sie erwürgt.«

Eladio lehnte sich lachend zum Zwecke meiner Weiterbildung vor. »Wir sagen das immer aus Spaß. Wenn eine Mutter ihr neugeborenes Baby tötet und es in ein Loch wirft, verwandelt es sich in ein Gürteltier.«

Ehe wir Zeit hatten, unser Gespräch fortzusetzen, ging langsam die Vordertür auf, und José spazierte herein. Er streckte uns eine zitternde Hand entgegen und berichtete, eben sei er von einer Schlange gebissen worden. Wally rückte schnell von seinem Schreibtisch ab und ergriff José fest beim Handgelenk, während wir zwei Einstiche auf seinen Fingern untersuchten. Vor ungefähr zehn Minuten hatte ihn ein großer Buschmeister gebissen. Wally legte beruhigend eine Hand auf seine Schulter und führte ihn zur Veranda, wo er sich auf einer Bank niederließ. Er beugte sich vor, stützte seinen Ellbogen auf die Knie, bedeckte das Gesicht mit seiner gesunden Hand und sah der Behandlung entgegen.

Ich rannte nach dem Arztkoffer, übergab Wally die bei Schlangenbiß verwendeten Instrumente und kehrte in die Veranda zurück, um José etwas moralische Unterstützung zu leisten. Er war in kalten Schweiß ausgebrochen. Sein Atem ging in einem schwachen Stöhnen. Ramón und Eladio rasten hinüber zum Haus der Shadles, um Paul zu rufen. Während er und Wally damit begannen, die Anweisungen zu überfliegen, die dem Mittel Antivenin beigelegt waren, sammelte sich eine Menge neugieriger Zuschauer in der Veranda.

José ertrug die Schmerzen vorbildlich. Aber sein anfängliches Stöhnen schwoll zu lautem Schreien an, als der klopfende brennende Schmerz in seiner Hand den Arm hinauflief und sich über seinen ganzen Körper ausbreitete. Sein Sehvermögen verschleierte sich, seine Beine wurden taub, und Wellen von Übelkeit gingen über ihn hinweg. Es war ihm, als ob sein Kopf sich in zwei Teile spaltete.

Josés Mutter kam weinend herein und setzte sich auf den Boden zu seinen Füßen. Lachende Dame und Krummer Zahn waren direkt hinter ihr. Als sie die Giftzahnmale auf seinen Fingern sahen und sich die Größe der Schlange vorstellten, die im Abstand von zweieinhalb Zentimetern zwei Abdrucke hinterlassen hatte, brachen sie in hofflungsloses Wehklagen aus.

Nachdem die ersten erforderlichen Maßnahmen der Behandlung abgeschlossen waren, führten die Frauen José ins Dorf. Drei Stunden später besuchten Wally und Paul ihn dort, um herauszufinden, ob mehr Versorgung mit Arzneimitteln nötig wäre.

Josés Arm war bis zur Schulter geschwollen, seine Haut gespannt und fieberheiß. Seine Mutter hörte mit dem Weinen auf, um Wally und Paul fragen zu können, ob sie für ihn beten würden. Da José keine Einwände erhob, baten sie Gott um Bewahrung für ihn. Sie setzten die zweite Phase der Behandlung fort und verließen ihn für die Nacht.

Am nächsten Morgen zeigten sich kleine schwarze Flecken rundherum an der Spitze des verwundeten Fingers. Wally kramte zwischen seinen medizinischen Instrumenten, und José fragte flüsternd, ob wir meinten, der Finger würde abfaulen. Das nicht, sagten wir, aber ohne große Überzeugung.

Die Frauen scharten sich um uns mit der erneuten Bitte um ein Gebet. Ich schaute auf José, um zu sehen, wie er den Vorschlag aufnahm. Aber sein Gesicht war völlig ausdruckslos. Nachdem wir beide seine Not wieder vor Gott gebracht hatten, entschloß sich Josés Mutter, auch zu beten.

»Vater«, begann sie vorsichtig, »mein lieber Vater! Jetzt spricht die alte Frau mit dir. Ich habe das schon mal getan. Wahrscheinlich erinnerst du dich an mich. Dieser Mann gehört mir. Es ist mein eigener Sohn, und er hat solche Schmerzen. Wer außer dir kann uns helfen? Die Geister haben uns immer wieder betrogen. Wir hätten dir schon eher vertraut, aber wir wußten nicht, daß es dich gibt. Laß mein Kind nicht auf diese Weise zugrundegehen! Heile meinen Sohn schnell, damit ich nicht hungern muß! Heile ihn, damit ich nicht traurig und einsam bin! Er bringt mich immer zum Lachen, wenn ich schlechte Laune habe. Was soll ohne ihn aus mir werden?«

Als wir im Begriff waren zu gehen, fragte uns die alte Frau, ob sie für ihren Sohn etwas schlammiges Wasser besorgen sollte. Eine bestimmte Sorte Lehm, nach Vorschrift zubereitet, war wegen ihrer heilenden Kräfte immer noch geschätzt worden, obwohl wir niemals ihre vermeintliche Wirkung ausmachen konnten.

»Warum willst du das tun?« fragte Wally. »Ist das etwas, was euch die Geister vor langer Zeit beigebracht haben?«

»Nein«, lachte sie. »Darüber haben sie uns nichts gesagt. Wir tun das einfach nur gern, weil wir meinen, daß das den Kranken kräftigt. Es ist nicht gut, einfaches Wasser zu trinken, wenn man so verletzt ist wie José.« Sie spürte unsere Unsicherheit. »Sagt Gott, wir sollten das nicht tun?«

Wally zuckte die Achseln. »Gott hat sich niemals zum Trinken von schlammigem Wasser geäußert«, lachte er. »Ich werde euch auch nicht befehlen, es nicht zu tun. Aber ich denke nicht, daß es viel hilft.«

Am nächsten Tag wären wir wieder da, sagten wir ihnen. José murmelte etwas, und wir entschieden uns dafür, es als »Dankeschön« zu deuten.

Einige Tage später kam José selbst zu unserem Haus. Er lief mit Hilfe einer Krücke. Schwach und dünn war er, aber anscheinend in guter Stimmung. Die Schwellung war beträchtlich zurückgegangen, aber der Schmerz noch gegenwärtig. Die Hand war schrecklich angeschwollen und verunstaltet. Um den Biß herum hatten sich winzige Löcher gebildet, die ständig näßten. Der schwarze Fleck hatte sich über den ganzen Finger ausgebreitet. Das war eine unheilvolle Ankündigung von bevorstehenden Komplikationen.

Marty und ich gingen in die Veranda, um José zu zeigen, wie er seinen Finger in einer Salzlösung baden sollte.

»Ich will keine weiblichen Zauberdoktoren!« schrie er gellend. »Wo sind die Männer?« Dann entdeckte er Wally und rief ihm barsch zu: »Bruder, komm her und setze dich zu mir! Komm und bete wieder für mich!«

José stellte sich jetzt an jedem Nachmittag ein, und anscheinend machte er sich nichts aus seinen weiblichen Ärzten, bis er sich von seinem Schock erholt hatte. Offen gesagt, schien er es dann aber so zu genießen, daß wir anfingen, ihn gleichgültiger zu behandeln, als wir tatsächlich empfanden.

Mit Wally verbrachte er lange Stunden im Gespräch, das sich um die Wirklichkeit Gottes drehte. José war davon überzeugt, daß Gott ihm nicht schaden oder ihn zur Hölle fahren lassen wollte. Schließlich hatte er ihm schon seine Liebe bewiesen, als er ihn vor dem nahen Zugriff des Todes bewahrte. Wally erklärte ihm, Gott habe sein Leben verlängert, um ihm die Chance zu geben, das Evangelium anzunehmen. Aber obwohl sich José bestimmt oft nach der Heilsgewißheit sehnte, die Gott den anderen geschenkt hatte, mußte er immer an seine Feinde denken, und seine Augen wurden böse. Er konnte es sich nicht leisten, das Evangelium anzunehmen. Er konnte das Risiko nicht eingehen, daß Gott ihm seinen Haß auf das feindliche Dorf wegnähme. Er *wollte* diesen Haß nicht verlieren.

Eines Tages trafen die Frauen zu einer der regelmäßigen Nachmittagsversammlungen ein, während José in der Veranda seinen Finger badete. Er ging hinaus, um draußen zu warten. Alle beteten für ihn. Sie dankten Gott, daß sein Leben verschont worden war und baten, José auf den schmalen Weg zu stellen.

Ich gewann den Eindruck, sie meinten, Gott würde ihre Gebete beantworten trotz Josés Unwilligkeit, dabei mitzutun. Deshalb versuchte ich, am Ende ihres Betens das Thema zur Sprache zu bringen: »Wenn José Gott nicht bittet, sein Herz mit dem Blut Christi zu reinigen, kann Gott ihn nicht auf den schmalen Weg bringen. Gott zwingt ihn nicht, Christ zu werden, wenn er das nicht will.«

»Gott kann ihn nicht auf den schmalen Weg bringen!« spottete Lachende Dame empört. »José fährt in die Hölle. Hölle! Hölle! Das sagst du immer.« Zornig schüttelte sie ihren Kopf und lachte etwas verblüfft, als sie entdeckte, daß José an der Tür stand. Er wollte herausfinden, warum sein Name so häufig genannt wurde.

Lachende Dame beugte sich vor und griff nach meinem Arm. »Jetzt erzähle ihm, was du gesagt hast!« verlangte sie mit beißendem Spott, als José in die Veranda trat und sich neben sie auf den Boden hockte. »Erzähle ihm, daß Gott ihn in die Hölle schicken wird!«

»Nicht *Gott* will, daß er zur Hölle fährt«, entgegnete ich ungehalten. »Gott bietet ihm einen Weg zum *Himmel* an. Wenn Gott wollte, daß José in die Hölle kommt, hätte er niemals sein Leben gerettet.«

José schob sich näher an uns heran und beobachtete mich mit zusammengekniffenen Augen. Lachende Dame streckte die Hand nach ihm aus und tätschelte freundlich seinen Arm.

»Kind«, flüsterte sie, »versprich Margarita, niemals mehr irgend jemanden zu erschießen! Versprich ihr, Christ zu werden! Sag ihr, daß du Gott einen Lügner genannt hast, daß du aber nie wieder so sprechen wirst! Sag ihr das!«

Aber José tat das ganz und gar nicht. Er befühlte seine entzündete Hand und musterte seine schwarzwerdende Fingerspitze. Mit einer solchen Hand würde er bestimmt niemanden erschießen. Lachende Dame schaute ihm voller Mitgefühl zu. Dann drehte sie sich zu mir herum.

»Margarita«, bat sie dringend, »mach ihn doch nicht traurig! Sag ihm, daß er auf dem schmalen Weg ist!«

Ratlos zuckte ich die Achseln. *Ich* konnte das Schicksal dieses Mannes nicht bestimmen. Sie langte nach Josés Arm und flüsterte aufdringlich auf ihn ein.

»Du *willst* Gott haben, nicht wahr?« Stumm bettelte sie um eine Antwort, wenigstens um ein kurzes Ja. Aber seine einzige Erwiderung bestand in einem langen, ehrlichen Schweigen.

An einem Abend kamen die Männer zum Gebet zusammen. Enrique klagte darüber, daß seine Verwandten in einem Dorf, viele Tagereisen nördlich gelegen, keine Möglichkeit hätten, die Wirklichkeit Gottes zu erfahren.

»Ich bete immer für sie«, seufzte er, »und ich bitte Gott, ihren Sinn auf den Himmel zu richten. Aber wie kann er das?

Mit einer hoffnungslosen Gebärde wandte er sich an Wally. »Du kannst das niemals tun«, sagte er. »Nie wirst du imstande sein, diesen weiten Weg zu machen.«

»Na, hör mal! *Du*, du kannst doch hingehen und es den Leuten erzählen«, antwortete Wally, leicht verärgert darüber, daß Enrique sich so schnell mit dem Los seiner Verwandten abfinden wollte. Die Männer staunten ihn an, als ob sie ihren Ohren nicht trauen könnten. Sie drängten sich näher heran und lächelten erwartungsvoll, als sie ihn baten, das noch einmal zu sagen.

»Ihr Männer hier könnt das Evangelium überbringen«, wiederholte Wally und schaute von einem Gesicht zum andern. »Genauso wie Gott mich hierher geschickt hat, euch zu unterweisen, kann er euch aussenden, um anderen das Evangelium weiterzusagen.«

»Wally«, grinste Enrique, »meinst du mich? Ich bin doch immer noch ein Yanoamö! Würde Gott mich, einen Yanoamö, mit seiner Botschaft losschicken?«

»Das würde er«, antwortete Wally.

In glücklicher Aufregung dreht Enrique sich zu seinen Brüdern um. »Mein Bruder Wally sagt, Gott will, daß ich hingehe und es anderen erzähle.« Enrique lachte leise in sich hinein. »Er meint, ich kann genauso mit dem Evangelium losgehen, wie er hierherkam und es uns brachte.«

Lächelnd beglückwünschten ihn die anderen. »Wirklich?« fragte einer von denen, die daran doch zweifelten. Eine Hand legte er dabei auf Wallys Arm. »Ist das wahr? Können *wir* gehen und den Menschen erzählen, daß Gott uns geschickt hat?«

Begeistert waren sie dabei, ihre kleine Welt zu unterteilen und bestimmte Gebiete der Verantwortlichkeit festzusetzen.

»Ich kann zu den Leuten jenseits der westlichen Hügelkette gehen«, erklärte Octavio freiwillig. »Meine Frau hat dort Verwandte. Mich werden sie anhören.«

»Das ist richtig! Das ist richtig!« nickte Enrique. »So müssen wir es machen, und die nördlichen Dörfer kann ich nehmen. Das ist eine lange, beschwerliche Reise, und Wally könnte es niemals über die Berge schaffen. Wenn die Fremden helfen wollen, können sie die Botschaft in das feindliche Dorf bringen. Davor fürchten wir uns sowieso viel zu sehr.«

Sobald sie ihre Pläne zur Zufriedenheit aller gemacht hatten, gingen sie ans Werk, überschauten den Kreis der Männer, die sich zum Gebet zusammengefunden hatten, und entschieden, daß es Zeit war, anzufangen.

Sie beteten mit neuer Begeisterung und wünschten sich von Gott, sie so auszusenden, wie er die Fremden nach der großen Steppe geschickt hatte.

»Unser Vater, Gott«, frohlockte einer, »wir alle wollen dir auf dem schmalen Weg nachfolgen. Wir alle. Du schickst uns in die anderen Dörfer. Also wird niemand von unseren Leuten zurückbleiben, wenn du wiederkommst. Wir werden alle dabei sein, sogar die alten Frauen!«

José war an diesem Abend nicht anwesend, aber zwei seiner Brüder gehörten zu der Gruppe. Als sie mit dem Beten an der Reihe waren, baten sie Gott, sie auf den schmalen Weg zu bringen.

»Vater, unser Bruder ist ein Betrüger«, entschuldigte sich der eine, »aber trage uns das bitte nicht nach! Nimm unsere Sünde trotzdem weg! Wir wollen dir auf deinem Weg auch ohne ihn folgen, Herr!«

118

»So macht ihr es richtig!« flüsterten die anderen in Anerkennung der von den Männern getroffenen schmerzlichen Entscheidung, ihren Bruder zurückzulassen. »So macht ihr es richtig!«

Als man mit der Gebetsrunde durch war, übernahm Enrique das Schlußgebet. »Vater, ich lebte in Finsternis«, sagte er abschließend, »und wußte es nicht, daß ich mich am Rande der Hölle befand. Aber jetzt ist es in meinem Herzen hell. Ein Stern scheint in der Dunkelheit, und er leuchtet ständig stärker. Ich fange an zu sehen.«

Ein paar Tage später schauten José und Timotheus mit einer Gruppe von Verwandten bei uns herein. Sie warteten, bis alle anderen fortgegangen waren, damit sie Wally allein sprechen konnten. Sie riefen ihn in die Veranda und winkten ihn auf eine Bank.

José war der Sprecher. Er kauerte sich vor Wally hin und stützte seine Ellbogen auf Wallys Knie. In dem Versuch, eine bequeme Lage zu finden, rutschte er hin und her und schob sein Tabakbüschel nervös von einer Seite des Mundes zur anderen.

»Bruder«, begann er und lächelte etwas selbstbewußt, da seine Brüder ihn aufstachelten, seine Geschichte zu erzählen. »Gestern ist etwas passiert. Ich versuchte, draußen zu jagen«, sagte er. Dabei krümmte er seine Finger ein wenig und betrachtete stirnrunzelnd den einen mit der schwarzen Spitze, der sich immer noch nicht biegen lassen wollte. »Ich war ganz allein in der Nähe der nördlichen Steppe.«

Einige Male mehr änderte er seine Stellung. »Da fing der Erdboden an zu beben, und ich wußte nicht, was ich machen sollte«, erzählte er und stockte dann wieder, bis Wally ihn durch Nicken zum Weiterreden ermunterte.

»Ich stand still und schaute in die Bäume hoch. Sie wurden völlig durchgeschüttelt. Es hörte sich an, als ob sie zur Seite stürzten. Zweige brachen ab und fielen um mich herum auf den Boden.«

Er hielt einen Augenblick inne. Auf seiner Stirn bildeten sich Schweißperlen. »Bruder«, fuhr er dann fort – dabei hielt er sich an Wallys Arm fest – »ich schaute zum Himmel hoch, und der bebte auch. Ich schaute nieder auf den Boden, und der bebte auch. Das erschreckte mich. Ich hatte immer angenommen, ich sei furchtlos. Aber ich drehte mich um und rannte so schnell ich konnte ins Dorf. Dort kroch ich in meine Hängematte und lag darin ganz ruhig, bis das Klopfen in meiner Brust aufhörte. Schließlich erzählte ich es den anderen. Sie meinten, das müßte Gott gewesen sein.«

Er machte eine Pause und wartete darauf, daß Wally diese Vermutung zurückwies. »Sie lügen, nicht wahr?« fragte José. »Bruder! Wally! War das wirklich Gott? Könnte er so etwas tun?«

»Ja, er könnte es«, bestätigte Wally. Er war etwas verwirrt von der merkwürdigen Geschichte. José litt nicht an Wahnvorstellungen, und Erdbeben kamen in diesem Gebiet verhältnismäßig häufig vor. Aber niemand sonst hatte an diesem Tag von einer ähnlichen Erfahrung berichtet. Möglicherweise hatte ein örtlich begrenztes Beben stattgefunden, gerade nur für José.

»Die Welt steht unter Gottes Kontrolle«, sagte Wally. »Es *muß* Gott gewesen sein.«

Jetzt fingen alle auf einmal an zu sprechen. Josés Brüder versuchten, ihn zu überzeugen, daß Gott wirklich allmächtig ist und daß alles, was die Menschen von ihm erzählten, der Wahrheit entsprach. Timotheus stand auf der einen Seite, ungewohnt ruhig. Bei größeren Entscheidungen waren er und José immer zusammen gewesen, und es bestürzte ihn, José von geistlichen Gedanken in Anspruch genommen zu sehen. Vielleicht war das Evangelium doch irgendeiner Überlegung wert.

Noch nie zuvor war José so gefesselt gewesen, wenn man sich über Gottes Forderungen an ihn unterhielt. Er war daran verzweifelt interessiert, Antworten auf die Fragen zu finden, die ihn quälten.

»Bruder«, sagte er, als der anfängliche Gesprächsfluß wieder abzuebben begann, »warum sollte Gott das für mich tun? Warum will er mir einen Schrecken einjagen?« Für einen Mann, der gerade einen gefährlichen Schlangenbiß und sein eigenes persönliches Erdbeben überstanden hatte, schien das eine sehr bedeutungsvolle Frage zu sein.

»Ich nehme an, Gott möchte, daß du erkennst, daß er wirklich hier ist«, sagte Wally.

José war hocherfreut. »Er will mich tatsächlich haben, stimmt's?« lächelte er gedankenverloren.

Eine Anzahl Männer beschloß, sich in entfernte Dörfer aufzumachen, in denen man sich einst freundschaftlicher Beziehungen erfreut hatte. Die Leute wollten lange vergessenen Freunden und

Verwandten das Evangelium bringen. Enrique und seine Brüder suchten eine Auswahl von Bildern biblischer Geschichten und Liederbücher zusammen und begaben sich auf den Weg zu einer Reihe von Dörfern, die vier Tagesreisen weit im Norden lagen. Andere Indianer erneuerten Bekanntschaften mit Dörfern, jenseits der Bergkette verstreut, und Josés Verwandte verbreiteten das Wort Gottes unter den Schamatali-Leuten. Diese waren seit dem Mord an dem Bruder von Krankes Auge nicht wiedergekommen. Die Tatsache, daß die Yanoamös in unmittelbarer Verbindung mit dem lebendigen Gott standen, war eine große Neuigkeit, und schon lange vorher hatten die Schamatalis ihre Absicht kundgetan, der großen Steppe einen weiteren Besuch abzustatten.

Als ihr offizieller Einzug und der festliche Empfang vorüber waren, richteten die Schamatalis im Dschungel hinter unserem Haus ein behelfmäßiges Lager ein, und der Häuptling machte uns einen förmlichen Antrittsbesuch.

Hübsch mit einem grünen Hemd bekleidet, das er durch Handel mit einer flußabwärts wohnenden Gruppe erworben haben mußte, schritt er selbstsicher in die Veranda und lehnte Bogen und Pfeile sorgfältig gegen die Wand. Schweigend musterte er das Innere unseres Hauses. Die Begrüßung meinerseits beachtete er nicht.

»Frau«, sagte er schließlich, und er entschied sich unwillig dafür, von meiner bescheidenen Gegenwart Notiz zu nehmen, »laß deinen Mann kommen! Ich möchte mit ihm sprechen.« Gehorsam rief ich meinen Mann, und er gesellte sich zu dem Häuptling in die Veranda.

»Bruder«, begann der Gast, »ich möchte alle meine Leute herbringen, damit sie jetzt etwas lernen. Wir wollen alles hören, was du den Menschen der großen Steppe erzählt hast. Warum sollten ausgerechnet *wir* nicht von diesen Dingen wissen? Wir möchten auch erfahren, wie man betet.«

Ehe Wally antworten konnte, taxierte der Häuptling die Veranda mit einem Stirnrunzeln ab und verlangte zu wissen, wo jeder sitzen sollte.

Wally fing an, ihm beizubringen, die Versammlungen begännen etwas später. Als die Anwesenheit der Männer in der Veranda entdeckt wurde, sammelte sich eine neugierige Menge, um bei der Besprechung mitzumachen. Einige von Josés Verwandten versuchten, Grünhemd zu unterbrechen und ihm zu erklären, wie die

Sache geplant war: Zuerst Kinderstunden, dann Versammlungen für Frauen, dann für Männer. Aber der Häuptling gebot ihnen mit einer Handbewegung Schweigen, und sie zogen sich zurück. Sie kicherten miteinander, als sie sahen, wie hartnäckig er den üblichen Stundenplan umzustellen suchte.

»Bruder«, setzte ihm einer aus Josés Sippe auseinander, »wir kommen niemals *so* früh. Die Fremden blasen mit dem Horn, wenn sie zum Beginn fertig sind.«

Grünhemd starrte ihn geringschätzig an. Dann wandte er sich an Wally. »Jetzt sind wir bereit«, verkündete er großartig. »Blase mit dem Horn!«

»In Ordnung«, lachte Wally. Er genoß die ungewöhnliche Zurschaustellung von Autorität. Ich eilte davon, um zu erkunden, ob Paul und Marty mit von der Partie waren, die Nachmittagsversammlung eher als geplant zu beginnen.

Paul schritt nach draußen und rief mit einem lauten Trompetenstoß eine Menge Kinder vom Rundhaus herbei. Sie rasten den Pfad hinunter, stürzten in die Veranda und drängten sich auf die Bänke, während Grünhemd mit großen Augen skeptisch den plötzlichen Überfall auf »seine« Versammlung beobachtete. Er fing an, die Kinder aus der Tür zu schieben, und Josés Verwandte brachen in entzücktes Gelächter über das zunehmende Durcheinander aus, als Wally versuchte, sich für die verblüfften Schüler ins Mittel zu legen.

»Halt, ihr Schamatalis!« lachte Wally. »Wir haben immer zuerst die Kinder unterrichtet. Deshalb kamen sie an, als sie die Trompete hörten. Warum wartet ihr nicht draußen bis zum Ende ihres Unterrichts?«

Grünhemd konnte die unwürdige Behandlung, die zu ertragen er sich genötigt sah, kaum für möglich halten. »Meine Leute sind doch schon hier«, wandte er ein. »Wir warten doch schon.«

Dabei wies er mit seinen Gebärden in die Richtung der Menschenmenge, die um unser Haus herum wimmelte. Die Frauen saßen auf über den Hof verteilten Pflöcken, und die Männer, die noch nicht in der Veranda drin waren, drückten sich an der Tür herum und versuchten, sich hineinzuquetschen.

»Wally«, flüsterte einer von Josés Brüdern und rüttelte ihn am Arm, »schick die Kinder weg! Sie werden nichts dagegen haben. Laß uns heute mal gleich die Besucher unterrichten!«

Die Schüler nickten zustimmend. Niemand wollte die Gäste in Unruhe versetzen. Für eine gute Sache verzichteten sie schnell auf ihre ursprüngliche Unterrichtszeit und waren erleichtert, nicht länger Anlaß des Streits zu sein. Sie schlängelten sich durch die Menge und verschwanden durch die Tür. In letzter Minute schrieen sie über die Schulter »Anweisungen« für Wally und Paul, den Gästen »Gutes« zu erzählen.

Grünhemd teilte die Menschen in Reihen ein, die sich über den ganzen Boden erstreckten, und als er überzeugt war, alles sei zum besten bestellt, forderte er Wally und Paul durch ein Kopfnicken zum Beginn auf. Paul brachte den Besuchern einige leichte Chorusse bei, und während Wally einen Schriftabschnitt auslegte, der sich auf das ewige Leben bezog, stand Grünhemd auf, um die Unterweisung zu bekräftigen. Jeden Satz ergänzte er durch Erklärungen.

Als die Versammlung zu Ende war, organisierte er den Auszug der Männer und forderte die Frauen auf, hereinzukommen und sich ruhig hinzusetzen. Allmählich wünschten wir schon, er bliebe immer hier.

Nach der letzten Versammlung folgte Enriques Mutter Marty mir in die kleine Apotheke und bat um eine Asthmapille für Ramón. Das war einer der Teenager, die uns geholfen hatten, neues Material für den Lese- und Schreibunterricht zusammenzustellen. »Wenn nur sein Bruder hier wäre!« seufzte sie. Damit bezog sie sich auf Enrique, der noch nicht von seiner Reise in die nördlichen Dörfer zurückgekehrt war. »Wenn nur mein Sohn hier wäre, um für Ramón zu beten!«

Wir versicherten ihr, daß Gott die Gebete eines jeden hört. Sie nickte bekümmert und wickelte die Tablette für Ramón in ein breites Blatt, band es ordentlich mit einer Weinrebe zusammen und hing sich das kleine Päckchen um den Hals. »Kleine«, flüsterte sie und klammerte sich einen Augenblick lang an meinen Arm, »ihr Fremden sollt auch für Ramón beten, bitte!. Er kann nicht gut schlafen.«

Am nächsten Tag gingen wir von unserem üblichen Zeitplan ab und beschlossen, das Interesse der Schamatali-Besucher auszunutzen. Wir hielten uns zur Verfügung, sie so lange zu unterrichten, wie sie zu lernen gewillt waren. Eine Vormittagsversammlung zog sich bis zum Nachmittag hin und würde wahrscheinlich bis Sonnenuntergang gedauert haben, wären wir nicht von David und seinem Vetter unterbrochen worden.

Von der Vordertür her riefen sie dringend nach uns. Sie waren bleich wie Gespenster und ihre Augen von Entsetzen erfüllt. »Der Junge mit der breiten Brust«, flüsterten sie. Dabei versuchten sie, mit ihren Augen auszudrücken, was sie mit ihrem Mund nicht aussprechen wollten. »Unser Kleiner – der, der krank war, es ist aus mit ihm.«

Meine Kehle war wie zugeschnürt. *Nicht Ramón!* Sein Leben stand gerade am Anfang, und seine Liebe zu Gott begann sich eben erst zu entfalten. Es konnte nicht sein. An jedem Nachmittag lernte er mit Paul. An jedem Morgen saß er mir am Tisch gegenüber. Wie konnte er tot sein? Aber es mußte sich um ihn handeln. Chronisches Asthma hatte seinen Brustkasten faßförmig erweitert, gar nicht im richtigen Verhältnis zu seiner Größe. Lautlos formte ich seinen Namen, und David nickte.

Wally griff nach seinem Instrumentenkasten und raste den Pfad hinunter zum Rundhaus. Über die Schulter rief er mir zu, auch Paul zu schicken. Aber sie kamen zu spät. Man hatte den Jungen tot in seiner Hängematte aufgefunden. Offensichtlich war er im Schlaf gestorben, während seine Familie im Garten arbeitete. Niemand hatte die Bedenklichkeit seines Zustands erkannt, und man hatte ihn daheim gelassen, um das Haus zu hüten. Aber der kleine Wächter war für immer eingeschlafen.

Eine Menschenmenge hatte sich um ihn versammelt, und die Leute traten zurück, um Wally und Paul die Möglichkeit zu geben, ihn zu untersuchen. José stand in der Nähe, kerzengerade und hochgewachsen, mit Bogen und Pfeilen vorschriftsmäßig an seine Seite gedrückt. Als sie sich ihm näherten, begann er mit einem leidenschaftlichen Singsang.

»Hier seid ihr! Hier seid ihr endlich. Richtet ihn wieder auf! Bringt ihn zurück! Wir wollen sehen, daß Gott ihn wieder leben läßt, wie ihr es vesprochen habt! Schließlich wart ihr es, die gesagt haben, wir brauchten keine Zauberei. Ihr verkündigt immer, daß Gott für uns sorgen will. Beeilt euch! Laßt sehen, ob eure Worte wahr sind! Die Leute stimmen bereits die Klagegesänge an. Bringt ihn jetzt wieder ins Leben zurück!«

Eine Weile später kamen Wally und Paul heim. Die Schamatali-Besucher, die sich unterdessen ruhig beim Haus unterhalten hatten, hoben schnell Körbe, Bogen und Pfeile auf und zogen sich rücksichtsvoll in ihr Dschungellager zurück. Marty und ich hörten uns die Schilderung der Sachlage an und beschlossen, ins Dorf hinunterzugehen und einen letzten Blick auf unseren kleinen Freund zu werfen.

Die unumstößliche Tatsache seines Todes packte uns, als wir uns dem Rundhaus näherten und die Klagelaute hörten. Wir bahnten uns einen Weg über das Geröll, das das Dorf umgab, und schritten durch eine Tür in der Nähe von Enriques Wohnbereich. Schreie und laute Rufe durchschnitten die Luft. Einige Kinder winkten uns schweigend zu dem Platz, wo sich die Menschenmenge versammelt hatte.

In der Nähe des Familienschuppens tanzte Doré, Enriques Schwester, einen langsamen Trauertanz. Sie schwenkte Ramóns Hemd in der Luft und hielt die kleinen schwarzen Hosen hoch, die ich ihm in der vorigen Woche aus Dankbarkeit für seine Hilfe bei den Lese- und Schreibgeschichten geschenkt hatte. In äußerster Selbstvergessenheit klagte sie, und ich betrachtete es als selbstverständlich, daß sie sang, bis Marty mir verwundert zuflüsterte, daß sie *bete*.

Wir hielten inne, um zuzuhören, und waren im Innersten betroffen von der Aufrichtigkeit ihres Gebets, mit der sie ihre Enttäuschung vor Gott ausbreitete. »Gott, Vater! Du hast zugesagt, uns zu helfen! Aber was hast du getan? Wir haben dir geglaubt. Du hast uns Bewahrung versprochen. Aber unser Kleiner ist von uns gegangen. Warum hast du ihn nicht geheilt? Was soll aus uns werden in unserem Schmerz? Oh!«

Ich konnte es nicht ertragen, sie anzusehen. Um aus der Nähe einen Blick auf Ramón werfen zu können, schob ich mich durch das Gedränge. Marty blieb unterdessen stehen und unterhielt sich mit einigen Frauen am Rande der Menschenmenge.

Ich erreichte Ramóns Hängematte und kauerte mich neben ihn. Seine Mutter stand auf der Seite gegenüber. Völlig außer sich rief sie ihn an, während sie sich über seine leblose Gestalt beugte. »Mein Kind!« bettelte sie, »Kleiner, komm zurück! Antworte mir!« Aber es kam keine Erwiderung.

Ich teilte ihre Qual. Er sah nicht tot aus. Denn der Tod war kalt und gefühllos, Ramón aber war noch warm und natürlich. Er *konnte* nicht tot sein. Ich fand, so gut hatte er schon lange nicht ausgesehen. Sein Atem ging nicht mehr keuchend, und seine Brust spannte sich nicht mehr. Regungslos lag er da, zu regungslos! Seine Mutter schwang sich in seine Hängematte und drückte ihn ungestüm an sich. Sie rüttelte ihn an den Armen und drehte sein Gesicht zu sich herum. »Kleiner«, weinte sie, »wach auf!«

Ich musterte Ramóns Gesicht und schluckte mühsam bei der Erinnerung an andere Tage, die in meinen Gedanken auftauchten. Zögernd streckte ich meine Hand aus und berührte seinen Arm, seine Brust, sein Gesicht. »Wach auf!« wiederholte ich stumm mit der Bitte um eine Antwort. Ich strich ihm übers Haar, und die Frauen neben mir hörten zu weinen auf und wollten sehen, was ich tun würde. Plötzlich dämmerte es mir, daß sie meinten, ich sei dabei, ein Wunder zu vollbringen.

Einen Augenblick lang starrte ich sie ungläubig an. Doch dann verlor ich den Mut angesichts der Aussichtslosigkeit der Lage. Wie konnten sie von mir erwarten, den Toten aufzuerwecken? Ich wandte mich ab und weinte in hilfloser Ohnmacht.

Dann machten wir uns auf den Heimweg und trafen Eldona an der Tür des Rundhauses. »Könnt ihr nicht irgend etwas tun?« flüsterte sie.

Wir schüttelten den Kopf.

»Aber wir werden ihn wiedersehen, wenn Jesus wiederkommt«, sagte Marty.

Eldona runzelte die Stirn, wiegte leicht verärgert ihren Kopf und betrachtete uns mit verdutzten Augen. Machten wir uns über so etwas Ernstes lustig? Hatte sie uns wirklich richtig verstanden? Davids Frau gesellte sich zu uns und schaute fragend auf Eldona.

»Sie sagt, wir werden ihn wiedersehen«, erklärte Eldona zögernd. Davids Frau musterte uns schweigend und zog einen Flunsch.

Verblüfft schauten Marty und ich uns gegenseitig an. Warum sollte es für uns so schwierig sein, eine solche Vorstellung zu begründen? Seitdem wir den Indianern das Evangelium verkündigten, hatten wir immer auch von der Hoffnung des ewigen Lebens gesprochen.

Davids Frau ergriff Marty am Arm. »Hast du *das* gesagt?« fragte sie nachdrücklich. »Wirst du ihn wiedersehen?«

»Ja«, antwortete Marty vorsichtig. »Und du kannst das auch.«

Eldona winkte aufgeregt einige andere herbei. »Sie sagen, sie werden ihn wiedersehen«, tuschelte sie ihnen zu und lachte atemlos, als sie sich den Luxus erlaubte, uns beinahe zu glauben. Es dauerte nicht lange, und eine Menschenmenge hatte sich um uns geschart.

»Sagen wir vielleicht etwas Falsches?« fragte sich Marty leise. Wir waren davon verwirrt, daß sie alle anzunehmen schienen, wir brächten ihnen eine neue Idee bei. In großer Erregung zog uns eine Frau heftig zu sich heran.

»Kommt mit und erzählt es der alten Frau!« schlug sie vor und führte uns in Josés Wohnbereich. Dort schob sie uns unter den Blättern hindurch in einen rauchenden Schuppen. Eine alte Frau setzte sich in ihrer Hängematte auf, als wir ohne Umstände neben ihre Feuerstätte stolperten. Mit ihrem Kinn wies sie auf Ramóns Hütte.

»Seid ihr auch dort gewesen?« fragte sie. Wir nickten, unsicher, wie wir vorgehen sollten. Lachende Dame und ihre dicke Tochter schritten durch das Gewirr von Hängematten auf uns zu.

»Was habt ihr diesen Frauen erzählt?« wollten sie wissen.

»Wir haben ihnen gesagt, daß wir diesen Jungen wiedersehen werden«, antwortete ich.

Sie schauten sich gegenseitig an, lächelten und kamen etwas näher. »Was sagt ihr? Ihr werdet ihn wiedersehen?«

Wir nickten.

»Huh! Ich würde mich fürchten. Fürchtet ihr euch nicht vor Geistern?«

»Wir werden ihn nicht als Geist sehen«, erklärten wir ihnen, immer noch verdutzt über ihr merkwürdiges Verhalten. »Wir werden ihn genauso sehen, wie er hier bei Lebzeiten war, nur ohne Asthma.«

Wieder schauten sie sich gegenseitig an, diesmal voller Skepsis.

»Das haben wir euch doch immer erzählt«, sagte ich. »Wenn ein Christ stirbt, geht er zu Gott.«

»Kleine«, flüsterte Lachende Dame und legte eine Hand auf meinen Arm, »ihr habt gesagt, die Toten gehen zu Gott. Aber ihr habt nicht gesagt, daß wir sie wiedersehen würden. Das ist zum Fürchten! Werden wir Ramón wirklich sehen?«

»Es ist genauso wie damals mit Lazarus«, erklärte Marty. »Als Jesus ihn ins Leben zurückrief, fürchteten sich seine Schwestern nicht vor ihm, stimmt's? Warum solltet ihr euch fürchten?«

Erstaunt schauten sie mich an. »Wird es wirklich so sein? Werden wir ihn als Person wiedersehen, nicht als Geist?«

Die alte Frau lehnte sich vor und sprach eine strenge Warnung aus: »Kinder, täuscht die Menschen nicht! Über solche Dinge soll man nichts sagen, was nicht wahr ist. Macht den Menschen keine falschen Hoffnungen!« Sie legte eine kleine Pause ein. Was ihre Ansicht betraf, war sie plötzlich etwas unschlüssig geworden. »Ihr lügt doch, oder etwa nicht?«

Wie betäubt schüttelte ich den Kopf. Ich log nicht. Aber die Heftigkeit ihrer Bitte um Wahrheit erdrückte mich fast. Waren wir wirklich bereit, uns dafür zu verbürgen, daß ein Mensch, der starb, wieder leben würde? Herr, betete ich, das ist doch *bestimmt wahr*?

Die Frauen forschten in unserem Gesicht nach Bestätigung, und einen kurzen Augenblick lang kämpfte ich darum, meine eigenen Überzeugungen in den Griff zu bekommen. Es *war* die Wahrheit. Der Tod war besiegt.

»Wir täuschen euch nicht«, sagte ich. »Gott verheißt, wenn Jesus wiederkommt, werden alle, die vorher gestorben sind, mit ihm vereint werden. Das ist keine Lüge.«

Dicke Tochter der Lachenden Dame stand schnell auf. »Also gut, geht hinüber und erzählt es ihnen!« lachte sie aufgeregt. »Ihr wollt doch nicht, daß sie weiter so vergeblich weinen!«

Sie scherzte nicht. Doch wir wußten nicht, was wir tun sollten. Unsere Prophezeiung hatte einen derartig dramatischen Widerhall hervorgerufen, daß wir uns tatsächlich nicht sicher waren, welchen Eindruck wir erweckt hatten. Aber wir besaßen auch nicht die Nerven, ihr Trauern durch eine Ankündigung zu unterbrechen, die sie möglicherweise als einen Befehl an Ramón deuten könnten, auf der Stelle von den Toten zurückzukehren.

»Sie weinen jetzt so heftig«, antwortete Marty schließlich. »Wir werden es ihnen erzählen, wenn sie in unser Haus kommen.«

»Erwartet ihr vielleicht, daß *sie* in euer Haus kommen?« stieß die alte Frau erbittert hervor. »Machen trauernde Leute etwa Besuche?«

Lachende Dame äußerte gereizt ihr Mißfallen. Menschen in Trauer verlassen tagelang nicht ihre Hängematten. Niemand belästigt sie. Rücksichtsvoll läßt man sie in ihrer Einsamkeit in Ruhe, bis sie sich in der Lage fühlen, wieder mit den anderen zu verkehren. Lachende Dame hielt nicht viel von unserem Mangel an Interesse.

Warum wollten wir ihnen nicht raten, mit dem Weinen aufzuhören? Warum wollten wir ihnen nicht erzählen, daß sie Ramón wiedersehen würden?

»Erzähle du es ihnen doch!« sagte ich. »Du gehst rüber und berichtest ihnen, was wir gesagt haben. Ich fürchte mich nämlich. Ich habe Angst, Menschen anzusprechen, wenn sie so furchtbar weinen.« Damit standen wir auf.

»Macht euch nichts daraus!« murmelte sie. »Ich fürchte mich auch.«

Wir liefen schnell nach Hause, verwundert über die Aufregung, die wir hinterlassen hatten. Auch fragten wir uns, ob es richtig gewesen wäre, die Trauernden zu unterbrechen oder nicht.

Wir waren noch nicht lange daheim, als einige Männer zu unserem Haus herunterliefen. Es waren dieselben zwei, die vorher gekommen waren, um uns von Ramóns Tod in Kenntnis zu setzen. Sie riefen nach Wally und fragten ihn, was wir den Frauen im Dorf erzählt hätten.

»Wenn Jesus wiederkommt, wird der Junge bei ihm sein, lebendig und gesund. Das haben sie ihnen gesagt«, antwortete Wally.

Der jüngere Mann war ganz außer sich. Seine Augen funkelten wild, und seine Stimme zitterte.

»Wie meinst du das?« fragte er unsicher. »Werden wir ihn als Geist sehen oder als richtigen Menschen?«

»Als einen Menschen«, gab Wally zur Antwort. »Er wird so sein wie du und ich, nur unzerstörbar, ewig. Keine Krankheit kann ihm mehr schaden.«

»Ihn wiedersehen?« redete der junge Mann weiter. Er war der Hysterie nahe. »Hier werden wir ihn sehen? Bei uns? Direkt hier, wo wir sind? Können wir ihn wieder anfassen? Können wir ihn berühren? Kann ich ihn festhalten, damit er nicht wieder fortgeht? So wie jetzt?« Fest griff er nach Wallys Arm und schüttelte ihn wild. Wally schaute mich so seltsam an. Allmählich empfand er die gleiche Bestürzung wie Marty und ich im Dorf. Er wandte sich wieder zu dem Fragesteller um. »Natürlich«, versicherte Wally ihm, »du wirst ihn genauso erleben, wie er jetzt hier war. Du wirst ihn sehen, mit ihm sprechen, immer mit ihm zusammensein.«

Der junge Mann beruhigte sich und schaute fragend auf David. Was meinte er wohl dazu? Glaubte er vielleicht an eine so phantastische Geschichte?

»Bruder«, flüsterte David, »ist das wirklich wahr? Wird es so sein wie bei Lazarus, der ins Leben zurückkam, als Jesus ihn aus dem Grab rief?«

Wally nickte, und David sagte ein paar Augenblicke lang überhaupt nichts. Er gab sich redlich Mühe, das für wahr zu halten. Die wohltuende Vorstellung von einem geistlichen Reich war eine wunderschöne Aussicht im Vergleich mit dem ruhelosen, grausamen Leben nach dem Tod, das sie immer vor Augen gehabt hatten. Der Gedanke, daß die Ewigkeit bei Gott Menschen ein vollkommen glückliches Leben anbot, war schon überwältigend.

Endlich nickte David mit dem Kopf. Es war die Wahrheit.

»Aber heute sind wir trotzdem traurig«, brachte er als Entschuldigung hervor. Er hielt Wallys Arm fest und suchte in seinen Augen nach Verständnis. »Obwohl du uns das alles erzählt hast, können wir doch nicht aufhören zu weinen.«

»Wir sind auch traurig«, gab Wally zu verstehen, »und wir weinen, wenn wir auch wissen, daß wir Ramón eines Tages wiedersehen werden.«

Mit einem Gemurmel stimmte David ihm zu. Eine Weile blieben sie stumm. Dann verabschiedeten sich die zwei Männer höflich und kehrten ins Dorf zurück.

Wally saß am Tisch und dachte darüber nach, wie unsere indianischen Freunde auf die Neuigkeiten vom ewigen Leben reagiert hatten. Deutete ihre hysterische Aufregung darauf hin, daß wir ihnen das Evangelium nicht verständlich weitergaben, oder hatte unsere Vertrautheit mit der biblischen Lehre unser eigenes Verhalten gegenüber dem Wunder des Himmels abgestumpft? Hatte diese Vertrautheit die auf Sieg gerichtete Hoffnung herabgedrückt auf das Niveau nüchterner Theologie?

Der Tag schleppte sich langsam und trostlos dahin, und da die Dorfbewohner bei ihren Hängematten blieben, war unser Haus bei Einbruch der Nacht leer. So beschlossen wir, früh zu Bett zu gehen. Aber wir waren noch wach, als eine Frau leise an unserem Fenster rief und um Einlaß bat.

Ich tastete mich zur Tür und ließ drei Frauen herein, die in dem trüben Schein ihrer brennenden Holzscheite kaum zu unterscheiden waren. Als sie zögernd in die Mitte schritten, konnte ich kaum meinen Augen trauen. Es waren Doré, die Gott ihr Herzeleid geklagt hatte, mit ihrer Mutter und ihrer Schwester. Der Sitte entsprechend hatten sie daheim ihren Kleinen beweinen müssen. Von allen Leuten hätten sie am wenigsten das Dorf verlassen und sich über ihren Verlust mit Fremden aussprechen dürfen.

»Setzt euch auf die Bank!« schlug ich ihnen vor. »Ihr seid alle müde.«

Ruhig ließen sie sich neben mir nieder, und nach einem Augenblick fing die alte Frau an zu sprechen.

»Kleine«, sagte sie, »ist es wahr? Was du den Leuten erzählt hast, ist das wirklich wahr?«

In meinem Kopf drehte sich alles. Irgend jemand mußte den Mut gehabt haben, der mir gefehlt hatte, und Ramóns Familie einen Hoffnungsstrahl gebracht haben.

»Es ist wahr«, sagte ich. »Ihr werdet ihn wiedersehen. Es gibt keinen Zweifel daran, daß er dem Herrn angehörte. Er ist jetzt schon bei Jesus.«

Sie nickten schweigend, und ich fuhr fort: »Ihr müßt nicht weinen, weil der Tod ihn geholt hat. Das ist nur sein Körper, der so oft krank war.«

Doré pflichtete mir lebhaft bei. »Das stimmt! Er ist weggegangen. Er ist nicht dort.« Sie langte nach meinem Arm. »Jesus kommt doch bald wieder, nicht wahr? In dem Lied, das wir immer singen, heißt es, er kommt bald wieder.«

»Ich weiß das nicht«, antwortete ich. »Niemand weiß, wie bald das sein wird. Jesus lebt in der Ewigkeit und ist nicht in Eile, so wie wir immer.«

Dabei hatte ich nicht viel Hoffnung, daß sie mich verstand, und ich war auch nicht ganz sicher, ob ich es überhaupt tat.

Sie begann leise zu weinen und stimmte ein anderes Gebet an: »Komm bald wieder! Wir haben Sehnsucht nach unserem Kleinen. Komm schnell wieder! Bruder, komm bald!«

»Ich möchte noch etwas fragen«, flüsterte die alte Frau, als Dorés Singsang in einem trauernden Summen verklang. »Wenn Jesus ihn wieder zum Leben bringen wird, ist es dann nicht besser, daß ich seinen Leib nicht verbrenne? Soll ich ihn wohl in seiner Hängematte lassen?«

»Du kannst ihn verbrennen«, sagte ich, so sanft ich konnte. »Er bekommt einen neuen Körper, einen kräftigen und unverwüstlichen. Hab' keine Angst, den Leib in der Hängematte zu verbrennen! Er ist vergänglich.«

Sie stand auf, weinte leise und nahm das brennende Holzscheit in die Hand, das sie neben der Tür stehengelassen hatte.

»Ich bin immer noch am Überlegen«, begann sie zögernd. »José sagt: ›Täuscht euch nicht!‹ Er behauptet, daß wir Ramón nie wiedersehen werden. Wenn man Gott glauben könnte, hätte er den Jungen gar nicht erst sterben lassen.«

»Mach dir keine Gedanken über Josés Gerede!« antwortete ich leise. »Er begreift das noch nicht. Gott hat nicht gesagt, wir würden niemals krank werden und nicht sterben. Vielmehr sagt er, daß die ganze Welt wegen der Sünde sterben muß. Aber er hat uns ein neues Leben verheißen, wenn unsere Herzen rein sind.«

»Margarita«, flüsterte Doré – mit einer Hand faßte sie schon nach der Tür – »was du sagst, ist wahr. Wir werden ihn wiedersehen. Gott betrügt uns nicht. Aber eben jetzt können wir nicht aufhören zu weinen. Der Schmerz ist zu groß.«

Mit leiser Stimme bekundete ich mein Verständnis dafür. Zu gern hätte ich ihnen klargemacht, daß sie nicht in dem Maße überwältigt waren, wie sie es annahmen. Die hoffnungslose Endgültigkeit früherer Todesfälle trat nirgendwo mehr in Erscheinung. Der Tod hatte seinen Stachel verloren.

Kleine Wellen

Der Tod Ramóns erstreckte sich in seiner Wirkung allmählich auf das ganze umliegende Gebiet. Es war wie mit dem sich ständig erweiternden Kreis kleiner Wellen, der durch einen ins Wasser geschleuderten Kieselstein erzeugt wird. In den ersten Tagen, die auf Ramóns Tod folgten, war unsere Veranda gedrängt voll von Menschen. Aus dem Stegreif hatten wir Versammlungen mit dem Thema der Wiederkunft Christi anberaumt. Wir wie auch die Shadles waren überwältigt von dem beharrlichen Verlangen unserer Freunde nach Bibelstunden.

Die Schamatali-Leute mühten sich darum, die geheimnisvolle Botschaft zu enträtseln, die dem Tod die Hoffnungslosigkeit genommen hatte. Sie kamen zu dem Schluß, sie weder annehmen noch ablehnen zu können.

Besucher aus dem Balafili-Tal stellten sich ein. Sie forschten nach der Bestätigung verwirrender Gerüchte, die durch den Dschungel gedrungen waren. Diese Gerüchte betrafen eine leibliche Auferstehung von den Toten.

Auch Miguel veranlaßte seine Leute, über das Grasland mit der Absicht zu ziehen, in der Nähe zu zelten.

Er kam zur Mittagszeit an, führte eine große Gesellschaft von Freunden und Verwandten in die Veranda und wies ihnen ruhig ihre Plätze auf dem Fußboden zu.

»Bruder! Wally!« rief er über die Trennwand hinweg. »Wir sind alle hier! Auch die Frauen! Komm und unterhalte dich mit uns! Erzähle uns etwas!«

Wally gesellte sich zu ihnen und überblickte die Menschenmenge, die den Raum füllte. Miguel ergriff ihn am Arm und zog ihn neben sich auf eine Bank.

»Wally«, sagte er mit einer vorsichtigen Bezugnahme auf den Tod des Jungen, »erzähle uns, was passiert ist! Was sagst du den Leuten?«

»Meinst du, was das Weinen von neulich betrifft?« fragte Wally und vermied höflich das Wort *Tod*.

Sie nickten mit dem Kopf und drängten sich näher heran.

»Wally«, flüsterte Miguel eindringlich, »wir möchten wirklich etwas lernen. Erzähle uns alles! Wir gehen nicht eher heim, bis auch die Schamatali-Leute abreisen. Wir bleiben und nehmen mit allen anderen an den Versammlungen teil. Wir wollen den Herrn finden.«

Sie schenkten uns ihre ungeteilte Aufmerksamkeit, konzentrierten sich auf die Botschaft mit dem entschiedenen Bemühen, sie zu verstehen, und unterbrachen Wally, um alle die Fragen zu stellen, die ihnen dabei in den Sinn kamen. Dann schlug Miguel vor, Wally solle sie im Beten unterweisen. Sie wollten keine Zeit mehr vergeuden. Ihre Entscheidungen hatten sie getroffen und waren jetzt bestrebt, ihre Übergabe mit ihrem gesprochenen Wort zu besiegeln. So neigten sie ihren Kopf, und einer nach dem anderen stellten sie sich ihrem Schöpfer.

Drei Tage lang vereinten sich die Bewohner aus Miguels Dorf mit den anderen auf der großen Steppe in der Teilnahme an ständig aufeinanderfolgenden Versammlungen. Am Ende eines jeden Tages blieben wir angenehm müde zurück. Aber schließlich nahm das Tempo doch ab, und alles lief wieder im normalen Takt des täglichen Lebens. Auf die eine oder andere Art hatte das Bedürfnis nach geistlichem Verständnis Befriedigung gefunden. Im Herzen einiger war das Verlangen nach Gewißheit des ewigen Lebens durch die persönliche Annahme des Evangeliums gestillt worden, bei anderen dagegen durch die Ablehnung abgeflaut.

Dann entschieden die Schamatali-Besucher, es sei Zeit zur Abreise, und wieder einmal wurden wir von den hektischen Bräuchen, die auf der großen Steppe herrschten, eingeholt. Anderthalb Wochen hatten die Schamatalis in der Nähe gezeltet, und nachdem sie die vorhandenen Nahrungsmittel aufgebraucht hatten, mußten sie in ihr Dorf zurückkehren. Es widerstrebte ihnen, wie Hunde weggejagt zu werden. Deshalb versuchten sie, einen würdevollen Auszug zustandezubringen. Also forderten sie ihre Gastgeber zu einem vorgetäuschten Kampf auf der Landebahn heraus.

»Ein Kampf?« fragten wir, als David uns von ihrem Vorhaben unterrichtete. »Ihr wollt euch gegenseitig bekämpfen?« Wir hielten das nicht für einen geeigneten Abschluß ihres Besuchs. »Gott sagt, ihr sollt eure Nachbarn als Freunde behandeln.«

»Das tun wir doch!« grinste er. »Wir nehmen zu diesem Kampf keine Bogen und Pfeile mit.«

Die Vorbereitungen dafür waren denkbar einfach. Das Steppengras wuchs in Büscheln, so ineinander verflochten, daß es sich in einem Stück aus dem Boden reißen ließ. Diese Büschel bildeten einen festen Klumpen aus Dreck und Wurzelwerk, leicht zu handhaben und doch nicht so verheerend, daß damit jemand verletzt werden konnte. Die Krieger rannten durch das hohe Gras, holten ihre »Munition« zusammen und legten ihre Beute an den Seitenlinien nieder, wo die Frauen und alten Männer als Zuschauer standen. Die Kinder halfen aus, wo sie nur konnten, und als man den Vorrat an Munition für ausreichend hielt, begann der Kampf.

Sie teilten ihre Streitkräfte in zwei Gruppen ein, eine große und eine kleine. Die größere Abteilung nahm es gegen die »Heimmannschaft« auf, und die kleinere griff die Männer aus Miguels Dorf an. Die Linien waren schlecht gekennzeichnet. Aber der Schein einer gewissen Ordnung wurde durch die kleinen Mannschaften gewahrt, die an einem Ende des »Schlachtfeldes« von tapferer Kriegführung in Anspruch genommen waren, und durch die großen Mannschaften, die auf der gegenüberliegenden Seite »Artillerie« gegeneinander aufführten. Die Krieger gehörten in Paaren zusammen, und nur gelegentlich trat jemand beiseite, um einen Schlag rächen zu helfen, der einen Verwandten getroffen hatte. Dann konnte er seine eigene Privatschlacht weiterführen.

Die Rufe und Schreie waren überall auf der Steppe zu hören. Darum dauerte es nicht lange, bis das ganze Dorf erschienen war, um sich irgendwie zu beteiligen – entweder durch Kämpfen, durch Sammeln von Erdklumpen, durch ermutigende Zurufe oder durch das Bewachen von Munitionsstapeln. Andere, die keine Begeisterung für die Abschiedsvorstellung der Schamatalis aufbringen konnten, hockten sich auf die Seitenlinien und beobachteten den Fortgang der Kämpfe mit untätiger Gleichgültigkeit.

Einige der Zuschauer fingen an, abwechselnd beide Seiten anzufeuern. Allmählich stellten sich die guten und die weniger guten Kämpfer heraus, und ein Generalangriff wurde auf die Beweglichsten unter ihnen gestartet, denen es bis jetzt gelungen war, unverletzt zu bleiben.

»Fangt den dort! Fangt den dort!« schrien die alten Männer ihren jüngeren Verwandten zu und zeigten wie toll auf ihre ausersehenen Opfer. »Bis jetzt hat ihn noch keiner getroffen.«

»Nein, den nicht!« riefen dann andere gellend. »Er ist schon zweimal verletzt worden. Nehmt diesen!«

Die Leute gerieten allmählich in Wut. Sogar die Menschenmassen an den Seitenlinien begannen, sich gegenseitig anzubrüllen. Grünhemd schritt auf das Kampffeld und gebot Einhalt. Einige folgten ihm an den Rand des Feldes, andere aber kämpften weiter. Ein paar hitzige Jugendliche der Schamatalis machten lautstark ihre Forderung geltend, den Kampf mit stumpfen Pfeilen fortzusetzen. Aber die älteren Männer auf beiden Seiten entschieden, es sei besser aufzuhören, solange sie noch Freunde waren.

Die Kinder brachten eine halbe Stunde damit zu, die Überbleibsel von der Landebahn zu beseitigen. Nachdem sich jeder in sein eigenes Heim zurückgezogen hatte, wanderte Enrique allein zu unserer Veranda. Es war das erste Mal, daß er sich bei uns einstellte, seit er von den nördlichen Dörfern zurückgekehrt war und seinen kleinen Bruder tot vorgefunden hatte. Sein Gesicht war immer noch von Tränen gezeichnet.

Er saß mit Wally auf der Bank. Einen Augenblick lang sagte keiner etwas.

»Du weißt ja«, begann Enrique schließlich, »ich bin traurig gewesen.« Er lehnte sich vor, stützte seine Arme auf die Knie und betrachtete eingehend den Boden zwischen seinen Füßen. »Ich kann einfach nicht mehr froh sein. Ich kann auch nicht beten.«

»Wir beten für dich«, versicherte Wally ihm. »Gott wird dein Herz wieder stärken. Er will dich nicht verlassen.«

Für wenige Minuten herrschte drückende Stille, ehe Wally fortfuhr: »Enrique, haben die anderen mit dir gesprochen, haben sie dir gesagt, daß du Ramón wiedersehen wirst?«

Er musterte Wallys Gesicht, dann nickte er. »So ist es also wahr? Wann wird Jesus wiederkommen?«

»Das kann noch lange dauern«, sagte Wally. »Vielleicht mußt du eine ganze Zeitlang voller Sehnsucht warten. Aber trotzdem ist es wahr.«

»Du hast recht«, seufzte Enrique. »Ich weiß ja, daß es wahr ist. Wenn ich an den Himmel denke, weicht mein Kummer, obwohl ich den Wunsch habe, traurig zu sein.«

Müde legte er seinen Kopf in seine Hände. »Manche haben gemeint, ich würde jetzt aufhören, dem Herrn nachzufolgen. Ich würde so zornig sein, daß ich nie mehr betete.« Langsam schüttelte er den Kopf, als ob er ihre Logik nicht so ganz verstehen kann. »Wie könnte ich das tun?« fragte er verwundert. »Wo würde ich jemals wieder so einen wie Gott den Herrn finden?«

Samuel traf aus dem Balafili-Tal ein und machte am Haus halt, ehe er ins Dorf weitereilte.

»Wally, wo bist du?« rief er über die Trennwand. »Ich bin da! Eben angekommen. Mach schnell! Ich hab's eilig. Es wird schon dunkel!«

Während er auf Wallys Erscheinen wartete, knüpfte er das Päckchen auf, das um seinen Hals hing, und zog eine kleine Dose mit Geld heraus. Er verweilte nur lange genug, um Wally überschwenglich zu umarmen. Dabei ließ er seine wenigen Münzen auf die Trennwand plumpsen.

»Hier!« sagte er und ordnete sie schön nach ihrer Größe, »das ist alles, was ich habe. Drei Baby- und zwei Muttermünzen. Wie viele Bücher kann ich dafür kaufen?«

Wally langte nach einem Stapel Bücher auf einem Regal hinter ihm und reichte sie über die Trennwand. »Nimm, welche du willst! So viele kannst du haben.«

Er bewegte vier Finger vor Samuels Gesicht. Samuel nickte und durchblätterte glücklich die angebotene Auswahl. Dann entschied er sich für die biblischen Geschichten, die er am besten kannte. Sein Geld hätte für mehr als vier Bücher gelangt, aber wir hatten gelernt, daß es klug war, immer etwas Kleingeld zurückzugeben. Wie stets erinnerte Samuel uns an seinen Bedarf an einigen zusätzlichen Exemplaren, ehe er in sein Dorf zurückging.

Wally sammelte die Münzen ein und steckte die meisten in die Tasche. Eigentlich erhoben wir nur der Form halber eine gewisse Gebühr für die Bücher. Ein kleiner Unkostenbeitrag garantierte, daß wir kein zerknülltes Papier auf den Wegen verstreut finden würden.

»Hier«, sagte Wally und machte sich über die bei den Indianern übliche Bezeichnung von großen und kleinen Münzen lustig, »du kannst eine Muttermünze behalten.«

Samuel bemerkte die Belustigung in Wallys Stimme und gab sich Mühe, das Gesicht nicht zu verziehen. »Stecke sie eben in die Büchse zurück!« befahl er nüchtern. »Vielleicht bekommt sie dort Junge.«

Dann beugte er sich über die Trennwand, um an den Stapel Bücher zu gelangen, der auf das Regal zurückgestellt worden war. »Wally«, fragte er, »wieviel würde es kosten, alle diese Bücher zu kaufen?«

»*Alle?*«

»Wir brauchen alle, die du hast!« nickte Samuel. »Jeder fragt danach. Wir haben schon alle, die wir besaßen, weggegeben.« Dann erzählte er weiter. Er und seine Leute hatten aus eigenem Antrieb sieben Dörfer besucht, in dem Bemühen, dort das Evangelium auszubreiten. Sie waren sogar in das feindliche Dorf zurückgewandert, in das Samuel Monate früher Paul Dye und Wally geführt hatte. »Manchmal vergessen wir den Text der Lieder«, gab er zu. »Aber dann singen wir eben unseren eigenen Text.«

Niemand in Samuels Dorf konnte lesen oder schreiben, aber das hinderte die Leute nicht im geringsten. Durch aufmerksames Betrachten der bildlichen Darstellungen konnten sie den Geschichten folgen.

Samuel las das Interesse, das in Wallys Augen funkelte, und ging mit einer typischen lautstarken Beschreibung ihrer evangelistischen Anstrengungen darauf ein.

»Wir alle haben uns fein herausgeputzt«, lachte er, »mit Perlen, Federn, Kleidern.« Er zog an einem nur in der Phantasie vorhandenen Paar Hosen und rückte einen unsichtbaren Hut gerade. »Dann schnappten wir uns einen großen Stapel Bücher, wickelten sie in Bananenblätter ein, um sie vor Nässe zu schützen, und los ging's, den Leuten alles über Gott beizubringen.«

»In Ordnung«, lächelte Wally. »Aber was habt ihr ihnen nun gesagt, als ihr dort hinkamt?«

»Alles, was ihr *uns* erzählt habt«, antwortete Samuel lachend, als er das Paket auf seinem Rücken zurechtschob und Bogen und Pfeile aufsammelte. »Ich muß jetzt gehen«, sagte er. »Es ist schon dunkel. Morgen früh bin ich wieder da.«

»Schon gut«, antwortete Wally. »Geh nur schnell!«

Samuel verbrachte den Abend in Enriques Hütte, und die Unterhaltung rund ums Lagerfeuer drehte sich um die Möglichkeit, das feindliche Dorf mit dem Evangelium zu erreichen. Der Plan wurde überraschend gut aufgenommen, wenn man bedenkt, daß diese Menschen nur wenige Monate vorher noch bereit waren, Feuer vom Himmel auf ihre Feinde herabzurufen. Als Enrique und Juan begriffen, daß Samuel bereits damit begonnen hatte, dieses Gebiet mit anderen aus seinem Dorf zu besuchen, boten sie sich an, ihn auf der nächsten Reise zu begleiten.

Nicht jeder ging mit der gleichen Begeisterung auf diesen Vorschlag ein. Die Frauen weinten sich in den Schlaf, und Timotheus brachte einen ermüdenden Abend damit zu, ihnen derart tollkühne Pläne auszureden. Das Thema wurde immer noch erörtert, als eine Anzahl von ihnen bei unserem Haus erschien, um Samuel dabei zu helfen, sein restliches Geld auszugeben.

»Ich weiß nicht«, grübelte Samuel und überdachte die auf ihn zukommende Verantwortung, falls etwas schief ginge, wenn er mit Enriques Leuten in dem feindlichen Gebiet ankam, »vielleicht sollte ich erst noch ein paarmal mit meinen Brüdern dorthin zurückkehren, ehe mich jemand von euch begleitet. Vielleicht solltet ihr jetzt noch nicht mitkommen.«

Es folgten einige Augenblicke nachdenklichen Schweigens, bevor Enrique antwortete.

»Richtig«, willigte er ein, »geh nur ohne mich los! Vielleicht nimmt Wally mich später mit.«

Alle Augen richteten sich auf Wally, um zu erfahren, ob das seine Zustimmung fand. Er und Paul Shadle unternahmen regelmäßige monatliche Reisen in das feindliche Dorf. Niemals aber hatten sie einen derart drastischen Gedanken in Betracht gezogen, irgend jemanden von der großen Steppe zu ihrer Begleitung aufzufordern. Wally verhielt sich zögernd. Er teilte Samuels Unbehagen, eine solche Verantwortung zu übernehmen.

»Was ist, wenn sie dich erschießen?« fragte Wally Enrique. »Was sollte ich dann deiner Familie sagen, wenn ich ohne dich zurückkäme?«

»Wie meinst du das?« wollte Enrique wissen. Er war ein wenig verwirrt. »Ich würde doch nicht immer tot bleiben, nicht wahr?«

»Nein, natürlich nicht. Aber die Menschen weinen dann vor lauter Sehnsucht.«

»Ja, ganz recht, sie würden weinen«, gab Enrique zu. »Wenn du mir rätst, jetzt noch nicht dorthin zu gehen, warte ich eben. Aber ich habe keine Angst davor. Ich fürchte mich nicht zu sterben. Sie können mich nicht auf ewig vernichten.«

Samuel nickte. Er war erleichtert, daß Enrique bereit war, auf seinen Rat zu hören. »Warte also bis später!« sagte er. »Wir werden weiterhin allein hinwandern und sie schon überzeugen. Wir bleiben dran. Allmählich gehen sie schon ein wenig auf unsere Botschaft ein.«

Keiner der anderen zeigte sich besonders beeindruckt von Samuels abschließender Erklärung. Aber Wally und ich blickten uns erstaunt und ungläubig an.

»Stimmt das?« rief Wally aus und wandte sich an Samuel. »Was sagen sie dazu?«

Samuel zuckte die Achseln. »Oh, sie meinen, Christen würden sie gern werden und dann auch mit dem Kämpfen aufhören.«

»Sie lügen!« zischte Timotheus und beugte sich vor, um Wally seine Überzeugungen fest einzuhämmern. »Die hören *nie* mit dem Kämpfen auf!«

»Lügen sie?« wollte Wally von Samuel erfahren.

»Wie soll *ich* das wissen?« antwortete er verlegen. Keiner konnte es sich nämlich leisten, zu sehr von der Möglichkeit beeindruckt zu sein, daß das feindliche Dorf die christliche Botschaft annähme. Vorzeitig die Wachsamkeit aufzugeben, könnte verhängnisvoll werden.

Josés Finger besserte sich nicht. Die schwarzgewordene Spitze faulte ab. José betrachtete das Ganze mit Unbehagen und fragte sich, wie das enden sollte. Als ein Arzt, der auf Besuch war, den Finger untersuchte und zur Amputation riet, erhob José keinen Einwand. Er hatte den durch andere Schlangenbisse verursachten Schaden gesehen und war bereit, einen Finger zu opfern, um die Hand zu retten. Aber nichtsdestoweniger fühlte er sich doch erleichtert, als der Doktor feststellte, daß er seine chirurgische Ausrüstung nicht bei sich hatte. José wurde eine Woche gewährt, sich seelisch auf die Tortur vorzubereiten. Dann würde der Doktor mit den erforderlichen Instrumenten wiederkommen.

Als wir uns klarmachten, daß das Flugzeug hier in einigen Tagen landen würde, besprachen Paul und Wally einen Plan, den sie schon oft erörtert hatten. Dann entschlossen sie sich, die Möglichkeit zu überprüfen, einige Männer zum Besuch eines Stützpunkts im Tiefland auszufliegen. Dort nämlich hatte das Evangelium unter einer besonderen Gruppe von Yanoamös an dem Padamo-Fluß schon festen Fuß gefaßt.

Joe und Millie Dawson, unsere Missionarskollegen in diesem Gebiet, fragten die Gläubigen dort nach ihrer Bereitschaft, eine solche Expedition zu beherbergen. Über das Radiofunkgerät riefen sie uns zurück und berichteten, der Vorschlag sei begeistert aufgenommen worden.

Als sich Gerüchte über dieses Vorhaben auf der Steppe verbreiteten, hätten wir leicht eine DC-3 mit den Bewerbern füllen können, die sich mit vollem Ernst verpflichteten, für immer Christen zu sein, wenn wir sie nur auf einem Flug in der Maschine mitnähmen. Sogar José war bereit, ein solches Versprechen für ein spannendes Erlebnis von so hohem Ansehen zu riskieren!

Vier Männer wurden ausgewählt und mit der fragwürdigen Auszeichnung bedacht, in ein fremdes Dorf auszufliegen: David, Enrique, Davids älterer Bruder und ein Vertreter aus Miguels Dorf, der unter dem Namen »Netter Kumpel« bekanntgeworden war. Eine Zeitlang waren sie hin- und hergerissen zwischen der Freude an ihrer Wahl und der Furcht, diese anzunehmen. Aber bald entschlossen sie sich zu gehen, obwohl das für sie einer Reise in den »Weltraum« gleichkam – in ein unbekanntes Gebiet, wo sie auf die Barmherzigkeit fremder Menschen angewiesen wären. Keine leichte Überlegung für Leute, die herkömmlicherweise allem Neuen argwöhnisch gegenüberstanden. Wally sollte sie begleiten, während Paul auf der großen Steppe zurückblieb, um dem Arzt, den wir erwarteten, zu assistieren.

Die Familien der vier Männer trafen fieberhafte Vorbereitungen. Als der Abreisetag heranrückte, wurden wir mit Angeboten überhäuft, jede Arbeit zu verrichten, die wir uns nur irgendwie für sie ausdenken konnten. Mit geballter Anstrengung versuchten sie, Geld, Kleidung, Seife und Bücher zu erwerben, damit ihre Verwandten am Zielort ihrer Reise keinen »unzivilisierten« Eindruck machten.

Spät an einem Nachmittag kam das Flugzeug an, und am folgenden Morgen versammelte sich eine Menschenmenge, als die Sonne noch tief am östlichen Himmel stand. Die Verwandten der Reisenden waren hin- und hergerissen zwischen Glück und Verzagtheit. Die Reise hörte sich wie ein Ausflug an, aber wer konnte sagen, was vielleicht passieren würde? Möglicherweise waren die Flugzeuge einfach nur auf die Bedürfnisse der Fremden eingestellt, oder vielleicht würden die Tiefland-Indianer einen der Besucher vergiften. Was war, wenn sich die Leute vom Padamo-Fluß gegen sie richteten und sich die Tatsache zunutze machten, daß die Besucher sich in so kleiner Anzahl befanden? Eine Stunde vor der planmäßigen Abflugzeit marschierten die vier nervösen »Astronauten« mit einem Riegel Seife ausgerüstet hintereinander zum Fluß hinunter. Der Hof war gesteckt voll mit ihren Freunden und Verwandten. Die älteren von ihnen baten uns unter Tränen, daß wir ihnen versprechen, alles würde gut gehen, und die jüngeren legten begeistert neue Kleidungsstücke auf dem Gras aus.

Die vier ordentlich abgeschrubbten berühmten Personen kehrten vom Fluß zurück, setzten sich auf Pflöcke und begannen, sich peinlich genau herauszuputzen. Feuchtes Haar wurde geglättet, Ohrringe wurden zurechtgerückt und Perlen, Kordeln, Hemden und Hosen unter Mithilfe der ganzen Versammlung angelegt und angezogen. Schließlich fanden sie sich in ihrer ganzen Pracht neben dem kleinen roten Flugzeug ein. »Oh, was sollen wir mit unseren Bogen und Pfeilen machen?« wollte David wissen. »Das Flugzeug sieht zu klein aus.«

Wally erklärte ihnen, die müßten sie zurücklassen. Daraufhin erfaßte die zusammengeströmten Menschen eine leichte Aufregung, und sie begannen, andere Möglichkeiten zu erörtern.

»Ich renne heim und hole dir ein Buschmesser«, rief ein kleiner Junge einem der Männer zu. »Die sind kleiner.«

Die anderen Männer trippelten eilig umher und erbettelten und entliehen Gegenstände von der Menschenmenge. Aber David hatte nicht viel Erfolg.

»Bruder! Wally!« bat er verzweifelt, »leihe mir ein Buschmesser! Dann will ich um nichts mehr bitten. Was kann ich tun? Ich kann doch nicht mit leeren Händen ankommen!« Also borgte Wally ihm ein Buschmesser. Sobald alle etwas fest mit ihren Händen umklammert hielten, strafften sie ihre Schultern, um dem entgegenzusehen, was auch immer vor ihnen liegen mochte. Jim Hurd, unser neuer Pilot, gab das Kommando »Alle an Bord!«, und die vier kletterten vertrauensvoll in das Flugzeug. Durch die Fenster schauten sie besonnen auf ihre trauernden Angehörigen.

»Wally«, flüsterte Enrique, »frage Jim, ob er Sprit eingefüllt hat! Wir möchten nicht, daß die Maschine an Durst stirbt, wenn wir dort oben sind.«

Jim versicherte ihm, alles sei in Ordnung. Er beendete seine Kontrolle vor dem Abflug und kletterte hinein. Jetzt war es Zeit fürs Gebet. Alle neigten wir unsere Köpfe, und David bat Gott, den Wind und den Regen wegzuschicken und die ganze Gesellschaft zu bewahren. Die Tür schlug zu, der Propeller begann zu surren, und bald rollten sie die Landebahn hinab und erhoben sich in die Lüfte.

Ich hatte meine Aufmerksamkeit auf Wally und die anderen im Flugzeug gerichtet und war nicht auf den Anblick vorbereitet, der sich mir bot, als ich mich zum Haus zurückwandte. Kein einziges lächelndes Gesicht war zu sehen. Junge und Alte, Männer ebenso wie Frauen und Kinder, hatten sich dem Haus entlang aufgestellt und schluchzten. Davids Vater legte zitternd seine Hand auf meine Schulter und drehte mich zu sich um.

»Kind«, flüsterte er unter Tränen, »werden sie meinen Söhnen Freundschaft erweisen? Sie werden doch wohl keinen Kampf beginnen, oder? Oh, ich bin so traurig und verlassen!«

Sobald sich die Menschenmenge zerstreute, ließen wir uns im Labor nieder, um unsere Tätigkeit aufzunehmen. Paul und ich arbeiteten als Vermittler zwischen dem Doktor und José.

Josés Verwandte brauchten nicht lange, um sich rund um das Krankenrevier zu versammeln. Hier kamen ihnen die breiten Fliegenfenster zunutze, die eine direkte Einsicht in die Vorgänge erlaubten. Sie weinten voller Mitgefühl, als der Arzt José näher heranwinkte.

José nahm am Tisch Platz, dem Chirurgen gegenüber, und hielt ihm zitternd seine Hand zur Untersuchung hin. Er war mit kaltem Schweiß bedeckt. Paul und ich setzten und je an eine Seite neben José, um ihn moralisch zu unterstützen. Er zuckte zusammen, als der Doktor in das verfaulte Fleisch hineinstieß, und beobachtete ängstlich die Vorbereitung einer Injektion zur Betäubung des Operationsgebiets. Einen Augenblick später prüfte der Arzt mit der Spitze seines Messers die Wirkung der Spritze, und José beeilte sich, ihn wissen zu lassen, daß er den Schmerz immer noch fühlte. Der Arzt wartete eine Minute und versuchte es noch einmal – mit demselben Ergebnis.

»Er spürt überhaupt nichts«, lächelte er und stach etwas tiefer hinein. »Er hat einfach nur Angst.« Die Frauen am Fenster schrien vor Entsetzen, und José heftete seine Augen auf die Hand des Arztes und wappnete sich so selbst gegen die Tortur.

Zufrieden mit der Betäubung des Operationsgebietes, öffnete der Arzt einen kleinen Koffer und wählte ein winziges, scharfes Messer aus. Ich schaute zu Paul hinüber. Was sollten wir jetzt machen? José erinnerte uns hartnäckig daran, sein Finger sei noch nicht taub, und er zitterte so heftig, daß er uns beide mitschüttelte. Jammernd begannen die Frauen mit einer Beschreibung aller Schneideinstrumente des Arztes, und José schwankte dabei hin und her.

Plötzlich platzte Lachende Dame herein und stürzte völlig außer sich auf uns zu. Der Arzt befahl ihr, draußen zu bleiben. Als man sie durch die Türöffnung hinauswies, schrie sie:»Halte ihn fest, Margarita! Halte ihn! Er stirbt gleich vor Angst. Paul, halte meinen Kleinen fest!«

Wir befolgten ihren Rat und drückten uns von beiden Seiten gegen ihn, stemmten uns mit aller Kraft gegen seine Schultern und hielten seine Arme fest. Augenblicklich hörte er auf zu zittern. Der Arzt entschied sich für das erforderliche Instrument, vergewisserte sich, daß die Tür verschlossen war, und beugte sich über die ausgestreckte Hand auf dem Tisch vor ihm. Gerade als er in den Finger hineinschnitt, bedeckten wir Josés Augen mit unseren Händen.

Die Frauen beobachteten, wie der Arzt das Fleisch vom Knochen schnitt, und schrien in großer Bestürzung. Dann flüsterte der Patient:»Margarita, hat er jetzt schon angefangen?« Ich atmete erleichtert auf. Der Doktor hatte recht gehabt.

»Ja, er ist bald fertig«, sagte ich leise.»Hab' keine Angst!«

Der Arzt fuhr fort damit, das Fleisch vom Knochen zu schälen, und Paul beobachtete die Operation mit der ganzen gespannten Begeisterung eines Menschen, der annimmt, er könnte vielleicht eines Tages genötigt werden, einen ähnlichen Dienst zu leisten. Ich konnte mich nicht so sachlich verhalten.

»Jetzt näht er es zusammen«, flüsterte ich kurze Zeit später.

Dann war es vorbei. Der Finger wurde in den Müll geworfen und der Stumpf mit steriler Gaze verbunden. Wir nahmen unsere Hände von Josés Augen und ließen ihn einen Blick auf das Werk des Arztes werfen.

Er nickte betäubt, wandte sich ab und sagte leise, ihm sei nicht gut.

Eine halbe Stunde lang fühlte er sich matt, aber sobald er in der Lage war, sich aufzusetzen, schluckte er ein Aspirin und machte sich ins Dorf auf.

Am folgenden Tag kehrten die Reisenden zurück. Eine glückliche Menge umringte sie, um Einzelheiten über ihren Besuch zu erfahren. Was waren sie jetzt doch für selbstbewußte Männer von Welt! Lässig beschrieben sie die Menschen, die sie getroffen, und die Orte, die sie gesehen hatten. Nein, natürlich hatten sie sich im Flugzeug nicht gefürchtet. Ja, natürlich waren sie freundlich empfangen worden.

Jeder trug eine Schachtel mit Geschenken, die er von seinen Gastgebern erhalten hatte – Nahrungsmittel, Pfeilspitzen, Federn. Sie übergaben sie ihren Verwandten, die sie glücklich zur Besichtigung ins Dorf wegtrugen, und die Reisenden folgten ihnen den Pfad hinunter und schilderten ihnen die Wunder ihrer Erlebnisse.

Ihre flußabwärts wohnenden Ebenbilder hatten einen merkwürdigen Haarschnitt und Häuser aus Lehmziegeln. Alle trugen sie Kleider, und sie versuchten, spanisch zu sprechen. Eine Schule hatten sie gebaut und Gewehre gekauft.

Die volle Auswirkung des Besuchs war jetzt schon zu spüren. Die Reisenden dachten über die Dinge nach, die sie gehört und gesehen hatten. Zwar waren die Tiefland-Yanoamös gewöhnliche Menschen wie sie selbst, ihre Lebensweise aber vollzog sich beachtlich unbelastet von Zauberkünsten und Kriegereien. Vielleicht war eine solche Veränderung auch für die große Steppe denkbar.

Das Dorf lebte in aufgeregter Bewegung. Die Leute hatten etwas gefunden, was sie ins Auge fassen, eine Absicht, die sie verfolgen konnten. Die Wahrscheinlichkeit, jemals einen Lebensstil wie den unsern zu erreichen, hatte für sie nie auch nur entfernt im Bereich des Möglichen gelegen. Nun aber hatten sie ein realistisches Ziel entdeckt. Sie würden sich der neuen Art ihrer Stammesgenossen aus dem Tiefland anpassen: *Das* waren richtige Menschen!

An jenem Abend rief Enrique bei Einbruch der Dunkelheit die Leute zum Gebet und zu Singegottesdiensten zusammen. Schon vorher waren sie auf den Gedanken einer morgendlichen »Gebetsrunde« gekommen. Der erste Mann, der wach wurde, pflegte dann aus seiner Hängematte heraus ein lautes Gebet zu singen. Einer nach dem anderen schlossen sie sich im Wechsel an, rund um das ganze Dorf.

Die Männer fingen an, gelegentlich Jagdtrupps aufzustellen, die ausreichende Fleischmengen herbeischaffen sollten für ein Gemeinschaftsessen am Abend, was sie flußabwärts erlebt und so schön gefunden hatten. Als die Zeit für die jährliche Erneuerung des Rundhauses gekommen war, entschlossen sich einige der kühneren Männer dazu, für sich selbst Behausungen mit vier Wänden zu bauen.

Marty und ich schlenderten zu einem Nachmittagsbesuch in Enriques Unterstand hinein, gerade zu dem Zeitpunkt, als die Männer mit Hartholzpfählen für die neuen Häuser aus dem Dschungel heimkehrten. Sie ließen sie zu Boden fallen, rieben ihre wunden, steifen Schultern und zeigten dabei stolz auf die Grenzlinien der neuen, vergrößerten Häuser, die zu bauen sie im Begriff waren.

Enriques Haus sollte um den alten Unterstand herum gebaut werden, in dem er noch mit seiner Familie lebte, aber es schien viermal so groß zu werden.

»Wer soll denn hier drin wohnen?« fragte ich in plötzlicher Furcht vor dem Chaos, das entstehen mußte, wenn zwischen diese vier Wände 30 oder 40 Leute hineingestopft würden.

»Gerade nur wir«, strahlte Enrique.

»Aber es ist doch so groß!«

»Allerdings, so gehört es sich doch für uns«, neckte er. »Nein, aber sieh doch! In diesem Teil schlafen meine Frau und ich mit den Kindern, mein Bruder schläft direkt hier, und meine Mutter und Schwester befestigen ihre Hängematten dort in der Ecke.« Er hatte nur die Hälfte des verfügbaren Platzes angedeutet.

»Aber wer soll hier überall schlafen?« fragte ich und beschrieb mit meinen Armen einen weiten Kreis.

»Das ist nicht zum Schlafen gedacht«, lachte Enrique. »Hier wollen wir beten. Wir haben abends nie genug Platz, in einer Runde zu sitzen und nacheinander zu beten. Immer sitzen wir viel zu gedrängt.

Wir brauchen einen besonderen Raum, um zusammenzukommen, so wie sie flußabwärts einen haben«, fügte er hinzu.

Einen Augenblick war ich wie betäubt und versuchte, mir Enriques Konzept vorzustellen.

»Marty«, unterbrach ich ihn und fiel ganz unvermutet in die englische Sprache, »hast du das gehört? Das ist ein Raum für Versammlungen, eine Kirche! Die erste Kirche, die sie jemals gehabt haben, gebaut ohne unser Geld, ohne unseren Rat und unser Wissen!«

146

Wir schauten uns gegenseitig so erstaunt an, daß Enrique über unsere Begeisterung lächeln mußte.

Die Klänge ihrer lauten Freudenkundgebungen für den Herrn Jesus Christus hielten uns oft in der Nacht wach. Ihrer sonstigen Überschwenglichkeit entsprechend, drückten sie auch noch den »letzten Tropfen Freude« aus ihren Zusammenkünften. Schließlich erregte diese andauernde Hochstimmung von seiten der Männer, Frauen und Kinder unsere Neugier so sehr, daß wir uns eines Abends entschlossen, ins Dorf zu gehen und die Sache zu untersuchen. Wir wollten uns nicht in das einmischen, was Gott tat, oder den Eindruck erwecken, unsere westlichen Gottesdienstformen seien das non plus ultra. Aber wer hatte jemals von derart bewegten Gebetsversammlungen gehört?

Eines Abends nach dem Essen machten Wally und ich uns auf den Weg ins Dorf. Eine Taschenlampe erleuchtete den Pfad vor uns, den wir hintereinander abwärts eilten. Dabei erörterten wir, wie wir es anstellen könnten, uns bei unserer Ankunft im Hintergrund zu halten.

Wir hätten uns darüber keine Sorgen zu machen brauchen. Sobald wir Enriques Haus erreicht hatten, wurden wir in eine dunkle Ecke im Rücken der Menschenmenge dirigiert. Irgend jemand bedeutete mir durch einen Wink, mich hinzusetzen, und zwar neben einen Haufen von Bananenschalen, die später auf den Müll hinter dem Dorf geworfen werden sollten. Wally bekam einen etwas ansehnlicheren Platz in einem Kreis von Männern zugewiesen.

Bis auf den Schein des Lagerfeuers war es dunkel. Ein verräucherter Winkel des Hauses war für die Frauen und Kinder bestimmt. Die Männer bildeten mehr oder weniger einen Kreis. Einige hockten auf dem Boden, andere saßen auf Feuerholzklötzen, lagen in Hängematten oder lehnten an der Wand. Immer noch kamen Leute herein, und die Menge schob sich bei der Jagd aller nach einem Sitzplatz hin und her.

Obwohl wir beschlossen hatten, uns im Hintergrund zu halten, fühlte ich mich beinahe verstimmt, als David und Enrique sich miteinander besprachen, ohne Wally um seine Meinung zu fragen. Sie kamen zu dem Schluß, jetzt sei es an der Zeit, den Gottesdienst in der üblichen Reihenfolge zu beginnen.

»Zuerst wollen wir singen!« kündigte Enrique an, und alle schauten daraufhin auf Pedro, der der anerkannte Singleiter zu sein schien. Pedro schaukelte sich in einer Hängematte, die hoch über dem Fußboden befestigt war und viel Platz ließ, so daß Leute darunter sitzen konnten. Er räusperte sich und fing an mit dem Lied »Jesus liebt mich« in der Yanoamö-Übersetzung. Die anderen fielen kräftig ein, jeder nach seinem Belieben. Alle sangen sie zwar von Anfang an das Lied mit, aber jeder in seiner eigenen Tonart. Dieses Verfahren hatte den Vorteil, daß Leute, die sich nicht mehr an den Text erinnerten, warten konnten, bis irgendein anderer ihn aussprach, um sich dann einfach anzuschließen. Bald sangen alle einen anderen Vers, und als Pedro das Lied beendete und feststellte, daß sonst keiner fertig war, fing er wieder von vorne an. Am Schluß sah die ganze Sache so aus: Statt eine bestimmte Anzahl von Versen anzugeben, die gesungen werden sollten, setzte Pedro lieber eine zeitliche Begrenzung. Wenn er der Meinung war, das Lied hätte lange genug gedauert, klatschte er in die Hände. Die Leute um ihn herum folgten seinem Beispiel, und als das Händeklatschen in jedem Winkel des Hauses zu hören war, klang der Chorgesang langsam aus.

Nach drei Liedern sah einer von ihnen die Zeit fürs Gebet gekommen. Mein Rücken wurde allmählich steif. Deshalb bewegte ich mich vorsichtig rückwärts, etwas näher an die Bananenschalen heran, in dem Bemühen, mich an die Wand zu lehnen. Da entdeckte ich, daß ich auf der Durchgangsstraße saß, die die Küchenschaben auf ihrer Reise zu dem Abfallhaufen neben mir benutzten. Schon bald zerquetschte ich die vielen Käfer, deren Weg ich unterbrochen hatte. Wütend riß ich sie aus meinen Haaren und nahm hastig meinen früheren Platz wieder ein.

David begann mit lauter Stimme zu beten, und das geräuschvolle Gemurmel und Getuschel der Frauen kam so schnell zur Ruhe, daß ich mich wunderte. Gewöhnlich waren die Frauen nicht so aufmerksam. Meine Augen stellten sich langsam auf die Dunkelheit ein, und ich warf einen verstohlenen Blick auf die Menge. Die Frauen saßen jetzt zusammengepfercht in zwei Ecken, mit schlafenden kleinen Kindern und Babys in ihrem Schoß. Nur ein gelegentliches Flüstern und Scharren war zu hören.

David dankte dem Herrn für viele Dinge und erbat seine Hilfe in bezug auf Krankheiten, Räuber, Schlangen, Dornen, kranke

Hunde, benachbarte Dörfer, Ungläubige und auch für die Familie Derek Hadley. Von Zeit zu Zeit hatten die Hadleys Berichte über die Fortschritte im Kampf um ihre Gesundheit geschrieben, und wir hatten den Inhalt ihrer Briefe immer der Gruppe mitgeteilt.

Obwohl noch alle ihre Köpfe im Gebet gesenkt hielten, begann David dann die Versammlung anzusprechen.

»Ihr, die ihr immer noch die Frauen quält, denkt ja nicht, daß ihr jetzt Christen seid, weil ihr gerade nur von Gott träumt. Ihr werdet Christen, wenn ihr Gott bittet, eure Sünden wegzunehmen. Ihr lernt Gott kennen, wenn sein Geist in euch wohnt, nicht, wenn ihr von ihm träumt.« Dann setzte er sein Gebet fort.

Andere folgten seinem Vorbild. Von Zeit zu Zeit unterbrachen sie sich selbst mit einigen Worten der Ermunterung, den Bedürfnissen besonderer Probleme angepaßt. Alle waren sie dankbar für die Hoffnung des ewigen Lebens, und viele wunderten sich darüber, daß Jesus bereit gewesen war, auf die Erde zu kommen, um die Menschheit zu erretten. Seit Ramóns Tod waren aller Augen himmelwärts gerichtet, und je mehr die Leute vom Staunen über den Himmel gepackt wurden, desto mehr verharrten sie in Ehrfurcht vor der Tatsache, daß Jesus das alles aus freiem Willen verlassen hatte.

Ihre geniale Praxis beim Beten und Predigen hatte manche Vorteile. Jeder neigte andächtig seinen Kopf, und alle die anfeuernden Zwischenrufe der Mitbeter wurden ohne Widerspruch geduldet. Es schien als selbstverständlich zu gelten, daß alle Unstimmigkeiten in Schach gehalten wurden, bis derjenige mit der gegensätzlichen Meinung in der Gebetsrunde an der Reihe war.

Ihre Gebete waren mit Bemerkungen gepfeffert, die nicht nur die Gegenwart und die Zukunft betrafen, sondern auch die Vergangenheit. Alle die biblischen Geschichten, die sie jemals gehört hatten, wurden erwähnt, und mir ging langsam ein Licht auf, weshalb ihr Gedächtnis so außergewöhnlich zu sein schien. Jede Geschichte wurde immer und immer wieder in ihren Versammlungen erzählt.

»Mein Gott und Vater«, betete einer der Männer, »meine Kinder sind krank. Als du diese Erde geschaffen hast, war sie ohne Fehler. Aber Adam und seine Frau sündigten und verdarben alles. Ich frage mich, warum Adams Frau so eigensinnig war. Wir machen ihre Art nicht nach. Wir wollen Noah nacheifern. Wenn wir in jenen Tagen gelebt hätten, wären wir auch in der Arche gewesen. Ganz bestimmt stammen wir von Noah ab und nicht von denen, die ertrunken sind.«

Als der letzte Mann gebetet hatte, standen sie eilig auf und rannten hinaus. Erschöpft erhob ich mich langsam und spannte meine Lendenmuskeln. Dann rief Enrique laut: »Also gut, ihr Frauen! Kommt jetzt in die Mitte! Ihr seid die nächsten. Bildet einen Kreis und fangt an!«

Mir sank der Mut bei der Vorstellung, erst die Hälfte hinter uns zu haben, und ich war erleichtert, daß die Frauen zu müde waren, um sehr lange zu beten. Gegen neun Uhr war die Versammlung zu Ende, und das Haus leerte sich bis auf Enriques Familie.

»Enrique«, fragte Wally, als wir aufstanden, »ist es immer so voll?«

»Natürlich!« Entzückt von unserer Verwunderung, lachte er in sich hinein. »Jeden Abend.«

Es gab ein großes Erstaunen über die Macht des Gebets. Inzwischen waren wir über zwei Jahre auf der großen Steppe. Todesfälle und Krankheiten hatten drastisch abgenommen. Yanoamö-Besucher staunten immer wieder über die Menge von Kindern, die auf der Dorflichtung spielten, und wunderten sich über die gute Gesundheit, deren sich alle erfreuten. Unsere medizinische Hilfe konnte wahrscheinlich einen Teil dieser Erfolge für sich beanspruchen. Der deutliche Rückgang an Fällen von Schlangenbiß und Verletzungen ließ sich aber nur als Gottes Werk erklären. Die Räuber waren immer noch für ihre gelegentlichen Überfälle aus dem Hinterhalt bekannt. Aber schon monatelang war niemand mehr erschossen worden. In Anbetracht der Tatsache, daß während sechs kurzer Monate im vergangenen Jahr fünf Menschen getötet oder verwundet worden waren, konnte man das doch als einen Rekord bezeichnen.

Es war Mittwochabend, also die Zeit der wöchentlichen Gebetsversammlung, zu der wir immer noch in unsere Veranda einluden. Die Sensation, die der Abend bereithielt, konnten wir nicht im geringsten ahnen. Pedro, der Singleiter, erschien als erster. Er lehnte sich zu einem freundlichen Plausch über die Trennwand, während wir darauf warteten, daß die anderen sich einfanden.

»Sah ich ängstlich aus, als ich zum ersten Mal betete?« fragte er grinsend.

»Nein!«

»Na schön, aber ich hatte Angst«, lachte er. »Ich fürchtete mich so sehr, daß meine Beine zitterten, und ich dachte, ich würde keinen Ton 'rausbringen.«

Als die Tür mit einem Knall zuschlug, wandte er sich um und ließ sich neben den anderen nieder, um mit ihnen glückliche Erinnerungen an ihre erste Gebetsversammlung auszutauschen.

Die Gesellschaft war heute ungewöhnlich groß. Auch solche unsicheren Kandidaten wie José und sein Bruder gehörten diesmal dazu.

Der hat uns gerade noch gefehlt! dachte ich, als José mit einem breiten Grinsen quer über die Veranda stolzierte. Es wäre nicht das erste Mal gewesen, daß er an einer Gebetsversammlung teilnahm, um einfach nur für reichlichen Stoff zum Lachen zu sorgen. Einmal hatte er seine Absicht, beten zu wollen, angezeigt und dann im Laufe der Versammlung Gott für Rauschgifte und Zaubereien gedankt. Dann war er in schallendes Gelächter ausgebrochen und hatte erklärt, er habe nur Spaß gemacht.

Die Versammlung nahm ihren Verlauf. Nacheinander begannen die Männer zu beten. Als der nächste vor José sein Gebet beendete, setzte sich José in Positur und bedeckte sein Gesicht mit den Händen. Ich fürchtete mich fast hinzuhören.

»Vater«, begann er zögernd, »ich habe schon früher mit dir gesprochen. Manchmal habe ich gesagt, ich wünschte es mir von dir, meine Sünden wegzunehmen. Aber das war einfach gelogen.«

Ich schluckte an einem Kloß im Hals und mühte mich ab, jedes von ihm geflüsterte Wort mitzubekommen. Konnte das möglich sein?

»In Wirklichkeit wollte ich gar nicht, daß du mich von meinem Zorn befreist. Ich wollte Menschen töten. Manchmal habe ich behauptet, mein Zorn wäre weg, und ich wollte überhaupt nicht mehr kämpfen. Aber das war auch eine Lüge.«

Alle verhielten sich schweigend, als ob keiner so recht begreifen konnte, was hier vor sich ging. Aber endlich fingen sie an, José mit leisem Gemurmel zu ermutigen, während er fortfuhr: »Diesmal will ich dir die Wahrheit sagen. Mein Herz ist sündig. Ich möchte immer noch kämpfen und töten. Ich wollte überhaupt nichts mehr mit dir zu tun haben. Aber Enrique hörte nicht auf, mit mir über dich zu sprechen. Er sagte mir, ich müßte aufrichtig zu dir sein. Wie ich eben erzählt habe, wollte ich kein Christ werden. Aber in Wirklichkeit möchte ich dir angehören. Ich möchte so glücklich und zufrieden sein wie Enrique. Ich möchte deinen Geist in mir haben.«

Herr, flüsterte ich in meinem Innern, ist das möglich? Kannst du solche Dinge vollbringen? Ich hätte keine größere Ehrfurcht fühlen können, wenn Josés amputierter Finger plötzlich nachgewachsen wäre. Verstohlen warf ich einen Blick auf Wally, der schweigend mit gesenktem Kopf im Kreis der Männer saß. Wie konnte er so ruhig und ernst dasitzen, wenn es mir danach zumute war, aufzuspringen und zu jubeln?

»Hilf mir, daß ich nicht mehr töten will!« fuhr José fort. »Nimm meinen Zorn weg und schenke mir ein friedfertiges Herz!«

Weiter und weiter betete José und sprach mit dem Herrn über seine Vergangenheit. Die Männer um ihn herum brummten ihren Beifall zu allem, was er sagte, und fügten an den geeigneten Stellen ein: »Ja, das stimmt!« Wenn immer es schien, daß er sein Gedächtnis zermarterte, erinnerten sie ihn an Sünden, die er vergessen hatte. Alle wirkten mit bei dem gewagten Unternehmen, die finstersten Ecken des Dorfes gründlich zu reinigen. Jetzt spürte ich etwas von der Freude, die vor den Engeln im Himmel sein mußte, als José eine Neuschöpfung Gottes wurde.

Der lange Weg zum Frieden

Josés langerwartetes Bekenntnis zum Glauben erfüllte jedermann mit neuer Zuversicht, daß wirklich alle Dinge möglich sind. So begannen die Indianer, Gott um freundschaftliche Beziehungen zum feindlichen Dorf zu bitten.

Aber Freundschaft wie auch Nächstenliebe mußten daheim anfangen. Gott richtete ihr Augenmerk allmählich auf ihre eigene unfreundliche Haltung ihrer Umwelt gegenüber, und dabei kamen sie zu einigen entmutigenden Ergebnissen. Wegen irgendwelcher Fehden, die Jahre vor unserer Ankunft lagen, hegten sie nicht nur Groll gegen entfernte Dörfer, sondern sogar gegenüber Miguels Dorf; ihre Beziehung war kaum über gegenseitige Duldung hinausgegangen. Noch schlimmer – innerhalb der Grenzen ihres eigenen Dorfes hatten sich Zustände entwickelt, die ihre großartigen Bestrebungen zum Gespött machten. Freundschaft mit ihren *Feinden*? Sie konnten kaum die Freundschaft mit ihren Freunden aufrechterhalten.

Die aufgestaute Begeisterung für den christlichen Dienst als erste Antwort auf das Evangelium war langsam dahingeschwunden. Einige nämlich, die das Wort mit Freuden aufgenommen hatten, mußten jetzt der Gruppe von Menschen zugerechnet werden, die nur eine gewisse Zeit durchhalten. Die Anführer hatten für das gesamte Dorf den Entschluß gefaßt, dem Herrn von ganzem Herzen nachzufolgen, und sie fanden den Mangel an ungeteilter Mitwirkung außerordentlich ärgerlich. Er war eine Beleidigung ihrer Autorität. Theoretisch begriffen sie wohl das Naturgesetz, das dem Gleichnis vom Sämann und dem Samen zugrunde lag, aber nichts konnte ihre Enttäuschung mildern, die sie tatsächlich empfanden. Sie konnten einfach keine Gleichgültigkeit dulden.

Aus beklagenswertem Mangel an Geduld und aus Unkenntnis über geistliches Wachstum versuchten sie, jedermann so einzuschüchtern, daß er sich anpaßte. Leute, die ein Vergehen begangen hatten, eines Vergehens verdächtig waren, oder von denen man annahm, daß sie die Möglichkeit eines Vergehens erwogen – sie alle standen unter schärfster Verurteilung. Zusätzlich verband sich dieses Problem noch mit der Tatsache, daß nach ihrer Vorstellung Sünde auf das Wenige beschränkte, das sie aus biblischen Geschichten zusammengetragen hatten. Dazu kam eine verwirrende Mischung von dem, was ihnen persönlich am wichtigsten war. Ganz plötzlich hatten wir zu viele »geistliche Babys«, für die wir angemessen sorgen mußten, und wir konnten uns nicht retten vor den vielen Bitten um Bibelübersetzungen, um Lese- und Schreibmaterial und um Unterrichtsentwürfe.

An den abendlichen Zusammenkünften unserer Freunde, die einstmals ihre neue Einheit in Christus gefunden hatten, wurden nun ihre Streitereien ausgetragen. Falsche Beschuldigungen stießen auf heftiges Leugnen, und die Besucherzahl nahm ab, als verschiedene Anwesende erklärten, sie würden lieber in der Geborgenheit ihrer eigenen Hütten bleiben und zusammen mit ihren nächsten Angehörigen beten. Enrique war über das ganze Dorf tief empört.

»*Keiner* von ihnen möchte wirklich dem Herrn nachfolgen«, brummte er, als er sich zu uns in die Veranda gesellte und niedergeschlagen neben dem Feuer Platz nahm. »Nur ich! Ich bin wie Noah!«

Wally rutschte neben ihn und fragte, was nicht stimme.

»Was nicht stimmt?« wiederholte Enrique ungläubig. »Alle geben sie vor, schuldlos zu sein. Ich habe ihnen geraten, sie sollten aufhören, ihre Sünde zu verheimlichen. Da sind sie einfach aufgestanden und 'rausgegangen.«

Er schnaufte verächtlich. »Ich habe ja gewußt, daß sie die ganze Zeit nur gelogen haben.« Enrique kochte vor Wut, als er einige Leute beim Namen nannte, bei denen er den Verdacht der Unmoral hegte. »Und Catalina bleibt nie daheim bei ihrem Mann. Sie sitzt immer neben Antonios Hängematte.«

»Na schön, aber das sind doch nicht alle«, sagte Wally in dem Versuch, die ihm vorgetragene Schilderung etwas zu mildern. »Du hast bis jetzt nur fünf Personen erwähnt. Was ist mit Pedro, mit David, mit Octavio? Und mit José?«

»Richtig – José!« murmelte Enrique. »José und diese Lügner aus Miguels Dorf! Die tratschen immer über mich. Wie kann es jemand aufrichtig meinen, wenn er weiterhin Tabak raucht? *Ich* sage ihnen, wenn sie davon nicht loskommen, fahren sie alle zur Hölle. Und dann erzählst *du* ihnen, daß ich lüge!«

»So etwas habe ich nicht gesagt«, berichtigte Wally ihn. »Ich habe ihnen nur den Grund dafür genannt, daß du so redest. Du hast keine Bibel in deiner eigenen Sprache. Du bringst ihnen das bei, was du meinst, und nicht das, was du liest. Gott hat niemals gesagt, daß die Menschen zur Hölle fahren werden, wenn sie nicht vom Tabak loskommen. Er hat den Tabak nirgends erwähnt.«

Wally warf einen flüchtigen Blick auf Enrique, der mürrisch nickte, und hielt in einem Gefühl der Ohnmacht inne. Wie konnte man von Enrique erwarten, Gottes Wort zu kennen? Die in den Tiefland-Dialekt übersetzten Schriftabschnitte gingen weit über sein Verständnis hinaus, und die Stellen, die wir in die örtliche Mundart übertragen hatten, waren *nichts* im Vergleich zu dem Großteil der Heiligen Schrift, der noch nicht übersetzt war.

Wally wandte sich wieder Enrique zu. »Habe ich dir jemals erzählt, Gott würde deine Sünden nicht vergeben, wenn du nicht mit dem Tabakrauchen aufhörst?«

»Nein«, gab Enrique zu, »aber wenn ich das nicht sage, hören sie nie damit auf. *Ihr*, ihr raucht nicht«, rechtfertigte er sich, »und die Leute flußabwärts auch nicht.«

»Wir *wollen* es nicht«, erklärte Wally ihm. »Ich möchte mich gesund erhalten. Aber ich behaupte nicht, Gott gebiete es oder drohe uns mit der Hölle. *Das* tut er nicht.«

Enrique saß in unbehaglichem Schweigen, das Kinn in seine Hände gestützt.

»Hör mir mal zu!« sagte Wally und legte tröstend einen Arm um seine Schulter. »Sei doch nicht so mutlos! Ich weiß ja, du möchtest so gern, daß jeder dem Herrn nachfolgt. Aber du mußt Geduld haben. Mach dir keine Gedanken, wenn manche die herkömmliche Haartracht vorziehen! Laß dich nicht aus der Fassung bringen, nur weil einige Spaß daran haben, ihr Gesicht rot anzumalen! Sie müssen sich nicht in Ausländer verwandeln, um für Gott annehmbar zu sein. Gott liebt die Yanoamös.«

Enrique brummte eine unbestimmte Erwiderung, und Wally zerbrach sich den Kopf nach etwas, das Enrique die Sinnlosigkeit seiner dogmatischen Forderungen erkennen ließe. Seine Augen blieben zufällig an der Perlenschnur um Enriques Hals hängen.

»Habe ich dir jemals gesagt, daß Gott es für Sünde hält, diese weißen Perlen zu tragen?« fragte Wally. Enrique schaute überrascht hoch und befühlte seine Halskette. »Vielleicht willst du damit nur die Aufmerksamkeit auf dich lenken.« Wally lächelte schwach, als er diese Vermutung äußerte. »Vielleicht trägst du sie, weil du mit den Mächten liebäugeln willst.«

Enriques Gesicht entspannte sich in einem Lächeln. Er wußte, Wally neckte ihn nur und versuchte, ihn eben in diesem Punkt auf die Probe zu stellen.

»Ich liebäugle mit niemandem«, lachte er. »Perlen sind doch in Ordnung, nicht wahr?«

»Ganz bestimmt!« lachte Wally in sich hinein. »Gott interessiert sich für dein Herz, nicht für deine äußere Erscheinung. Was du tun mußt ist, die Leute darin zu unterweisen, den Heiligen Geist einzulassen und es ihm zu erlauben, sie in diesen Angelegenheiten zu leiten. Predige nur gegen die Dinge, die der Herr *tatsächlich* verurteilt! Nimm kein Blatt vor den Mund bei Klatschsucht, Betrug und Unmoral! Das sind Dinge, die richten wirklich Schaden an.«

»Das tue ich doch«, beteuerte Enrique. »Dauernd beschuldige ich alle des Ehebruchs, aber niemand will ihn zugeben.«

»Ich weiß, daß du das tust«, nickte Wally und dachte dabei an die lange Latte von Beschwerden, die von den anderen bei ihm eingegangen waren. »Vielleicht liegt die Schwierigkeit darin, daß du *jeden* anklagst, obwohl doch nur einige wenige schuldig sind. Du kannst nicht eine ganze Familie wegen des Fehlers eines einzelnen verurteilen.«

Enrique schaute verärgert drein. »In Ordnung«, antwortete er mit Schärfe. »Ich werde überhaupt nichts mehr sagen. Ich ziehe mich zurück. Sollen sie doch allein zurechtkommen. *Du* kannst dich ja um sie kümmern.«

»Ho, ho, habe ich das etwa gesagt?« fragte Wally. »Gott will, daß ihr euch gegenseitig helft. Er will, daß du die Menschen vor der Sünde warnst und sie in seinem Wort unterweist. Sonst wird es so ausgehen, daß ihr euch wieder bekämpft. Wenn du stark verallgemeinernde Beschuldigungen aussprichst, die du nicht beweisen kannst, dann allerdings stößt das auf Einwände.«

Sie saßen einige Augenblicke lang schweigend, ehe Enrique antwortete: »Du hast recht«, seufzte er. »Das ist kein guter Weg. Schon die ganze Zeit ist mein Herz so unruhig, und ich bin überhaupt nicht mehr zufrieden.«

Er kehrte ins Dorf zurück und grübelte etliche Tage über dieses Problem. Von Ausbrüchen, die die Lage nur verschlimmert hätten, hielt er sich zurück, aber seine Verärgerung bekamen alle die zu spüren, denen es nicht gelang, seinen Erwartungen zu genügen. Das gespannte Verhältnis erreichte ein bedenkliches Ausmaß, und gelegentlich entlud es sich in einer heftigen Auseinandersetzung. Enrique selbst war es, der uns davon berichtete.

»Erinnert ihr euch, wie ärgerlich ich war, als Catalina nicht aufhörte, neben Antonios Hängematte zu sitzen?« fragte er.

Wally nickte.

»Ich ärgerte mich weiter«, gab er verbissen zu, »und obwohl ich nie irgend etwas sagte, brannte der Zorn in meiner Brust. Catalina ging zwar nie wieder zu Antonios Hängematte. Aber ich blieb bei meiner Meinung, daß sie das eigentlich tun wollte. Ich war überzeugt, daß sie Antonio ihrem Ehemann vorzog. Dann kam sie gestern abend zu der Gebetsversammlung. Ich war erbost, als ich sie so unschuldig da sitzen sah. Laut schrie ich sie an. Ich geriet fast in Wut. Weinend rannte sie in ihren eigenen Schuppen, und Timotheus, ihr Onkel, eilte zu ihrer Verteidigung herbei. Er hatte Angst, ich würde sie mit irgend etwas schlagen. Wir zwei standen uns auf der Lichtung gegenüber, brüllten hin und her und bedrohten uns gegenseitig in der bei uns üblichen Weise. In Wirklichkeit blieb es bei Prahlereien. Wir beschmutzten nur unseren Mund mit unflätigen Worten. Erschöpft hörten wir dann auf und kehrten in unsere eigenen Häuser zurück.

Die übrigen setzten die Versammlung fort, und so suchte auch ich wieder meine Hängematte auf. Aber als ich an der Reihe war zu beten, stellte ich fest, daß mir die Worte fehlten. Mein Mund war so leer wie mein Herz. Ich war abtrünnig geworden. Der Geist Gottes hatte mich verlassen.«

Enriques Stimme bebte, als er weitererzählte. Das Ganze war für ihn keine angenehme Erinnerung.

»Ich war erschrocken, streckte mich in meiner Hängematte aus und weinte. Die Frauen drängten sich um mich und jammerten: ›Was soll aus uns werden? Wer weiß, was jetzt passiert, wo du doch den Geist Gottes betrübt hast? Wo können wir einen anderen Helfer finden, der so wie unser Herr ist?‹

Wir konnten nicht schlafen und klagten die ganze Nacht hindurch. Alle kamen, um festzustellen, was eigentlich nicht stimmte. Als sie erkannten, daß ich vom rechten Weg abgekommen war, beteten sie für mich. Sie legten mir die Hände auf und baten Gott, mich wieder mit seinem Geist zu beschenken. Endlich tat er es. Er nahm meine Schuld weg und kehrte in mein Herz zurück. Ich konnte wieder beten.«

Schweißperlen standen ihm auf der Stirn. Langsam fuhr Enrique sich mit der Hand über sein Gesicht, als versuchte er, die Erinnerung daran wegzuwischen. Dann seufzte er tief. »Ich fühle mich immer noch schwach.«

Er richtete sich auf und brachte ein leichtes Grinsen zustande. »Wally«, sagte er, »ich bin dadurch klüger geworden. Kein Brüllen und Schreien mehr! So ist es recht.«

Einige Augenblicke lang verweilten sie in stillem Nachdenken, jeder vertieft in seine eigene Deutung des Vorfalls, der sich ereignet hatte.

»Weißt du«, sagte Wally schließlich, »der Geist Gottes hatte dich nicht wirklich verlassen, er wollte nur...«

»Doch, doch!« fiel ihm Enrique ins Wort. »Bruder, ich habe das gemerkt! Er war weg.«

Der Indianer schlug sich in der Erinnerung daran an die Brust. »Mein Herz war leer und verlassen.«

»Er ließ dich diese Verlassenheit spüren, damit es dir leid tat«, erklärte Wally. »Auf diese Weise wollte er dich zum Gehorsam ermuntern. Durch deinen Eigensinn hattest du ihn zum Schweigen gebracht, aber er *verließ* dich nicht.«

Enrique lächelte nachsichtig. Er wollte diese Sache nicht weiter erörtern. Schließlich hatte er lange genug hin- und hergeredet. »Schon gut, mit mir ist jetzt alles wieder in Ordnung«, lachte er. »Ich fühle mich überhaupt nicht mehr allein.«

Wally und Paul riefen die Männer zusammen. Sie wollten mit ihnen Rückschau auf die Reihe von Ereignissen halten, die zu dem verblüffenden Vorkommnis geführt hatten, dessen Zeuge sie geworden waren. Enriques Erlebnis hatte alle erschüttert. Wenn auch aufgebracht über die unverdienten Vorwürfe von seiten Enriques, war doch niemand von seiner Verzweiflung unberührt geblieben.

Sie hörten gespannt zu, als Wally das Entstehen ihres Problems erläuterte. Er zeigte auf, wie ungeklärte Meinungsverschiedenheiten zu Mißtrauen geführt hatten und dann weiter zu Klatsch und zu falschen Beschuldigungen. Persönlicher Groll wurde begraben, als jeder allmählich seine eigene Verantwortlichkeit für die zwischen ihnen aufgerichteten Schranken erkannte. Einige gaben nach und nach zu, daß sie in bestimmten Fällen persönlich Schuld trugen.

Enrique räusperte sich. Dann fing er an: »Einige von euch

denken, daß ich auf jeden böse war. Ich war nicht böse. Sonst hätte ich nämlich überhaupt nichts gesagt.«

»Das stimmt«, antwortete José mit einem schwachen Lächeln, das jeder Beschreibung spottete. »Ärgerliche Leute sprechen nicht. Sie liegen einfach nur in ihrer Hängematte herum und lutschen an Tabakblättern.«

»Nein! Bestimmt war ich nicht böse«, fuhr Enrique fort. Er kauerte auf einem Holzstumpf, die Ellbogen auf die Knie gestützt, die Hände zusammengelegt und vor den Mund gepreßt. »Mir war es einfach nur ein Anliegen, daß alle dem Herrn nachfolgen.«

Er machte eine kleine Pause, und die anderen, die neben ihm hockten, murmelten zustimmend zum Zeichen ihres Verständnisses. Niemand nötigte ihn weiterzureden, aber er fuhr fort:

»Ich habe keine Bibel. Wie soll ich also wissen, was Gottes Wort sagt? Ich kenne nur das, was mir mein Bruder Wally erzählt. Manchmal habe ich mich allerdings geirrt, obwohl ich meinte, ich hätte Gott richtig verstanden.«

»Das geht uns allen so«, seufzte David und stieß dabei sein Buschmesser in den Holzpflock neben ihm, um seiner Aussage besonderen Nachdruck zu verleihen. »Ich habe versucht, lesen zu lernen. Aber ich kann immer noch nicht *hören*, was das Buch sagt.« Er wandte sich an Wally. »Irgendwann einmal werden wir es doch begreifen, nicht wahr?«

Wally nickte. *Bestimmt, irgendwann einmal!* Irgendwann einmal, wenn die jetzige Lese- und Schreibklasse die »Abschlußprüfung« bestanden hat und wir eine neue Klasse mit anderen Lernwilligen gründen werden.

Irgendwann einmal, wenn Wally von der Übersetzung biblischer Geschichten Zeit erübrigen kann. Irgendwann einmal, wenn er und Paul nicht so viel Mühe auf die medizinische Arbeit, auf Besuche und Unterweisung verwenden müssen.

Müde stützte David seinen Kopf auf seine Hände. »Wally, was soll bloß aus uns werden? Wir sind wirklich dumm. Wir werden es nie schaffen. Eine Zeitlang habe ich schon geglaubt, wir wären wie ihr Ausländer geworden. Aber praktisch sind wir überhaupt noch nicht anders als früher. Wir werden immer noch zornig. Von Freundlichkeit verstehen wir rein gar nichts. Wir sind noch Yanoamös und werden es wohl immer bleiben, meine ich.«

»Natürlich seid ihr das«, stimmte Wally zu. »Aber wieso glaubt ihr, nur Yanoamös würden den Mut verlieren? Denkt ihr etwa, wir Ausländer tratschen nie oder streiten uns nie?«

Die überraschten Gesichter, die sich ihm zuwandten, waren Antwort genug.

»Wir sind genauso wie ihr«, erklärte Wally ihnen. »Wir neigen alle dazu, das Schlechteste von den Menschen anzunehmen. Wir können alle in Wut geraten.«

Nach einem Augenblick lähmender Stille brachen sie in ein erleichtertes Gelächter aus. Vielleicht waren sie im Grunde doch ganz normale Menschen.

José rüttelte Wally am Arm. »Bruder«, grinste er und schob sein unvermeidliches Büschel Tabakblätter zur anderen Seite seines Mundes, »sag mir nur das eine: Wirst du auch schon mal wütend auf Margarita? Zankt ihr Fremden euch auch mit euren Frauen?«

Alle lehnten sich gespannt vor. Sie hatten sich bestimmt schon über das Schmunzeln gewundert, mit dem sich Paul und Wally gegenseitig anschauten. Wally räusperte sich nachdrücklich.

»Ich tue das ständig«, rief er aus. »Ihr müßtet mich mal hören! Nie macht sie mir meinen Kaffee, wenn ich sie nicht zweimal darum bitte.« Das Gelächter legte sich, und Enrique fing an zu sprechen.

»Wally, wir wollen nicht aufhören, dem Herrn nachzufolgen. Denk' nicht, daß du die ganze Zeit bei uns vergeblich zugebracht hast!«

»Das stimmt«, nickten die anderen. »Wir wollen unseren Zorn ablegen und Gott unsere Sünden bekennen. Dann schenkt er uns wieder Freundschaft untereinander.«

»Gewiß tut er das«, ermutigte Wally sie. »Er kann euch eine freundliche Gesinnung zu allen geben. Sogar zu euren Feinden. Verliert nur nicht den Mut!«

»Wally«, fiel Enrique ihm ins Wort, »ich habe es aufgegeben, mir immer ein Urteil über Miguels Leute zu erlauben. Wer weiß, vielleicht meinen sie es wirklich aufrichtig? Wenn sie das nächste Mal auf einer Versammlung erscheinen, mußt du uns rufen. Dann kommen wir auch und setzen uns zu ihnen. Auf diese Weise können wir selbst feststellen, ob es ihnen wichtig ist, dem Herrn nachzufolgen oder nicht. Kann sein, daß wir zu sehr auf die Klatschereien gehört haben.«

Miguels ältester Sohn Carlos saß in der Runde. Er hatte enge verwandtschaftliche Bindungen, einmal zu den Leuten der großen

Steppe, wo er mit seiner Frau lebte, zum anderen zu dem Dorf seiner Eltern auf der gegenüberliegenden Seite der Steppe. Schon immer war er über die mangelnde Verbindung zwischen den beiden Gruppen enttäuscht gewesen. Sein Versuch, jedes Dorf von dem guten Willen des anderen zu überzeugen, hatte nur wenig Erfolg gehabt. Zu viele Leute fühlten sich verpflichtet, die Erinnerung an zurückliegenden Groll lebendig zu erhalten, und ihr häufiges Getratsche goß Öl in das Feuer des Mißtrauens. Am Ende der Versammlung eilte Carlos zum Rundhaus, knüpfte seine Hängematte ab und rief seiner Frau zu, er wäre am Morgen zurück.

Spät am Abend, als die milde Nachtluft noch einmal den angenehmen Klang der Gebete zu unserem Haus trug, saß Carlos auf der anderen Seite der Steppe neben dem Lagerfeuer seiner Eltern. Freundlich redete er ihnen zu, mit einer Gruppe ihres Dorfes am nächsten Tag zu einer morgendlichen Versammlung zu uns zu kommen.

Miguels Bruder lief schnell in die Veranda hinein und begann einen fröhlichen Tanz. Dabei sprang er vor der Zwischenwand hin und her, die ihn von der Küche trennte. Sein Gesicht war reichlich mit purpurroten Farbstreifen bemalt, und die blauen, an seinen Ohren baumelnden Federn hüpften im Takt zu dem rhythmischen Stampfen seiner Füße. Ein flüchtiges Lächeln huschte über sein Gesicht, als er unsere Aufmerksamkeit auf sich zog.

Dann nahm er eine steife, förmliche Haltung ein, Bogen und Pfeile fest an seine Brust gepreßt. Leicht schwingend begann er die Ankündigung herzuleiern, daß alle seine Leute quer über die Steppe kämen. Sie wollten eine Versammlung miterleben.

»Ach, so geht das!« Wally lachte anerkennend über den Einfallsreichtum des Indianers. Nicht viele Versammlungen wurden mit solchem Trara ausgerufen. Purpurgesicht beantwortete den Beifall mit einem neuen Ausbruch der Begeisterung. Mit lautem Gejohle sprang er über die Veranda und tanzte zur Wiederholung noch etwas länger, ehe er erschöpft innehielt und sich neben Wally auf eine Bank fallen ließ.

»Nun, wie war das?« japste er.

»Sehr nett!« lachte Wally. »Kommen tatsächlich alle?«

Wie zur Antwort ging die Tür auf, und Miguels Leute drängten sich in einem fröhlichen Durcheinander in die Veranda hinein.

»Da! Hab' ich es dir nicht gesagt?« rief Purpurgesicht aus. »Alle von uns, sogar die alten Frauen!«

Ich beugte mich über die Trennwand, um die übliche Balgerei um die Sitzplätze zu beobachten. Die Frauen saßen in der Türöffnung auf dem Boden, wo sie schnell herauskommen konnten, wenn ihre Kinder Beaufsichtigung brauchten. Die Männer kamen hinterher. Sie waren also genötigt, über die Frauen zu steigen, und bemüht, sich beim gegenseitigen Hineinschubsen in die Veranda im Gleichgewicht zu halten.

Schallendes Gelächter erfüllte den Raum, als einem von ihnen das Mißgeschick passierte, über seine Schwiegermutter zu stolpern. Schnell legten die Männer ihre Bogen und Pfeile in einem Winkel nieder und rauften sich in heilloser Verwirrung um die freien Plätze auf der gegenüberliegenden Seite der Veranda.

Die Frauen forderten mich lauthals auf, mich zu ihnen zu gesellen. Gewöhnlich genoß ich den engen Kontakt, den derartige Zusammenkünfte mit sich brachten. Aber Versammlungen im Hause hatten Probleme eigener Art. Im Hof auf Pflöcken zwischen den Frauen zu sitzen, erlaubte noch eine gewisse Bewegungsfreiheit. Aber nichts war schrecklicher, als in einer Ecke auf dem Boden von einem Haufen Müttern und ihren Babys mit nacktem Popo eingezwängt zu sein.

Miguels Frau kam schnell zur Trennwand herübergelaufen, um mich mit Umarmungen zum Besuch der Versammlung zu überreden. Aber ich mußte ablehnen. Wally wollte am Nachmittag einige neue Broschüren vervielfältigen, und ich arbeitete noch an den Matrizen.

Paul und Marty erschienen mit den letzten Nachzüglern und übergaben einem der Jungen einen Stapel Liederbücher zum Verteilen. Miguels Sohn Carlos legte Bogen und Pfeile beiseite und kauerte sich vor Wally hin. Er lächelte in berechtigtem Stolz.

»Ich habe sie alle hergebracht!« sagte er in leicht triumphierendem Ton. »Weiß Enrique, daß wir hier sind?«

Wally nickte. Einer der Burschen hatte sich schon ins Dorf aufgemacht, um ihre Ankunft zu verkünden. Carlos lächelte und griff nach Wallys Arm.

»Werden sie wohl kommen?« fragte er lächelnd und suchte in Wallys Augen nach Gewißheit. »Meinst du, daß sie uns wirklich begegnen wollen?«

»Bestimmt!« antwortete Wally mit mehr Zuversicht, als er in Wirklichkeit empfand. »Sie haben doch *gesagt*, sie würden kommen, stimmt's?«

Carlos nickte zögernd und vertrat sich die Beine.

Miguel erhob sich und schaute aus dem Fenster in Richtung Rundhaus. Alle beobachteten ihn und warteten auf einen Hinweis darauf, daß die Gegenüberstellung mit Enriques Dorf nun wirklich stattfände. »Bis jetzt kommt noch niemand«, sagte er mit einem Stirnrunzeln.

Carlos zappelte nervös herum, und die alten Frauen murmelten empört vor sich hin, sie hätten ja gewußt, es wäre nicht der Mühe wert zu kommen.

Plötzlich erhellte sich Miguels Gesicht zu einem Lächeln. »Da kommen sie!« flüsterte er erregt, nahm schnell wieder seinen Platz am Feuer ein und wärmte seine Hände über den Flammen. »Sie kommen, und alle haben ihre schönen Kleider angezogen!«

Das zu betonen, wäre überall sonst in der Welt wahrscheinlich merkwürdig gewesen. Aber bei Miguels Leuten, die aufgeregt die Plätze wechselten, um etwas mehr Raum auf den Bänken zu schaffen, verlieh die aufsehenerregende Vielfalt von allerlei Kleinigkeiten, mit denen die näherkommende Abordnung geschmückt war, dem Ereignis einen unmißverständlichen Hauch von Würde. Die Tür schwang auf, und Enrique überblickte die gedrängt volle Veranda mit freudigem Erstaunen. Er nickte Miguel zu und schritt mit einem Lächeln in den Raum hinein. Zehn oder zwölf andere folgten ihm.

»Ihr seid *alle* gekommen!« murmelte er, legte Bogen und Pfeile in eine Ecke und gesellte sich zu Miguel.

»Natürlich«, antwortete Miguel bescheiden lächelnd.

Als das Singen beendet war, gab Enrique bekannt, er würde jetzt beten.

Er rückte näher an Miguel heran und bat alle, ihre Köpfe zu senken. Mit Vorprogrammen wurde keine Zeit vergeudet.

»Wie kommt es«, fragte er den Herrn, »daß mich mein Freund hier neben mir nicht leiden kann? Wie kommt es, daß er über mich spricht und behauptet, ich würde dich überhaupt nicht richtig kennen? Warum empfiehlt er seinen Leuten, mir nicht zuzuhören?«

Er fuhr in seinem Gebet fort und zählte seine Beschwerden vor

Gott auf, während mein Magen sich heftig zusammenzog. Was in aller Welt wollte er denn tun? Einen Aufruhr anzetteln?

Miguel sagte kein Wort. Weder er noch einer der anderen schien durch die Vorgänge im geringsten beunruhigt zu sein. Als Enrique aufhörte, nahm Miguel die richtige Stellung ein, um Enrique ins Auge zu fassen und räusperte sich. Das war der Augenblick, in dem uns allmählich ein Licht aufging. Wir wurden Zeuge von einer verbesserten Auflage der herkömmlichen Methode, ausgedehnte Streitgespräche zu Ende zu bringen. Auf die gleiche Weise, in der sie sich gegenübergestanden hatten, um formelle Anklagen und Erwiderungen herunterzuleiern, begegneten sie sich jetzt, um vor einem Vermittler, dem sie beiderseitig vertrauten, ihre Gedanken auszusprechen.

Miguel fing damit an, indem er Gott bat, sie wieder zu Freunden zu machen, dann nahm er nach und nach zu Enriques Gebet Stellung.

»Warum denkt mein guter Freund, daß ich Lügen über ihn erzähle? Wer könnte ihm so etwas berichtet haben? Warum sollte ich ausgerechnet etwas gegen den sagen, der mir geholfen hat, dich zu finden? Hat er nicht meinem eigenen Sohn gezeigt, wie man betet? War er es nicht, der dich gebeten hat, meinen Sohn mit deinem Geist zu erfüllen? Wer lügt hier? Wer trägt den Klatsch hin und her?«

Sehr oft warf Enrique zustimmende Ausrufe dazwischen und schlug sich auf die Schenkel, um die Tatsache besonders zu betonen, daß er öffentlich seine Einmütigkeit mit Miguel erklärte. Daraufhin dankten die anderen in der Runde dem Herrn für seine Macht, ihren Zorn zu verbannen.

Die Versammlung wurde vertagt, und beide Gruppen mischten sich glücklich. Währenddessen überreichten uns Miguels Leute Geld, das sie aus dem Verkauf von Bananen gewonnen hatten, die wir früher von ihnen zu kaufen pflegten. Sie wollten damit Broschüren für eine Reise in das Schamatali-Gebiet erwerben. Vor ihrer Abreise hatten sich José und seine Brüder entschlossen, sie zu begleiten. Eine neue Freundschaft mit ihren Nachbarn von der anderen Seite der Steppe hatte begonnen. Die Zeit war gekommen, brüderliche Liebe nun etwas weiter von daheim entfernt in die Tat umzusetzen.

Es schien, als ob wir endlich erlebten, wie ein zuverlässiges

Fundament für den überfälligen Aufbau wechselseitiger Beziehungen gelegt wurde. Zwar waren wir uns dessen bewußt, daß es Zeit und Prüfungen kosten würde, ein beständiges Zusammengehörigkeitsgefühl zwischen Menschen zu schaffen, die sich herkömmlicherweise gegenseitig mit Argwohn betrachtet hatten. Aber wir waren doch glücklich über den erkennbaren Fortschritt.

Bewohner aus Miguels Dorf und Josés Leute unternahmen nun häufige Reisen, um das Evangelium in das Schamatali-Gebiet zu bringen. Ihre Begeisterung nahm zu, als sie sahen, wie das Wort in den Herzen einiger ihrer Blutsverwandten Wurzeln schlug.

Das Neue an der Lebensführung auf der großen Steppe weckte auch in der Seele von Timotheus ein Verlangen nach Frieden. Seine Rolle als Verteidiger des Dorfes verlor ihre Anziehungskraft. Plötzlich war er der Kriegereien müde wie auch der ständigen Spannung, die sie mit sich brachten. Seine Pfeile hatten bereits drei Männer getötet, aber sein Ruhm konnte ihm nicht die Befriedigung verschaffen, die er suchte. Eines Abends begleitete er die Männer zur Veranda und lieferte dort sein Herz Gott aus.

»Jetzt hab' ich's«, sagte er. »Schon immer wollte ich furchtlos und tapfer sein, aber jetzt wünsche ich mir nur ein friedfertiges Herz. Du, Herr, kannst unser Schutz sein. Du allein hast uns beschirmt. Keiner außer dir hätte so lange die Räuber von uns fernhalten können.«

Er breitete seine Lebensgeschichte vor Gott aus und dankte ihm dafür, daß er die von ihm gefaßten Pläne, einige von uns zu töten, vereitelt hatte. Ich zitterte unwillkürlich bei der Erinnerung an die Ängste, die ich während unserer ersten Monate auf der großen Steppe ausgestanden hatte. Also gab es tatsächlich Pläne, uns Schaden zuzufügen.

»Die Fremden haben mich wirklich geärgert«, betete er, »aber du hast mich daran gehindert, sie zu töten. Was wäre mit uns geschehen, wenn ich sie erschossen hätte? Unsere einzige Hoffnung wäre mit ihnen dahingeschwunden.«

Während Samuel sich weiterhin bemühte, eine friedliche Einigung mit dem feindlichen Dorf zu erreichen, versuchten die Leute von der großen Steppe, in anderen Gebieten wieder freundschaftliche Beziehungen herzustellen, dort, wo die Verbindung zu vielen entfernten Dörfern vor langer Zeit gelöst worden war.

Wegen des Verdachts, die Freundschaftsanträge wären nur ein

Trick, um die Ahnungslosen von der Wachsamkeit abzuhalten, war es ein entmutigendes Unterfangen. Aber eine Gruppe von Menschen jenseits der westlichen Bergkette nahm schließlich doch ihre Einladung an, zu kommen und selbst zu erleben, daß es auf der großen Steppe jetzt anders zuging.

Die lauten Rufe und Schreie, die losbrachen, als die Leute aus dem Westen hintereinander in das Dorf marschierten, ließen uns vorübergehend vor Schreck erstarren. Sogar die gerade bei uns sitzenden Indianer waren einen Augenblick nicht sicher, daß diese Klänge Freude bedeuteten. Dann sprangen sie auf. »Das ist der Willkommensgruß!« schrien sie aufgeregt und griffen nach ihren Bogen und Pfeilen. »Es müssen Leute sein, die lange, lange nicht hier gewesen sind.«

Bald danach stürzte Enriques Schwester Doré herein und verkündete atemlos, entfernte Verwandte seien angekommen. Vor langer Zeit waren sie während einer Auseinandersetzung mit Josés Familie und Miguels Gruppe aus Sicherheitsgründen auf die andere Seite der Berge geflohen. Einige Leute, die nicht in den anfänglichen Streit verwickelt waren, hatten sie hin und wieder besucht, um ihnen das Evangelium zu bringen. Aber nie vorher hatten sie sich wieder in das Gebiet gewagt, aus dem Miguel und José sie vertrieben hatten. Ebensowenig hatten sie jemals irgendwen von der Welt außerhalb ihrer Grenzen gesehen. Doré war schnell losgeschickt worden, um die Shadles und uns als Ausstellungsstücke in das Dorf zu bringen.

Wir folgten ihr zum Rundhaus. Nach dem vergeblichen Versuch, uns mit den Frauen zu unterhalten, gesellten wir uns zu den Männern in Davids Haus. Alle Besucher prangten in roter und schwarzer Bemalung, mit glänzenden Federn und weißen Perlen. Zwei von ihnen standen in feierlicher Haltung vor den versammelten Männern. Erst mit diesem Ritual war ihre Reise der Anstrengung wert.

»Wer gibt?« leierte einer und drehte und wandte dabei seinen Körper in rhythmischer Betonung seiner Bitte. »Wer gibt mir – gibt mir? Wer gibt mir eine Axt, eine Axt?«

»Eine Axt? Ja, eine Axt«, antwortete José in einem Gesang, der den Besucher zum Fortfahren anspornte.

»Woher bekomme ich eine Axt? Wie kann ich gärtnern ohne eine Axt? Ohne eine Axt?«

»Wie kann er gärtnern ohne eine Axt?« echote José und wiegte sich hin und her, als er die Bitte an die anderen um ihn herum weitergab.

»Die Leute im Süden haben Äxte«, sang der Besucher weiter, »und die Leute im Osten haben Äxte. Wo bekommen wir unsere Äxte her?«

Die Zeremonie lief laut und abwechslungsreich ab, als die zwei Besucher gleichzeitig mit verschiedenen Gruppen der sie umgebenden Menge weitersangen. Glücklicherweise war eine neue Sendung von Tauschgütern im Umlauf. Die ganze Zeit über, in der der Gesang weiterging, überreichten die eifrigen Gastgeber die erbetenen Gegenstände und wetteiferten miteinander um das Vorrecht, den Besuchern etwas von Wert zu Füßen zu legen.

Roman Nose sprang auf, als der Besucher vor ihm in seinem Leiergesang um ein Messer bat. »Ich habe eins«, flüsterte er José zu. »Gerade gestern habe ich eins von Paul gekauft.«

Er rannte zu seinem Unterstand, um seinen Schatz zu holen. Aber José kam seiner Begeisterung, die ihn schier überrumpelte, zuvor. »Nein, nein! Ich gebe ihm meins.« Daran ließ er sich nicht hindern. »Du schenkst ihm den roten Stoff, den du für das Lendentuch gekauft hast.«

Auf jeder Seite gab es ein tolles Gerangel. Der Reiz, etwas zu verschenken, schien stärker zu sein als der, etwas zu erhalten. Mit einem breiten Grinsen schlenderte Davids Vater herein. Hinter seinem Rücken hielt er eine Taschenlampe bereit, um sie zu verschenken, wenn irgend jemand um eine bitten würde.

Enrique hatte die Absicht gehabt, die Besucher zu einer Versammlung am späten Nachmittag in unser Haus zu führen. Als die Zeit heranrückte, besann er sich anders. Er kam zu der Einsicht, sie wären von uns zu eingeschüchtert, als daß sie aus diesem Erlebnis einen Nutzen ziehen könnten.

Außerdem meinte er sicher, das Evangelium klarer darstellen zu können, als wir es wohl vermochten. So kam er in unser Haus, um einige Broschüren auszuleihen, und rief dann die Leute im Dorf zusammen.

Der Besuch hätte als voller Erfolg bezeichnet werden können, wenn da nicht der leidenschaftliche Ausbruch der Bewohner von Miguels Dorf gewesen wäre. Irgend jemand eilte quer über die Steppe, um Miguel wissen zu lassen, daß die Leute von jenseits der westlichen Bergkette angekommen seien. Das empörte Miguel. Er und seine Brüder hatten sich damit gebrüstet, die Fehde gewonnen zu haben, die diese Menschen auf die andere Seite getrieben hatte. Jetzt fehlte es ihnen an der inneren Größe, in deren Erscheinen etwas anderes zu sehen als eine herausfordernde Beleidigung ihres eigenen Triumphs. Zornig schlichen sie sich bei Einbruch der Dunkelheit in Enriques Dorf. Während der ganzen Nacht entluden sie ihren alten Groll in einem Leiergesang. Sie zogen die Besucher in ein Wortgefecht hinein, das alle Anstrengungen zunichte machte, den Frieden wieder herzustellen.

In der Frühe des nächsten Morgens brachen die Besucher verärgert auf und machten sich auf den Heimweg, davon überzeugt, daß sich die Leute von der großen Steppe im Grunde kaum geändert hatten. Sie waren schon meilenweit entfernt, als Miguels Leute zur Besinnung kamen und den von ihnen angerichteten Schaden erkannten. Es war zu spät, das geschehene Unheil wieder gutzumachen, aber sie hatten eine Lektion, die lange Zeit quälend im Gedächtnis aller blieb. Bald sollten sie eine andere Gelegenheit erhalten, ihre Gastfreundschaft unter Beweis zu stellen.

Die Nachmittagsversammlung war gerade zu Ende, und die Männer standen noch um Paul herum. Fasziniert blickten sie mit großen Augen auf die neuen Bilder, die Daniel in der Löwengrube darstellten, als Samuel aus dem Balafili-Tal ankam. Er wollte uns berichten, die kleine für uns erstellte Baracke sei jetzt fertig, und die Dörfer in seinem Gebiet erwarteten unseren längst überfälligen Besuch.

Er verließ uns am folgenden Morgen mit unserer Zusicherung, daß wir nach vier weiteren Tagen zu dem winzigen Streifen Land in der Nähe seines Hauses hinüberfliegen werden. Wir begannen mit fieberhaften Vorbereitungen für einen zehntägigen Aufenthalt bei den Leuten des Balafili-Tals.

Am Tag unserer Abreise von der großen Steppe drängte sich eine Menschenmenge um das Flugzeug. Die Leute versprachen, für uns zu beten, wenn wir uns um freundschaftliche Beziehungen zu den vielen Gruppen bemühten, die immer noch mit dem feindlichen Dorf sympathisierten. Sie verschwanden im Nebel, als wir in der kleinen Cessna die Rollbahn hinunterrasten und uns dann in die Luft erhoben. In einem Wirbel stürmischer Luftströmungen schnellten wir über die Berge, und schon einige Augenblicke später zogen wir unsere Kreise über dem benachbarten Tal.

Wally machte uns auf die verstreut liegenden Dörfer aufmerksam, die den Dschungel und das Grasland übersäten. An einem entfernten Berghang lag das feindliche Dorf, und nicht weit davon stiegen dünne, helle Rauchsäulen aus zwei Ansiedlungen auf, mit denen die Bewohner dieses Dorfes eng verbunden waren. Unter uns lag auf einer kleinen Steppe eine andere Ansammlung von Dörfern, deren Beziehung zu der feindlichen Gruppe nicht so eng war. Samuels Dorf war eins davon und seine Freundschaft mit den Bewohnern der großen Steppe einmalig.

Wir rollten aus und kamen auf dem Grasstreifen zum Stillstand. Mit der üblichen Begeisterung umringten die Indianer das Flugzeug und halfen, unsere Vorräte zu der kleinen Hütte zu tragen, die sie in der Nähe errichtet hatten. Wally war ihnen gut bekannt, da er und Paul ja oft das Gebiet besuchten. Aber die meisten hatten noch nie die Kinder und mich gesehen. So waren wir für sie eine Sensation. Fortwährend umgab uns eine Menschenmenge, die uns beobachtete, wie wir aßen, schliefen, uns unterhielten, lachten und badeten. Samuel war überglücklich, daß wir endlich einmal als Familie gekommen waren, um einige Tage unter den Menschen in seinem Tal zu leben. Er übernahm selbst die Aufgabe, regelmäßige Nachmittagsversammlungen festzusetzen. Tag für Tag strömten Vertreter der fünf Dörfer aus der Umgebung zu dem Haus, und Samuels Freunde und Verwandte mischten sich unter die vielen Menschen, um die inhaltsschwere Unterweisung durch ihre eigenen Erklärungen zu ergänzen.

Manche wurden von einer kompromißlosen Auslieferung an den Herrn durch ihre Unwilligkeit abgehalten, alte Feindseligkeiten loszulassen. Ihre Bande mit dem feindlichen Dorf waren fest geknüpft, und obwohl sie nie an den Kriegereien teilgenommen hatten, erfüllte sie dennoch das brennende Verlangen, daß an den Bewohnern der großen Steppe Vergeltung geübt wurde. Ihnen lag wenig daran, ihren Zorn aufzugeben. Sie spotteten über die Tatsache, die Männer auf der großen Steppe hätten einen Gesinnungswandel durchgemacht.

In der Abendkühle versammelten sich die Anführer oft bei unserem Haus, um die Kriegereien zu erörtern. Die Tage vergingen und mit ihnen die anfänglichen Zweifel. Viele wollten sich bei uns vergewissern, ob es wahr sei, daß die Bewohner der großen Steppe jetzt als friedfertig hingestellt wurden. Männer, deren Herzen sich über Jahre verhärtet hatten, ergingen sich in rührseligen Erinnerungen. Sie fragten uns nach Personen, mit denen sie einstmals freundschaftlich verkehrt hatten.

Ein Zauberdoktor aus dem Dorf, in dem Wally erfolglos versucht hatte, das Leben der von einer Schlange gebissenen Frau zu retten, wurde ein regelmäßiger Teilnehmer an den abendlichen Diskussionen. Im Verlauf der Woche schwand die Bitterkeit aus seinem Herzen. Gelegentlich bemächtigte sich ein sehnsüchtiger Ausdruck seiner Stimme, wenn er sich an glücklichere Zeiten erinnerte.

»Ich hatte Pedro meine Tochter versprochen«, sagte er, »und sie war auch schon dorthin umgezogen. Wir waren froh darüber. Pedro kam oft und besuchte mich. Er erzählte den Leuten, wie sehr er seinen lieben alten Schwiegervater vermißte.«

Er machte eine Pause stillen Nachdenkens. Als er fortfuhr, war die Milde aus seiner Stimme verschwunden. »Aber das fand alles statt, ehe sie anfingen, meine Freunde zu erschießen. Ich rannte geradewegs hinüber und holte meine Tochter zurück. Ich habe sie dann Pedros Feinden gegeben.«

Etwa einen Tag später kam er mit hellrot bemaltem Gesicht zur Versammlung. Er hockte sich auf den Boden und rutschte unruhig hin und her, während die Männer um ihn herum beteten. Dann räusperte er sich und schob sich neben Samuel. Für ihn war der entscheidende Tag gekommen. Ich zitterte vor Freude bei seinem Gebet, als er den Herrn mit großer Verwunderung fragte, wie ein derart heftiger Zorn, wie er ihn gefühlt hatte, verschwinden konnte. Herr, betete ich, wenn das doch bloß übergriffe! Wenn du doch deinen Arm jetzt über die Berge ausstrecktest und das feindliche Dorf berührtest!

Durch die Tatsache bestärkt, daß viele Anhänger des feindlichen Dorfes jetzt zum erstenmal Verlangen nach einer friedlichen Lebensweise empfanden, entschlossen sich Wally und Samuel, noch einmal über die Berge in das feindliche Dorf zu reisen. Sie wollten versuchen, die Menschen dort davon abzubringen, den Kampf überhaupt weiterzuführen.

Aber sie kamen mit der entmutigenden Nachricht zurück, daß sie das Dorf evakuiert angetroffen hatten. Drei Tage später fanden wir dann den Grund für das leere Dorf heraus. Unsere Enttäuschung schlug in Erregung um.

Die Balafili-Frauen, die mit mir in der Türöffnung unserer kleinen Hütte gesessen hatten, rappelten sich auf und ergriffen ihre Körbe mir viel Gekreische und Gekicher. Eine von ihnen hielt lange genug inne, um eine hastige Erklärung zu flüstern:»Männer aus einem anderen Dorf kommen an«, lachte sie und deutete mit ihrem Kinn in Richtung Landebahn.»Wir müssen gehen, sonst reden die Leute noch über uns.«

Wally und fünf junge Männer kamen in angeregter Unterhaltung den Weg von der Landebahn herunter. Frohes Lachen erklang, als sie sich näherten. Nachdem Wally sich auf einen Holzklotz neben dem Lagerfeuer niedergesetzt hatte, drängten sie sich voller Begeisterung um ihn herum, um die Neuigkeiten von daheim mitzuteilen. Alle erfreuten sich guter Gesundheit. Man hatte das Dorf neu aufgebaut. Es gab eine Menge Fleisch.

»Wer sind sie?«fragte ich Wally im Flüsterton, als sie sich im Kreis des Lagerfeuers mit sich selbst beschäftigten.»Haben wir ihr Dorf aus der Luft gesehen?«

»Freunde von mir«, antwortete Wally lächelnd.»Nette Burschen, stimmt's?«

»Sehr nett«, gab ich zu.»Woher kommen sie?«

Er machte eine kleine Pause, weil er nur ungern meinen guten Eindruck verderben wollte. Dann musterte er die Gesichter seiner plötzlich angekommenen Freunde, die rund ums Lagerfeuer saßen und Bananen rösteten.

»Sie kommen aus dem feindlichen Dorf.«

Ich hätte nicht schockiert sein müssen. Schließlich befanden wir uns im Balafili-Tal im feindlichen Gebiet. Ich starrte sie gebannt an. Sie entsprachen nicht annähernd dem Bild, das ich mir von den schrecklichen Räubern gemacht hatte.

Unsere anonymen Gegner waren plötzlich auf die Stufe persönlicher Freunde erhoben worden. Friede schien so dringend nötig zu sein.

Einer von ihnen beugte sich vor und flüsterte Wally etwas zu.

»Wirklich?«rief Wally überrascht aus.

»Das stimmt, das stimmt!«lachten sie. Sie redeten alle auf einmal, als sie sich von allen Seiten herandrängten, um ihre Meldung zu bestätigen.

»Wir haben es verstanden! Wir werden überhaupt nicht mehr schießen. Wir fürchten uns nämlich vor dem Höllenfeuer.«

Ihre Theologie mochte etwas wirr sein. Aber jetzt war wohl nicht der geeignete Zeitpunkt, den Sachverhalt zu erörtern.

»Wir haben das Rundhaus wieder aufgebaut«, erzählten sie in freudiger Erregung weiter. »Deshalb konntet ihr beide, du und Samuel, uns nicht finden. Wir wohnen jetzt näher dran, direkt hinter dem Berg dort. Würden wir uns vielleicht wieder in diesem Gebiet niederlassen, wenn wir immer noch die Absicht hätten zu kämpfen? Würden wir dann unser Dorf näher an die große Steppe verlegen?«

Wir gaben uns Mühe, unserer Erregung Herr zu werden und wagten kaum zu glauben, daß ihr Bericht der Wahrheit entsprach. Wie wir wußten, würden die Leute von der großen Steppe solche Neuigkeiten mit Vorsicht aufnehmen. Nur die Zeit konnte die Richtigkeit dieser Aussagen unter Beweis stellen.

Anderthalb Wochen waren wir bei den Balafili-Leuten gewesen, als wir endlich Pläne machten, wieder Kurs über die Berge zu nehmen – Richtung große Steppe. Samuel stellte sich freiwillig als Führer für die Rückreise zur Verfügung. Wally wies ihn an, noch zwei weitere Männer anzustellen. Sie sollten helfen, Janice und Davey, unsere zwei jüngsten Kinder, zu tragen, falls diese auf dem Weg müde würden. Samuel wählte bewußt zwei Männer aus einem der Dörfer, die sich mit der feindlichen Gruppe zusammengetan hatten. Sie wurden mit Besorgnis aufgenommen, und ähnlich verhielt es sich mit unserer Zusicherung, es würde schon alles gut gehen. Wer konnte sagen, was bei einer plötzlichen, vom Gefühl bestimmten Gegenüberstellung geschehen würde?

Wir verschlossen unsere Besitztümer in einer Stahltrommel, sagten der Menge, die sich zu unserer Abreise zusammengefunden hatte, tränenreich Lebewohl und versprachen, sobald wie möglich wiederzukommen.

Acht lange Stunden später trafen wir auf der großen Steppe ein. Die zwei verängstigten Führer folgten Samuel und uns in das Haus, in dem sie ihr Geschick erwarteten. Ohne diese Begleitung wäre Samuel allein weiter zum Rundhaus gegangen. Aber er zögerte, die anderen zwei unangemeldet in das Dorf hineinzuführen. Er wollte sie auch nicht allein in der Veranda zurücklassen, da er sich für ihr Wohlergehen verantwortlich fühlte.

Durch eins der auf der Landebahn spielenden Kinder schickten wir Enrique eine Botschaft, die ihn davon unterrichtete, daß wir unseren Führern eine freundliche Aufnahme zugesichert hatten. Alles weitere lag nun bei ihm.

Die Nachricht kam zurück, Samuel solle sie für die Nacht in Octavios Schuppen führen. Ihr Einzug in das Dorf entbehrte der üblichen Farbenpracht. Sie waren nämlich zu ängstlich gewesen, einen formellen Auftritt als Besucher zu veranstalten. Aber die Nacht verlief für sie ohne Zwischenfälle.

Am folgenden Morgen kehrten sie zu unserem Haus zurück. Sie wollten uns die Geschenke zeigen, die sie von ihren Gastgebern erhalten hatten. Dann machten sie sich wieder ins Balafili-Tal auf.

Ihre heile Rückkehr ins eigene Dorf wurde als ein Durchbruch der Beziehungen zwischen den beiden Gruppen verkündet, und einige andere, die eine lose Verbindung zu dem feindlichen Dorf gehabt hatten, begannen nun auch mit vorsichtigen Besuchen auf der großen Steppe.

Trotzdem war keiner von uns auf das vorbereitet, was Gott tun wollte.

Es war zwei Tage vor Weihnachten. Eine große Gruppe unserer Leute stand vor dem Haus der Shadles, als jemand bemerkte, wie vom südlichen Ende der Steppe eine lange Reihe von Menschen auf uns zukam.

»Uno, dos, tres –« Einer der Jungen fing an, die vielen Menschen zu zählen, die sich uns näherten. Dabei übte er die spanischen Zahlen, die wir ihm beigebracht hatten.

»Das sind Besucher! Noch mehr Besucher!« rief David aufgeregt. »Schaut doch mal ihren Schmuck an!«

Die Frauen griffen hastig nach ihren Kindern und Körben, und die Männer sammelten schnell ihre Bogen und Pfeile ein. Dann rasten sie alle den Pfad zum Rundhaus hinunter. Jeder wollte in seiner Hängematte Platz genommen haben, um sich dann zu erheben und in das stürmische Willkommen einzustimmen, wenn die Besucher einzogen.

Davids Bruder war einer der letzten, der wegging. Mit einigen Kindern, die nicht allzusehr an der Etikette interessiert waren, drückte er sich neben uns herum. Er strengte sich an, die Besucher, die sich flott dem Ende der Landebahn näherten, zu erkennen. Sie müßten aus Samuels Dorf sein, entschied er, und war gerade im

Begriff, den anderen zum Rundhaus nachzurennen, als ein kleines Mädchen mich plötzlich am Arm zog.

»Margarita«, flüsterte sie, »der Mann dort, der in der Mitte, der dünne – der ist aus dem feindlichen Dorf! Ich habe ihn an Samuels Haus gesehen, als ich mit meinem Vater dort wohnte.«

Ich starrte sie höchst verwundert an, und Davids Bruder bückte sich zu der Kleinen herunter, um sie zu fragen, was sie eben gesagt hätte. Er glaubte, nicht richtig gehört zu haben, aber sie wollte es nicht wiederholen.

»Ich fürchte mich«, flüsterte sie, preßte meine Hand und rückte näher heran.

Er schielte noch einmal in die Richtung der Landebahn und musterte die lange Reihe der Besucher, die auf uns zueilte.

»Sie kann doch nicht so weit sehen«, spottete er. »Keiner aus dem feindlichen Dorf würde einfach zu uns hereinspazieren.«

Davids Bruder machte eine kleine Pause und forschte in unseren Gesichtern nach einer Meinungsäußerung, auf die er sich im Dorf beziehen könnte. Dann rannte er den anderen hinterher.

Mit Paul und Marty begaben wir uns an den Rand der Landebahn. Kaum wagten wir, die Möglichkeit in Betracht zu ziehen, daß das kleine Mädchen recht haben könnte. Andererseits waren wir zu gespannt, als davon keine Notiz zu nehmen.

Es war Sitte, daß Besucher, auf ihrem Weg zum Dorf nicht aufgehalten wurden. Der verbissene Aufmarsch von Menschen, die da heranrückten, ermutigte durchaus nicht dazu, gegen diese Regel zu verstoßen. Die schwarzen Farben, mit denen sich die Besucher bemalt hatten, verliehen ihrer Absicht eine gewisse Dringlichkeit. Obwohl uns viele von ihnen gut kannten, marschierten sie in einer Reihe hintereinander vorbei, die Augen geradeaus nach vorn gerichtet, wie Soldaten bei einer Parade.

Zwei Männer aus Samuels Dorf gingen an der Spitze. Hinter ihnen lief der Balafili-Zauberdoktor, der kürzlich darüber gestaunt hatte, daß der Herr imstande gewesen war, seinen Zorn zu vertreiben. Zwei weitere Männer aus Samuels Dorf folgten, und dann kam noch ein alter Mann, den ich nicht erkannte.

Wally und Paul begannen mit einem erregten Wortwechsel. »Sie hat recht«, konnte ich sie neben mir flüstern hören. »Es ist der alte Häuptling aus dem feindlichen Dorf.«

Mir wurde die Kehle eng. Die spürbare Spannung mußte wohl

bei den Besuchern ansteckend wirken. Fest schlossen sich die Finger des kleinen Mädchens um meine feuchte Hand.

»Das ist er«, flüsterte sie mit kaum vernehmbarer Stimme und musterte den alten Mann, der eben vorüberging. Er war von schmächtiger Gestalt und hielt den Kopf hoch.

Vergeblich versuchte ich, mir die Gefühle klarzumachen, die sich hinter seinem unbewegten Gesichtsausdruck verbargen, als er auf das feindliche Rundhaus zuschritt. Welche Befürchtungen ihn auch immer gequält haben mochten, sie waren vergessen, als die Männer weiter auf die große Steppe zumarschierten. Damit war ihr Entschluß nämlich unwiderruflich.

Samuel folgte ihm, unheimlich versessen auf die Gegenüberstellung, die ihnen so nahe bevorstand. Auf dieses Ziel hin hatte er lange gearbeitet, und er war sich der kolossalen Verantwortung voll bewußt, den alten Mann vor ihm in das Zentrum seiner Feinde zu geleiten. Alles mögliche konnte passieren. Wie er wußte, war schon manch ein gutgemeinter Waffenstillstand gerade bei so einer stimmungsgeladenen Begegnung in Gewalttätigkeit umgeschlagen. Seine Brüder traten rasch hinter ihn, und zwei Frauen erhoben ihre Stimme.

Schultern strafften sich als Zeichen dafür, daß die Männer zum Handeln bereit waren. Sie liefen schnell an uns vorüber und gerieten aus unserem Gesichtskreis, als sie den Pfad zum Sumpf hinuntergingen, der uns vom Dorf trennte. Wir entfernten uns von der Landebahn und erwarteten ihr Auftauchen auf der gegenüberliegenden Seite des Sumpfes.

Einer nach dem anderen kamen sie in Sicht und eilten die letzten hundert Schritte zum Rundhaus. Mit unseren Augen folgten wir ihnen bis zur Grenze des Dorfes und hielten den Atem an, als sie im Innern verschwanden.

Herr, laß jetzt nichts schiefgehen!

Das Warten schien uns eine Ewigkeit zu dauern. Dabei fragten wir uns, wie die Männer sich wohl verhielten, wenn sie feststellten, wen Samuel zu ihnen gebracht hatte. Wir fragten uns, wie José und Timotheus die Probe bestehen würden. Und wir fragten uns, ob unsere Leute den Besuchern nur ebenso widerwillig Gastfreundschaft gewährten wie den zwei Führern, die mit uns aus dem Balafili-Tal zurückgekehrt waren.

Dann erklang ein gewaltiger Willkommensschrei und erfüllte

Erde und Himmel mit Frohlocken. Der Empfangslärm währte ganze sechzig Sekunden.

Wir lachten! Wir jauchzten! Wir klatschten in die Hände, tanzten vor Freude und riefen uns gegenseitig »Frohe Weihnachten« zu.

Eine halbe Stunde später rannte einer von Josés jüngeren Brüdern aufgeregt an unserem Haus vorbei, nur um einige Augenblicke danach mit der atemlos vorgebrachten Bitte um ein Buschmesser zurückzukehren. José hatte ihn in den Garten geschickt. Er sollte für die Besucher einige Bananen abschneiden. Aber von all den Aufregungen des Nachmittags war ihm ganz schwindlig, und er hatte vergessen, sein Buschmesser mitzunehmen. In diesem Augenblick waren auch wir nicht auf der Höhe des Geschehens und ließen die altgewohnte Ordnung außer acht. So händigten wir ihm fröhlich eins unserer Buschmesser aus – ohne jeden Widerspruch!

Bis jetzt hatten wir absichtlich jede Einmischung vermieden, um unseren Freunden bei den einzelnen Programmpunkten ihrer Zusammenkunft freie Hand zu lassen. Aber jetzt konnten wir unsere Neugier kaum noch bezähmen. Paul entschloß sich, zum Dorf hinunterzueilen, um zu sehen, was da vor sich ging.

Als er ankam, war alles still. In der Annahme, daß er sicher an diesem Ort den alten Mann finden würde, schlenderte er in Enriques Haus hinein. Ein schneller Blick über den Raum erwies seine Vermutung aber als falsch. Die von Enrique in sein Haus eingeladenen zwei Besucher kamen aus Samuels Dorf.

Enrique konnte sich vorstellen, daß Paul mit der ausdrücklichen Absicht erschienen war, den alten Mann auf der großen Steppe willkommen zu heißen. Also entschloß er sich, ihn zu der gegenüberliegenden Seite des Dorfes zu begleiten, wo dieser zu Gast war.

Bis jetzt hatte Enrique auch noch nicht mit dem alten Mann gesprochen. Sie überquerten die Dorflichtung. Als die anderen erkannten, wen sie erwarteten, führten sie sie zu Josés Schuppen.

José! Nicht zu fassen! Paul und Enrique duckten sich unter den Blättern, betraten Josés Heim und gingen auf die Hängematte zu, in der der alte Mann ruhte. José lächelte einen herzlichen Willkommensgruß, verließ seine Feuerstelle und schloß sich der Unterhaltung mit dem Ehrengast an.

Die Nacht brach herein. Die Indianer veranstalteten in Davids

Haus eine Dauergebetsversammlung, zu der sie alle Besucher einluden. In der Frühe des nächsten Morgens kam José zu uns herunter, um uns über die Einzelheiten ins Bild zu setzen.

»Wir haben mit ihnen keine Klagen heruntergeleiert!« sagte er lachend. »Wir haben nur gebetet. Keiner hat im Zorn gesprochen, nicht einmal ich!«

Bei der Erinnerung daran lachte er in sich hinein. Niemand hätte über die Veränderung von José mehr verwundert sein können als José selbst. »Der alte Mann hat uns erzählt, seine Leute möchten den Herrn kennenlernen. Er sagt, sie wollten überhaupt nicht mehr kämpfen.«

José machte eine Pause und dachte darüber nach. »Wer weiß?« grübelte er, »vielleicht ist es ja wahr!«

Unsere Aufmerksamkeit wurde auf einen Tumult draußen gelenkt. Besucher aus vergangenen Tagen scharten sich fröhlich um Paul und Marty, um ihnen Lebewohl zu sagen. Sie waren auf dem Heimweg ins Balafili-Tal und brannten darauf, den ängstlich Daheimgebliebenen zu versichern, sie seien auf der großen Steppe friedlich empfangen worden. Der Krieg war vorbei.

Herausgefordert und auf die Probe gestellt

Jaime beugte sich über das Paket Fleisch, das er gerade ausgewikkelt hatte, und schlug geschickt die Schalen von zwei kleinen Gürteltieren ab. Er teilte seinen Fang zwischen Marty und mir und borgte sich dann Wallys Draht, um eine neue Klinge an seinem Buschmesser zu befestigen. Jaime kam aus Samuels Dorf. Er war derselbe Mann, der damals die Party an unserer Feuerstelle so genossen hatte, als Jill und ich versuchten, die Freundschaft seiner zwei Frauen zu gewinnen. Wir drängten uns um ihn und wollten die neuesten Nachrichten aus dem Balafili-Tal hören.

»Wußtet ihr, daß Wishiquimi verletzt ist?« fragte er, ohne seine Arbeit zu unterbrechen.

»Nein.«

»Ihr Bein ist abgeschnitten«, erzählte er weiter und prüfte mit seinem Daumen die Schärfe der Klinge. »Sie trieb sich immer herum, und schließlich bekam ihr Mann die Wut. Er ist mit ihr fertig. So sieht's jedenfalls aus.«

Wir schauten uns bestürzt an und fragten, ob dieser Bericht wahr sein konnte. Wishiquimis Ruf ließ sehr zu wünschen übrig. Allerdings wäre sie nicht die erste junge Frau gewesen, die wegen Untreue eine gewaltsame Scheidung hinnehmen mußte. Aber von einem so außergewöhnlichen medizinischen Vorfall hätte uns doch sicher jemand in Kenntnis gesetzt. Wishiquimi hatte in Samuels Dorf eingeheiratet. Alle ihre Verwandten jedoch lebten neben uns in dem Rundhaus auf der großen Steppe. Irgend jemand hätte doch bestimmt wenigstens *sie* benachrichtigt.

»Jetzt geht es ihr wohl etwas besser?« vermutete Wally.

»Nein, natürlich nicht!« antwortete Jaime ungeduldig. »Sie ist vernichtet. Ihr Fuß baumelt herunter. Wie soll es ihr da besser gehen?«

»Aber mich hat niemand geholt«, fuhr Wally unbeirrt fort. »Jemand hätte es uns doch erzählt!«

Jaime zuckte die Schultern. »Wer weiß, was sie vorhatten. Ich hielt mich nicht in der Nähe auf. Am nächsten Morgen gingen wir nämlich auf Jagd.«

Ihm lag nichts daran, die Unterhaltung fortzusetzen. Er vertrat sich die Füße, händigte Paul den Draht aus und machte sich zum Aufbruch fertig.

Wir wußten nicht, was tun. Die von Jaime überbrachten Neuigkeiten ernst zu nehmen, zögerten wir. Wie sollten wir überprüfen, ob sie den Tatsachen entsprachen. Gleichzeitig fürchteten wir etwaige Gegenmaßnahmen. Mochte auch Wishiquimis Mann der schuldige Teil sein, so würde doch das ganze Dorf zur Verantwortung gezogen werden, wenn die junge Frau tatsächlich Schaden genommen hatte. Die Vorstellung, daß die Leute von der großen Steppe plötzlich in Kriegereien mit *Samuels* Dorf gestürzt werden könnten, war erschütternd.

Herr, betete ich, der Friede bei den Yanoamös ist eine so zerbrechliche Sache!

Wally vertraute sich Enrique und einigen anderen an, die sich bald zu einer Missionsreise in den Norden aufmachen wollten. Sie zuckten die Schultern in der Annahme, jemand hätte es bestimmt Wishiquimis Verwandten berichtet, falls die Geschichte der Wahrheit entspräche. Wir versuchten, sie für eine typische Übertreibung zu halten. Aber als der kleine Juancito sich einige Tage später den Fuß brach und ein Doktor eingeflogen werden mußte, der den Kranken behandelte, entschloß sich Wally, sich das Flugzeug zunutze zu machen und Wishiquimis Zustand zu überprüfen.

Juancito wurde in unser Vorderzimmer getragen und auf einen langen Tisch gebettet. Während Paul und Marty bei der Behandlung des Fußes Hilfe leisteten, flog Jim Hurd Wally zum Balafili-Tal hinüber, wo sie auf der Rollbahn in der Nähe von Samuels Dorf landeten.

Die Operation im Vorderzimmer war gerade beendet, als das Flugzeug zurückkehrte. Wally sprang heraus und verkündete verbissen, der Zustand der jungen Frau sei genau so schlimm, wie Jaimes ihn geschildert hatte.

Wally und Jim Hurd waren von der Landebahn in Samuels Dorf gewandert, begleitet von einer Gruppe von Frauen, die zufällig das Flugzeug entdeckt hatten. Wally konnte aus ihrem Verhalten ablesen, daß sich Wishiquimi in einem bedenklichen Zustand befand. Die Frauen schienen zu fürchten, Wally könnte Vergeltung üben wollen.

»Was willst du machen, wenn ihr Mann über deine Einmischung zornig wird?« fragten sie nervös.

»Was willst du machen, wenn er dir befiehlt, wegzugehen und sie allein zu lassen?«

»Das wird er nicht«, versicherte Wally ihnen, obwohl er von der Möglichkeit beunruhigt war.

Sie fanden Wishiquimi in einer eilig errichteten Hütte hinter dem Dorf, wohin man sie gebracht hatte, um den anderen ihr fortwährendes Stöhnen und den Gestank von verwesendem Fleisch zu ersparen. Nach und nach fanden sie heraus, daß dieses Unglück vor neun Tagen geschehen war. Das war derselbe Tag, an dem der Häuptling des feindlichen Dorfes auf der großen Steppe erschienen war und wir uns gefreut hatten, das Ende des Krieges zu erleben.

»Ausgerechnet an diesem Tag?« fragte ich und unterbrach den Bericht.

Wally nickte.

Typisch, dachte ich, von einer schweren Müdigkeit übermannt. Jede Verbesserung der Lage war in Frage gestellt. Wally fuhr mit seiner Schilderung fort, und ich hörte wie betäubt zu.

Während dieser neun Tage des Leidens hatte Wishiquimi vernachlässigt in ihrer schmutzigen Hängematte gelegen, mit Blut und Dreck verkrustet. Fliegen und Mücken schwirrten um ihr eiterndes Bein mit der breiten, scheußlich klaffenden Wunde. Fast trennte diese schon das Bein unterhalb des Knies ab.

Wishiquimis Mann war nicht daheim, als Wally und Jim auf der Bildfläche erschienen. Voller Zorn hatte er das Dorf verlassen – voller Zorn darüber, daß die Untreue seiner Frau ihn zu dieser Gewalttat getrieben hatte.

Die Frauen knüpften schnell Wishiquimis Hängematte ab und transportierten sie langsam zum Landeplatz. Jede Bewegung der Hängematte bereitete Wishiquimi qualvolle Schmerzen, als sie zwischen den Frauen hin- und herschwang. Ein altes Mütterchen lief neben ihr her und hielt ihr Bein ober- und unterhalb der Wunde fest, damit der Fuß nicht in die falsche Richtung schlenkerte.

Wishiquimi wurde ins Flugzeug geschoben, und die Frauen beobachteten sachlich, wie Wally sie für den Rückflug zur großen Steppe an ihrem Platz festschnallte.

Dort warteten ihre Verwandten besorgt auf ihre Ankunft.

Wir gingen zum Flugzeug heraus, um Wishiquimi ins Haus zu bringen. Ihre Familie drängte sich herein. Sie wollte sofort den Zustand der Kranken prüfen. Als den Männern der Zustand der Frau bewußt wurde, wandte sich einer nach dem andern um und ging weg. Ihre Erfahrung gab ihnen keinen Anlaß, auf Genesung zu hoffen, und je länger sie auf Wishiquimi schauten, desto zorniger wurden sie.

Der Anblick ihres Elends entfachte eine Wut, die sie nur mit Mühe beherrschen konnten.

»Wally«, stammelte David, »ich habe doch gedacht, ich würde nie wieder den Wunsch haben, einen anderen Mann zu erschießen. Ich habe geglaubt, mein Zorn wäre für immer weg. Aber wenn Wishiquimi etwas geschieht, wenn sie nicht wieder gesund wird...« Er konnte den Satz nicht beenden, drehte sich um und ging fort.

Jim Hurd und Wally trugen Wishiquimi vom Flugzeug ins Haus. Weil der lange Tisch in dem vorderen Raum immer noch von Juancito beansprucht wurde, legten sie die Patientin mit einer alten Decke auf den Küchentisch. Sie schluchzte herzzerbrechend. Alle unsere Versuche, ihre Qual zu lindern, schienen ihre körperlichen Beschwerden nur zu vergrößern.

Die Frauen des Dorfes scharten sich um sie und weinten im Gefühl ihrer Ohnmacht.

Der Arzt warf aus der Entfernung einen Blick auf Wishiquimi, während er seine Tasse Kaffee austrank. Es war nicht nötig, näher heranzukommen, um ihren Zustand abzuschätzen. Der Gestank von verwestem Fleisch erfüllte den Raum.

Nach wenigen Augenblicken verscheuchten wir die Besucher von Wishiquimis Seite, und der Doktor trat zu einer schnellen Untersuchung heran.

»Es muß abgenommen werden«, stellte er als Tatbestand fest. »Da ist nicht mehr genug, um es zusammenzuhalten. Unterhalb des Knies ist es schon kalt.«

Eine Zeitlang musterte er das Gesicht der Kranken, und sie beobachtete ihn mit erschrockenen Augen. Dann rückte der Doktor von ihr ab, dorthin, wo die Luft frischer war.

»Wir werden über dem Knie amputieren müssen«, sagte er. »Wer weiß, ob sie das in ihrer Verfassung überlebt.«

Der Arzt begann, seine Ausrüstung einzupacken. Wir versprachen, ihm noch am gleichen Tag über Funk eine Nachricht zu übermitteln. Er sollte davon in Kenntnis gesetzt werden, ob Wishiquimis Familie die Erlaubnis gäbe, sie zur Amputation in ein Krankenhaus zu fliegen.

Am späten Nachmittag hatte sich der erste Schock gelegt, und

wir waren in der Lage, mit Wishiquimis Verwandten zusammenzu-
treffen und ein vernünftiges Gespräch über die Heilungsaussichten
der Kranken zu führen. Sie saßen um uns herum und hörten sich
schweigend die nüchternen, harten Worte an, die der Doktor
gesprochen hatte. Zögernd nickten sie und gaben damit ihre
Zustimmung zu dem, was getan werden mußte.

»Sie werden soviel wie nur irgend möglich retten«, versicherte
Wally ihnen. »Aber wenn Wishiquimi erst einmal zum Krankenhaus geflogen worden ist, liegt das alles bei den Ärzten. Dann
könnt ihr eure Meinung nicht mehr ändern. Wenn ihr zu ängstlich
seid, sie wegzuschicken, müßt ihr sie hierbehalten.«

»Aber du kannst ihr Bein doch nicht wieder zusammensetzen?«

»Nein.«

»Also gut«, sagten sie. »Rufe das Flugzeug! Am Morgen werden
wir sie auf den Weg bringen.«

Paul und Marty Shadle erklärten sich bereit, Wishiquimi in die
Zivilisation zu begleiten, um den Übergang von einer Kultur in eine
so andere zu mildern und an Wishiquimis Stelle mit dem Ärztekol-
legium zu sprechen, was kein Yanoamö verstand.

In der Frühe des nächsten Morgens, während Wally den Shadles
bei eiligen Vorbereitungen für ihre unvermutete Abreise half, ging
ich zum Dorf hinunter. Ich wollte erfahren, wie Wishiquimi die
Nacht überstanden hatte. Sie saß abgestützt auf ihrem Lager und aß
eine geröstete Banane. Als ich näherkam, grinste sie einen Willkommensgruß.

Es war schwierig, sich vorzustellen, das sei dieselbe Person, um
die wir am Tag zuvor gebangt hatten. Schon allein die Tatsache,
wieder daheim bei ihren eigenen Leuten zu sein, hatte ihr neue
Zuversicht geschenkt.

Ihre Verwandten scharten sich um mich, um zu fragen, ob das
Flugzeug auf dem Weg sei und um die bevorstehende Operation zu
besprechen. Ich versuchte, Amputationen als eine Routinesache
hinzustellen. Dann wechselte ich das Thema und berichtete ihnen,
ich hätte in der vergangenen Nacht zwei neue Kleider für Wishiquimi genäht. Sie nickten anerkennend und faßten es als die ihr
zustehende Belohnung auf, obwohl meine Beweggründe ein wenig
mehr praktischer Art gewesen waren. Nacktheit mochte für sie eine
mögliche Lebensform bilden. Aber wir wollten Wishiquimi nicht
den neugierigen, belustigenden Blicken der Welt draußen ausset-

zen, indem wir sie nur mit einer einzelnen G-Saite zusammenge-schnürt losschickten.

Obwohl viele der Yanoamös jetzt irgend etwas zum Überziehen besaßen, sparten sie ihre Kleidungsstücke lieber für besondere Anlässe auf. Für sie bestand kein Zusammenhang zwischen dem Tragen von Kleidung und dem Schamgefühl. Genau genommen war die Kleidung nur Schmuck.

»Sie werden auch fragen, wie du heißt«, lachte ich. »Das machen die Leute im Krankenhaus immer so! Den Namen von jedem schreiben sie auf Papier.«

Die Frauen tauschten entsetzte Blicke aus. Wishiquimis Mutter rüttelte mich am Arm. »Kleine«, flüsterte sie, »gib ihr jetzt einen Namen! Bring ihr bei, was sie sagen soll!«

Ich zögerte einen Augenblick, und sie schnaubte verärgert, schleppte sich von mir weg und schüttelte ungehalten ihren Kopf.

»Wie kommt es, daß ihr Ausländer immerzu allen möglichen Leuten Namen gebt und niemals *uns*?« verlangte sie zu wissen.

»Weil ihr niemals um spanische Namen *bittet*«, entgegnete ich schlagfertig in künstlicher Nachahmung ihrer Empörung. Sie lächelte widerstrebend und schob sich näher an mich heran auf unserem gemeinsamen Sitzplatz, einem Stück Feuerholz. Versöhn-lich legte sie ihren Arm um meine Schultern. »Schon gut«, sagte sie mit einem Lächeln, »gib ihr dann eben jetzt einen Namen!«

Ich machte eine kurze Pause, um zu überlegen. Die Frauen warteten in ehrerbietigem Schweigen auf die Eingebung, von der sie sich für meine Gedanken den Vorschlag eines Namens er-hofften.

»Sofia«, sagte ich. »Sie kann Sofia heißen.«

Diesen Namen hatte noch keiner aus ihrer Verwandtschaft. Er war für die Zunge eines Yanoamös auch leicht auszusprechen. Das waren die zwei Grundbedingungen.

»Sage ihnen einfach, du heißt Sofia Parima!«

Lächelnd bekundeten die Frauen ihr Einverständnis und wieder-holten Wishiquimis neuen Namen im Flüsterton.

Eine Stunde später brachten sie die Kranke ins Haus – für ein Bad und eine Mahlzeit vor der Ankunft des Flugzeugs. Der Raum war gesteckt voll mit trauernden Besuchern, die Wishiquimis Zustand prüften und auf das Ergebnis mit Tränen oder Wut antworteten. Ich trug einen Eimer mit warmem Wasser heraus, Seife und waschbare Kleider, und versuchte, Wishiquimi für ihren Eintritt in die Außenwelt vorzubereiten.

Sie zuckte zusammen, als ich das Blut abtupfte, das ihr gebrochenes Bein verkrustete. Ich beschloß unverzüglich, diese Arbeit lieber den Krankenschwestern zu überlassen und meine Anstrengungen auf ihren übrigen Körper zu richten. Kein noch so intensives Schrubben schien ein Loch zu reißen in die Ablagerungen von Schmutz, Staub und pflanzlichem Farbstoff, die sich im Laufe von ungefähr zwanzig Jahren in ihrer Haut festgesetzt hatten. Gelegentliches Baden ohne Seife in einem kalten Fluß schien bei ihr wirklich nicht viel ausgerichtet zu haben. Schließlich durchstöberte ich meinen Küchenschrank und kam mit einer Büchse Reinigungsmittel zurück, das im Handel für hartnäckige Flecken auf Töpfen und Pfannen angeboten wurde. Wunderbar! Daraus hätte ein phantastisches Geschäft werden können.

Die Frauen standen mit großen Augen in einem Kreis um uns herum und waren von der Tatsache verblüfft, daß Wishiquimis natürliche Hautfarbe um so viele Schattierungen heller war, als sie vermutet hatten.

»Margarita!« riefen sie aufgeregt lachend, »sie sieht ja genauso aus wie du! Sie ist überhaupt keine mehr von uns! Sie ist eine Fremde!«

Die Patientin war gleichfalls von ihrem neuen Aussehen entzückt und stolz auf das bewundernde Lächeln, das sie erntete. Wir halfen ihr in eins ihrer neuen Kleider hinein und zeigten ihr, wo ihr Name als Erkennungsmarke aufgedruckt war.

»Und hier ist ein Kamm«, sagte ich und überreichte ihr einige Gegenstände. Marty und ich hatten uns entschlossen, diese Dinge beizusteuern. »Und hier sind ein Spiegel und ein anderes Kleid und ein paar Bücher zum Anschauen.«

Sie lächelte dankbar und stapelte ihre Schätze auf der Bank neben sich. »Und hier hast du einen Beutel. In ihm kannst du alles aufheben«, erklärte ich ihr weiter und hielt ihr einen verblichenen Kissenbezug hin, der auf beiden Seiten deutlich mit dem Namen »Sofia Parima« beschriftet war.

Das Geräusch des Flugzeugmotors unterbrach die Heiterkeit der Szene. Die Frauen begannen ihre Klagegesänge. Kurz danach wurde Wishiquimi in das Flugzeug gehoben. Paul und Marty kletterten ebenfalls hinein und setzten sich neben sie. Ein Gebet um ihre gesunde Rückkehr wurde gesprochen, und sie begab sich auf die längste Reise ihres Lebens.

Die Menge zerstreute sich, und Wally und ich kehrten erschöpft in unser Haus zurück. Wir waren erleichtert, daß wir die ärztliche Verantwortung für Wishiquimi in fachkundigere Hände legen konnten. Aber die durch ihre Verletzung hervorgerufenen Probleme fingen erst an.

Nach Wishiquimis blutiger Ehescheidung hielten sich die Leute von Samuels Dorf klugerweise außer Sichtweite. Die Schwere der Schuld, die auf ihnen lag, würde wohl nach dem wirklichen Zustand der jungen Frau bemessen werden. Dann erreichte uns von Shadles die Nachricht, daß die Amputation möglicherweise nicht nötig wäre. Die Balafili-Leute atmeten erleichtert auf. In einem vorsichtigen Versuch, die Haltbarkeit ihrer Freundschaft zu testen, schickte Samuel Jaime zur großen Steppe hinüber. Er sollte ausfindig machen, ob noch von Vergeltung die Rede war.

Jaime erschien mit einem Geschenk für seine Schwiegereltern – geröstete Raupen – und stellte fest, daß die jüngere seiner zwei Frauen weggelaufen war. Ihre Eltern, deren Obhut er sie für einige Wochen anvertraut hatte, hatten nichts dazu getan, sie aufzuhalten. Eine Erklärung erübrigte sich. Jaime wußte, daß ihre Weigerung, seine Interessen zu wahren, ein deutlicher Protest gegen die Behandlung von Wishiquimi sein würde.

Ziemlich viele Familien hatten sich im Dschungel verteilt und campierten in verstreuten Unterständen in der Nähe von kürzlich angelegten Gartengrundstücken, und Jaimes Frau befand sich bei ihnen. Um abgesonderter zu sein, versteckte sie sich auf einem Zeltplatz hoch oben auf einem Hügel, von dem aus man die große Steppe überschauen konnte, und sie versuchte, Pedro einzureden, sie zur Frau zu nehmen.

In der Dunkelheit der Nacht schlich Jaime zu Pedros Lager, aber die Kunde von seinem Kommen lief ihm voraus. Er stürmte in das Lager hinein und fand die Hängematte neben Pedro leer. Seine noch im Kindesalter stehende Frau war schon in den Schutz des umliegenden Dschungels geflohen.

»Wo ist sie?« wollte Jaime wissen.

»Sie ist weg«, kam im Chor die Antwort aus den nahegelegenen Schuppen. »Sie hat Angst vor euch wilden Balafili-Männern.«

Jaime wußte, daß er in eine Falle gegangen war. Höchst beunruhigt von der Vorstellung, er hätte die Sünden eines anderen Mannes auszubaden, schrie er zornig in die Dunkelheit hinein: »Warum soll sie sich wohl vor *mir* fürchten? Wann habe *ich* sie jemals mit Narben nach Hause geschickt?«

Aber seine Einwände waren zwecklos. Es ging nicht um die bestimmte Schuld eines einzelnen. Er war ein Teil des Dorfes, das Wishiquimi Schaden zugefügt hatte, und das allein zählte.

Pedro fühlte sich etwas unbehaglich. Er hatte Jaime gern. Aber die Aussichten auf eine so leicht festgesetzte Hochzeit waren für ihn verlockender.

»Ich habe nie versucht, sie fortzuschmuggeln«, murmelte er schließlich. »Das war *ihre* Idee!«

Jaime stürzte aus dem Lager heraus und nahm seinen Weg zu unserem Haus. Er holte uns aus den Betten, um uns wissen zu lassen, was sich ereignet hatte. Seine Enttäuschung war riesengroß, seine Stimme zitterte. Er bebte am ganzen Körper.

»Bruder«, sagte er und beugte sich vor, um Wallys Gesichtsausdruck in dem flackernden Lampenlicht zu beobachten, »sie haben mir erzählt, du hast gemeint, daß es von Pedro richtig war, sie zu nehmen. Es soll sowieso niemand zwei Frauen haben.«

»Das stimmt nicht«, antwortete Wally. »Seitdem das geschehen ist, habe ich Pedro überhaupt nicht gesehen. Ich mache den Leuten immer klar, daß es nach Gottes Willen am besten ist, *eine* Frau zu haben. Aber ich würde niemals irgend jemandem vorschlagen, die Frau eines anderen Mannes wegzunehmen. Das wäre Ehebruch. Vielmehr ermahne ich sie, ihre Frauen zu behalten. Gott warnt vor Ehescheidung.«

Wally machte eine kleine Pause und forschte in seinem Gedächtnis nach irgendeiner Äußerung, die Pedro dazu verwenden könnte, seinen Standpunkt zu rechtfertigen. Ungefähr die Hälfte der Männer hatte mehr als eine Frau, und das Thema wurde oft erörtert.

»Ich habe allerdings gesagt, daß es Ehemännern freisteht, ihre zweiten Frauen zurückzugeben, wenn sie noch nicht ins heiratsfähige Alter gekommen sind«, erinnerte er sich. Jaime nickte und rückte näher heran. »Schließlich«, so folgerte Wally, »habt ihr Ehemänner diese Mädchen überhaupt noch nicht zu Frauen genommen, wenn sie noch so jung sind.«

Jaime brauchte einen Augenblick, ehe er begriff, daß Wally damit körperliche Beziehungen meinte.

»Was hat das damit zu tun?« platzte er heraus. »Sex! Ist das alles, woran ihr Fremden immer nur denken könnt?«

Wally und ich schauten uns bestürzt an. Wer hätte angenommen, daß sie *uns* für pervers hielten?

»Ich habe sie in meinem Haus gehabt, seit sie ein kleines Mädchen war«, fuhr Jaime erbittert fort. »Ich habe sie ernährt, sie großgezogen.«

Er beugte sich vor und holte tief Atem, um sich zu beruhigen. »Sag nicht, sie gehört nicht mir«, bat er eindringlich. »Ich *liebe* sie. Alle meine Verwandten werden weinen, wenn sie hören, daß man sie mir weggenommen hat. Miteinander haben wir uns am Lagerfeuer in unseren Hängematten geschaukelt und zusammen gelacht. Sie hat mein Essen gebraten und mein Feuerholz gehackt. Wie kann jemand behaupten, daß sie mir nicht gehört?«

»Das sage ich auch gar nicht«, versicherte Wally ihm. »Ich sage nur, daß Männer Ehefrauen im Kindesalter zurückgeben können, wenn sie es *wollen*. Ich meine nicht, daß sie dir nicht gehört, wenn du noch Anspruch auf sie erhebst.«

»Wirklich?«

»Wirklich.«

Jaime stand auf und bewegte sich auf die Tür zu. Dort blieb er unschlüssig stehen, um eine letzte Frage zu stellen: »Bruder, willst du ihnen nicht sagen, sie sollen sie zurückgeben? Erkläre ihnen, daß wir nicht um sie kämpfen wollen!«

Wally nickte langsam. Er konnte die Leute an das erinnern, was Gottes Wort lehrte. Für die Ergebnisse konnte er aber nicht garantieren.

»Bete für mich!« fügte Jaime noch hinzu. »Ich bin wirklich aufgebracht. Mein Herz ist ganz durcheinander.«

Auch unsere Herzen befanden sich im Aufruhr. Wir hielten es für möglich, daß die Gruppe, die die junge Frau auf dem Bergabhang versteckte, ein Eingreifen von außen begrüßt hätte. Es wäre nämlich nicht das erste Mal gewesen, daß einige rücksichtslose Individuen sich kopfüber in fragwürdige Unternehmungen gestürzt hätten, in der festen Erwartung, vernünftigere Stimmen würden ihren Aktionen schon Einhalt gebieten.

Aber *wir* hatten nicht die Absicht, die Führung des Dorfes zu übernehmen. Enrique und die anderen waren bis jetzt noch nicht von ihrer Reise zurückgekehrt. Deshalb versuchten wir, den noch im Rundhaus wohnenden Familien die Verantwortung zu übertragen. Aber diese hatten weder Erfahrung noch Neigung, die Angelegenheiten anderer zu regeln. Sie waren damit zufrieden, ihre persönlichen Belange zu verfolgen. Sie hoffte, daß Enrique zurückkommt, um die Dinge in Ordnung zu bringen, ehe sich daraus irgendeine bedenkliche Schwierigkeit entwickelte.

Pedros Familie war von der Aussicht, eine Schwiegertochter zu bekommen, erfreut gewesen, und Wishiquimis Leute waren von Jaimes Enttäuschung zutiefst befriedigt. Es lag eine gewisse Genugtuung darin, daß sie in der Lage gewesen waren, sich für ihren Kummer zu rächen. Aber es fehlte ihnen an der Unterstützung des Dorfes, um einen ernsthaften Versuch zu starten, die junge Frau von ihrem rechtmäßigen Ehemann zurückzuhalten. Die einzigen, bei denen sie Interesse wecken konnten, waren ein paar Leute, deren Vorliebe für Aufregungen es stets fertigbrachte, die allgemein anerkannten Richtlinien zu verwischen. Die Herausforderung, eine fortgelaufene Ehefrau zu verstecken, machte ihnen Spaß. Sie genossen die Spannung und ergötzten sich an dem Reiz der überraschenden Besuche Jaimes, der häufige Reisen aus dem Balafili-Tal unternahm und seine abtrünnige Gattin wieder einfangen wollte.

Jede erfolglose Anstrengung verstärkte Jaimes Zielstrebigkeit, und bei jedem mißglückten Unternehmen schlossen sich ihm bei seiner Suche mehr und mehr zornige Freunde und Verwandte an.

Pedro gefiel es nicht, die Ursache solcher Unannehmlichkeiten zu sein. Zwar war die Beharrlichkeit des Mädchens, bei ihm bleiben zu wollen, schon schmeichelhaft. Aber in Wirklichkeit fühlte er sich nicht im Recht.

Schließlich kam er mit der Bitte um einen Rat in unser Haus. Er war erleichtert, hier jemanden zu finden, der ihm natürlich davon abriet, allein ins Dorf zurückzukehren. Seine Familie folgte widerstrebend, und Jaimes kleine Frau wurde am Bergabhang in den Händen von Beschützern zurückgelassen.

Das Zelten im Dschungel hatte von altersher einen schlechten Ruf gehabt. Darum schien es niemanden zu überraschen, wenn Gerüchte von Sittenlosigkeit ins Dorf drangen. Als aber die Meldung von Entführung und Blutschande eintraf, in die einige verwickelt waren, die bekannten, Gott erfahren zu haben, wurden sogar die Gleichgültigsten zum Handeln aufgerüttelt. Sie konnten nicht auf Enriques Rückkehr warten. Der Tumult auf dem Berg geriet allmählich außer Kontrolle.

Die unterdrückte Erregung in den Tagen der Ohnmacht entlud sich jetzt in einem tollen Lärm wütender Beschuldigungen. Diese hatten eine derartige Wirkung, daß die Zeltbewohner kleinlaut ins Dorf zurückkehrten. Alle Vorwürfe wurden bestritten, und eine schwelende Verstimmung ließ sich über dem Dorf wie eine drohende Gewitterwolke nieder. Nur zwei Mädchen blieben in den Wäldern: Jaimes Frau, die furchtsam ihre unvermeidliche Gefangennahme erwartete, und deren Begleiterin, ein junges Mädchen, dem es zu peinlich war, in sein Heim zurückzukehren. Jetzt wußte nämlich jeder um die Erniedrigung, die es durch seinen Onkel Waldo und drei andere Männer erlitten hatte.

Jeder beklagte die Abwesenheit Enriques. Er hätte es nie zugelassen, daß die Dinge ihnen derart über den Kopf wuchsen. Aber ihre Abhängigkeit von ihm hatte ihnen mehr geschadet als genützt. Er war ihr Gewissen geworden. Wir bereiteten uns seelisch auf den Sturm vor und trauten es Gott zu, den Leuten die Lektionen beizubringen, die sie lernen mußten.

Jaime erhielt die Nachricht, Pedro habe alles Interesse an dem Mädchen aufgegeben, und er eilte mit einer Abordnung von Frauenjägern zur Steppe zurück, um die »Beute« zu fangen. Die Mission verlief erfolgreich. Aber ehe wir noch einen Seufzer der Erleichterung tun konnten, kam schon ein anderes Problem auf uns zu.

Gerade war die Nachmittagsversammlung für Frauen zu Ende gegangen, und ich steuerte müde auf unser Haus zu. Die meisten Frauen waren zur Apotheke gegangen. Sie wollten Wally um Medizin oder um einen Löffel Hustensirup bitten. Da hetzten zwei Männer vom Dorf herauf und fragten, ob Catalina mit uns zusammengetroffen sei.

Seit ihre Vernarrtheit in Antonio Reibereien zwischen Enrique und Timotheus verursacht hatte, war mir ihr Name bei irgendwelchen Skandalen nicht zu Ohren gekommen.

Aber irgend etwas stimmte nicht. Als die Frauen den Männern erklärten, Catalina wäre nicht in der Versammlung gewesen, nahmen diese an, daß sie fortgelaufen ist. Sie brüllten in die

Richtung des Dorfes. Eine Gruppe von Männern hatte nur auf das Signal gewartet und kam jetzt mit allen ihren Waffen herbei. Einige rasten die Landebahn herunter, andere suchten sich einen Weg durch die Steppe und verschwanden im Dschungel. Die zornigen Männer des Dorfes hatten auf diese Weise ein Ventil für ihre Enttäuschungen gefunden. Sie jagten an uns vorbei in die Wälder hinein, und trotz meiner Verärgerung über Catalina hoffte ich, daß sie weit weg oder gut versteckt wäre.

Eine Stimme flüsterte, Enrique sei zurückgekommen. Wir drehten uns um und sahen ihn hinter uns stehen, erschöpft und abgezehrt von der langen Reise über die Berge.

Wally hieß ihn mit einem Lächeln freundlich willkommen. Aber es war unmöglich, von dem Wirrwarr um uns herum keine Notiz zu nehmen. Da waren kreischende Männer, weinende Frauen und Leute, die Hals über Kopf irgendwohin rannten. Enrique nickte bestürzt und setzte sich dann niedergeschlagen auf einen Holzklotz. Seine Freude über das Ergebnis seiner Bemühungen ging in dem Höllenlärm unter.

Dann drängten sich seine Freunde um ihn und brachten ihn auf den neuesten Informationsstand: mit lebhaften Berichten über Wishiquimis Verletzung, über den Kampf um Jaimes Frau, über Entführung und Blutschande. Was für ein Empfang! Es hatte den Anschein, als sei die ganze alte Gewalttätigkeit und Leidenschaft der großen Steppe um uns herum entfesselt worden, und ich begriff plötzlich, warum Enrique manchmal mutlos werden wollte. Der von wenigen Familien verursachte Aufruhr könnte auf das gesamte Dorf überspringen.

Eine halbe Stunde später kehrten die Männer wieder langsam ins Dorf zurück. Sie murrten darüber, daß Catalina nicht gefunden werden konnte. Diese tauchte am nächsten Morgen auf und verkündete, sie habe sich verirrt und sei gezwungen gewesen, die Nacht in den Wäldern zu verbringen. Niemand glaubte ihr. Doch inzwischen war es den Leuten zu dumm, das Aufsehen vom Vortag zu wiederholen. Irgend jemand hatte die zutreffende Bemerkung gemacht, sie wären fast in derselben Lage gewesen wie die Pharisäer, die die ehebrecherische Frau zur Bestrafung zu Jesus brachten. So begnügten sie sich mit gemurmelten Drohungen, was geschehen würde, sollte Catalina jemals wieder versuchen fortzulaufen.

Timotheus schaukelte sich ärgerlich in seiner Hängematte. Er war darüber erbost, daß seine Nichte schon wieder öffentlich in schlechten Ruf gekommen war. Die ganze Angelegenheit widerte ihn an – der Ärger, die Unmoral, das Unrecht der vergangenen paar Wochen – und Catalina hätte beinahe für das alles die Strafe erduldet. Sie hätte fast die Hauptlast des Zorns aller auf sich genommen.

Ihm reichte es! Er ließ eine Schimpfrede gegen das ganze Dorf vom Stapel. Mit besonderem Nachdruck fügte er hinzu, sogar Wally und ich hätten die Hoffnung aufgegeben, jemals treue Gläubige auf der großen Steppe vorzufinden.

Davon hörten wir eine Weile später, als Catalina mit einer Gruppe von Frauen zu unserem Haus kam. Sie wollten wissen, warum wir sie alle fälschlicherweise als hoffnungslose, unmoralische Lügner hingestellt hätten.

Sie begriffen, daß wir über ihre Anschuldigungen verblüfft waren, und zaghaft bekannten sie sich zu ihrer Informationsquelle. Wally schickte eine Nachricht ins Dorf mit der Frage, ob Timotheus uns in unserem Haus aufsuchen könne. Der Junge, der die Aufforderung überbrachte, verstärkte noch die allgemeine Aufregung, indem er Timotheus erzählte, Wally habe diesen einen Lügner genannt. Im Denkschema von Timotheus war das eine Kampfansage.

Ärgerlich schritt er den Pfad vom Dorf hinunter. An seiner Seite schwang sein Buschmesser. Vor dem Haus machte er entschlossen halt, stellte seine Füße fest auseinander und zog sein Buschmesser eng an die Brust. Dann begann er sich hin- und herzuwiegen.

»Fremder!« brüllte er und spuckte dabei dieses Wort verächtlich von der Zunge, wie er es in vergangenen Tagen oft getan hatte. »Fremder, nimm dein Buschmesser und komm nach draußen! Komm 'raus und tritt mir wie ein Mann gegenüber! Ich will deine Kraft prüfen!«

Die Frauen in Catalinas Gefolge schauten ängstlich auf mich und erwarteten die Versicherung, daß nichts passieren würde. Aber die konnte ich ihnen nicht geben. In Anbetracht der verrückten Folgen von Unwahrscheinlichkeiten, deren Zeuge wir seit Wishiquimis Verletzung geworden waren, fühlte ich mich nicht befähigt, irgendwelche Vermutungen zu riskieren. Ich hatte angenommen, wir wären auf den Kampf um Seelen vorbereitet. Doch nun war ich von der Turbulenz der letzten Wochen überwältigt worden. Angesichts der Wut von Timotheus verlor ich allen Mut und flüsterte Wally zu, ich hätte den Indianer noch nie so aufgebracht gesehen. Er drückte fest meine Hand. »Du hast ein schlechtes Gedächtnis«, sagte er ruhig.

»Timotheus!« rief Wally durch das Fenster. »Ich habe dich nicht hergerufen, um mit dir zu kämpfen. Komm herein! Ich möchte dich etwas fragen.«

»Ich werde euer Haus nicht betreten«, schrie er gellend. »Wenn du Angst hast, herauszukommen und mir gegenüberzutreten, gehe ich ins Dorf zurück.«

»Na, mach schon!« forderte Wally ihn auf. »Wenn du nicht zum Reden hereinkommst, kannst du genausogut gehen.«

Für einen Augenblick stakste Timotheus steifbeinig davon. Dann drehte er sich wieder zum Haus um. »Warum soll ich denn 'reinkommen?« rief er.

»Ich will dich etwas fragen.«

»Was denn?« Timotheus ging zum Haus zurück, öffnete die Tür und blieb zögernd auf der Türschwelle stehen. Er prüfte die schweigende Menge in der Veranda, um herauszufinden, ob die Leute seine Rückkehr als Schwachheit auslegen würden oder nicht. Sie zogen sich zurück, als er eintrat.

»Was möchtest du?« fragte er und wich Wallys Blick aus.

»Diese Frauen hier waren wirklich ärgerlich auf mich«, sagte Wally und deutete mit dem Kopf in die Richtung der verschreckten Gruppe, die sich in der Nähe der Türöffnung zusammendrängte. »Irgend jemand hat ihnen erzählt, ich hätte sie hinter ihrem Rücken der Unmoral beschuldigt.«

Timotheus schlug mit seinem Buschmesser nervös gegen die Trennwand. »Ich war zornig.«

»Du mußt es in der Tat gewesen sein«, murmelte Wally. »Hast du wirklich gesagt, daß wir den Glauben aller bezweifeln? Hast du gesagt, wir meinten, du könntest ebensogut zu deiner alten Lebensweise zurückkehren?«

Timotheus tat einen tiefen Atemzug und richtete seinen Blick auf Wally. »Bruder«, begann er langsam, »ich verliere einfach die Fassung, wenn sie die ganze Zeit über Catalina tratschen.«

»Timotheus«, fragte Wally, »könnte es sein, daß *du* auf den alten Weg zurückwolltest?«

Timotheus schien von der Möglichkeit überrascht. »Nein«, sagte er, »natürlich nicht.«

Einen Augenblick lang musterte er Wally und fragte sich, ob es etwas brächte, seine tatsächliche Verwirrung zu äußern.

»Also, Wally«, erklärte er schließlich, »ich denke so: Als ich mein Vertrauen auf Jesus Christus setzte, verflog mein Verlangen nach Rache. Mein Zorn verschwand. Ich dachte bei mir selbst: Gut! Meine Wünsche sind neu. Gott lebt wirklich in mir. Ich war zufrieden und meinte, das würde immer so bleiben. Aber das stimmt nicht. Die Leute ärgern mich, und dann ist mir nach kämpfen zumute. Dann denke ich bei mir: Vielleicht habe ich mich selbst getäuscht.«

Hier brach er jäh ab. »Was meinst *du*?« fragte er Wally. »Ist es möglich, daß ich mich selbst betrüge?«

Das Ungestüm seines Auftretens war vorbei. Es überraschte mich, daß ich es so ganz vergessen konnte. Wally schüttelte den Kopf und legte Timotheus eine Hand auf die Schulter. »Nein«, versicherte er ihm, »das sollst du nicht annehmen. Du gehörst dem Herrn. Wenn du es nicht aufrichtig meintest, würdest du jetzt überhaupt nicht so sprechen.«

Durch ernsthaftes Nicken bekundete Timotheus sein Verständnis, als Wally ihm erklärte, wie die Anfälligkeit für Versuchungen allen Menschen gemeinsam ist. Es schien, daß diesen Menschen allmählich ein Licht aufging, als sie den Tumult der Ereignisse erörterten, die auf Wishiquimis Verletzung gefolgt waren.

Als Timotheus eine Weile später wegging, hatte er eine ganz neue Einsicht in den Ernst eines konsequenten Lebens bekommen. Ich aber empfand erneut Hochachtung vor der Kraft des Evangeliums.

Die Lage besserte sich langsam, als einige ihre Verantwortung für die letzten Ereignisse zugaben. Etliche Tage danach kam eine Gruppe von ihnen mit einigen Balafili-Familien zusammen. Sie wollten ihre Meinungsverschiedenheiten von Anfang bis Ende durchsprechen. Eine ziemlich große Menschenmenge versammelte sich auf einem kleinen Hügel gegenüber unserem Haus. Obwohl sich die Leute später zu der heiteren Ruhe der Versammlung beglückwünschten, hätte ein uneingeweihter Beobachter sicher gezittert.

Zwei junge Männer verließen die Zusammenkunft, schlenderten

in unsere Veranda hinein und setzten sich auf eine Bank neben dem Feuer. Sie gehörten zu einer Gruppe, die während der Tage, an denen Jaimes Frau immer noch zurückgehalten wurde, Waldos Nichte auf dem Bergabhang angegriffen hatte. Schon oft waren sie in dem offensichtlichen Bemühen um unser Haus gestreift, eine Unterhaltung über ihre strafbare Handlung anzuknüpfen. Aber bis jetzt hatten sie noch nie Mut aufbringen können, das Thema anzuschneiden.

Bei ihrer ersten Rückkehr zu unserem Haus hatte Wally sie nach ihrer Verantwortung befragt, und sie hatten alles geleugnet. Auf der Stelle beschlossen wir, das Thema nicht wieder zur Sprache zu bringen. Wir wollten sie wie Schuldlose behandeln und darauf warten, daß der Herr die notwendige Überführung in ihrem Herzen bewirke.

Schließlich kam einer von ihnen zur Trennwand herüber. Einige Augenblicke lang beobachtete er mich bei meiner Küchenarbeit, ehe er fragte, wo Wally wäre.

»Draußen«, antwortete ich. »Soll ich ihn rufen?«

Er nickte kläglich. »Frag mich – frag mich –!« fing er an und würgte an jedem Wort, während er versuchte, sich selbst zum Weiterreden zu zwingen. »Frag mich mal nach diesem Mädchen!«

»Wally hat dich doch schon gefragt«, antwortete ich lächelnd. »Du hast gesagt, es wäre eine Lüge.«

»Frag mich nochmal!« drängte er. »Diesmal werde ich das nicht behaupten.«

Ich legte meine Arbeit weg und trocknete meine Hände an einem Handtuch ab. »Hat Gott dir vergeben?« wollte ich von ihm wissen.

Die Hintertür fiel zu. Der junge Mann schaute auf und sah Wally hereinkommen.

»Ich weiß nicht«, wiederholte er und streckte seine Arme aus, um Wally heranzuwinken. »Ich bete immerzu, aber ich glaube nicht, daß mein Herz jemals wieder rein wird. Meine Freude ist weg.«

Sein Begleiter gesellte sich bei der Trennwand zu ihm und übernahm die Unterhaltung.

»Wally«, flüsterte er nervös, »ich möchte dir etwas erzählen. Ich fühle mich nicht wohl.«

»Was ist los?« fragte Wally höflich, obwohl er den Grund der Frage schon erriet.

Der Indianer tat einen tiefen Atemzug und stürzte sich mitten ins

Thema: »Ich frage mich dauernd, warum ich an jenem Tag mit Waldo mitging«, begann er und bezog sich damit auf den Mann, der den tätlichen Angriff auf seine eigene Nichte geplant hatte. »Warum habe ich mich überhaupt mit ihm zusammengetan? Es war nicht so, daß ich das wollte!«

Er hielt einen Augenblick inne und versuchte, Wallys Reaktion abzulesen.

»Ich wollte nicht mit ihm gehen. Ich fürchtete mich. Aber er sagte immerzu, Gott würde das nie erfahren. Er fing das Mädchen, und es schrie um Hilfe. Aber Waldo lachte einfach darüber. Alles widerte mich an. Nachdem wir es freigelassen hatten und uns wieder nach Hause aufmachten, änderte Waldo seine Meinung und sagte, möglicherweise würde Gott es doch entdecken. Als ich zu meinem Schuppen kam, konnte ich nichts essen. Ich wußte, daß Gott uns gesehen hatte. Ich wußte es die ganze Zeit über. Zornig lag ich in meiner Hängematte, und meine Frau fing an zu weinen. Ihr war klar, daß ich etwas Falsches getan hatte, und das machte ihr angst. Ich versuchte zu beten und Gott zu bitten, meine Schuld wegzunehmen. Aber er wollte mich nicht anhören. Ich bin immer noch unrein. Bruder«, bettelte er, »sag' du es ihm für mich! Bitte ihn, mich von meiner Traurigkeit zu befreien! Was soll aus mir werden?«

Ich litt mit ihm. Seine Selbstverurteilung war mehr, als er ertragen konnte, und ich fühlte, wie meine Empörung über den Mann wuchs, den ich für verantwortlich hielt. Ich hätte Waldo an den Schultern packen und ihn ordentlich schütteln mögen. Wochenlang hatte er lauthals geleugnet, überhaupt etwas angestellt zu haben und den ganzen Vorfall lachend als Erfindung der Einbildungskraft von irgend jemand abgetan. Ich wandte mich wieder dem Spülbecken zu und klapperte mit Töpfen und Pfannen.

Wally ermutigte die beiden, von Gott zuversichtlich Vergebung zu erwarten, und versprach ihnen, für sie zu beten. Endlich zogen sie ab.

Einige Tage später gesellte sich Waldo bei einer Versammlung zu den Männern. Während sich die Nachzügler um die Sitzplätze balgten, schob er sich zu Wally hinüber, um ihm eine Frage zu stellen. Von ihrem Getuschel hin und her konnte ich einige Bruchstücke aufschnappen.

»Bruder«, begann Waldo mit einem unbehaglichen Grinsen,

»stimmt es, daß ein Mann, der sündigt, ohne darüber bekümmert zu sein, den Herrn gar nicht richtig kennt?«

Wally bejahte es.

Waldo schnitt eine Grimasse. »Das erschreckt mich! Sag, daß das nicht stimmt!«

»Warum regst du dich darüber auf?« fragte Wally unschuldig.

Waldo antwortete nicht sofort. »Mach mich nicht traurig!« sagte er schließlich. »Ich habe meine Sünde schon bekannt. Letzte Nacht habe ich gebetet.«

Er machte eine kleine Pause, um Wallys Reaktion zu prüfen. »Wenn du mir nicht glaubst, dann frage irgend jemand anderen!« schlug er vor. »Ich bin nicht daheim geblieben und habe allein gebetet, sondern in Enriques Haus, als dort alle versammelt waren.«

Ich studierte seinen Gesichtsausdruck, während er Wally von seiner Aufrichtigkeit zu überzeugen versuchte, und kam zu dem Schluß, er könne von Glück sagen, daß Gottes Geduld größer war als meine.

Nach der Versammlung genoß eine Gruppe von uns einen späten Nachmittagsplausch vor unserem Haus, als jemand sah, wie Samuel verzagt von der Landebahn auf uns zumarschierte. Die vergangenen Wochen waren auch für ihn schwierig gewesen. Die Spannungen, die durch die Reibereien zwischen seinem Dorf und den Leuten der großen Steppe hervorgerufen wurden, gingen nicht spurlos an ihm vorüber. Irgend jemand hatte den trommelförmigen Behälter mit Handelsgütern aufgebrochen, den wir in unserer kleinen Baracke im Balafili-Tal zurückgelassen hatten. Samuel fand einen Ausgleich für seine Erregung in der fieberhaften Anstrengung, den Dieb zu fassen.

Er ließ sich langsam auf dem Pflock neben uns nieder, stieß seinen Bogen und seine Pfeile in den Boden und stöhnte müde, als er seine Beinmuskeln rieb.

»Wally«, seufzte er, »meine Beine tun so weh! Ich kann kaum noch stehen. Einen Tag nach dem anderen bin ich in jedes Dorf gegangen. Ich habe versucht, den Diebstahl aufzuklären. Aber alle streiten ihn ab.«

Er stützte die Ellbogen auf seine Knie und legte sein Kinn in die hohle Hand. »Ich fühle mich schrecklich«, ächzte er. »Ganz heiser habe ich mich geschrien. Meine Kehle brennt. Meine Beine schmerzen, und mein Rücken ist wund. Ich bin so wütend, daß ich gar nicht mehr richtig denken kann, und meine Seele ist völlig durcheinander und einsam.«

»Ich weiß, ich weiß«, nickte Enrique. »So passiert das halt. Der Zorn ruft diese Gefühle in dir hervor.«

»Zorn«, rief Samuel aus. »War ich wohl jemals so zornig? Ich ging zuerst zu dem nächstgelegenen Dorf, und dort lachten sie nur, als ich fragte, wer den Behälter aufgebrochen habe. Der alte Häuptling des Dorfes saß in seiner Hängematte und grinste mich an. Ich dachte bei mir selbst, eigentlich sollte ich die Säge holen, die Wally bei meinem Haus zurückgelassen hat und ihm den Kopf aufspalten.«

Er fing meinen überraschten Gesichtsausdruck auf und brach in Gelächter aus. »Margarita«, gluckste er, als seine Belustigung abflaute, »du hättest mich nicht wiedererkannt! Ich blickte auf die Frau des alten Mannes und dachte bei mir selbst: Und wenn du so sehr um ihn winselst, werde ich deine Finger abschlagen. Dann kannst du dir nicht einmal die Tränen abwischen.«

Er dramatisierte seinen Bericht mit einer lebendigen Darstellung seiner Verärgerung und berichtete über seine Versuchungen mit einer angespannten hohen Stimme, die solchen emotionsgeladenen Augenblicken vorbehalten war. Alle lächelten über seine lebhafte Schilderung. Von einer so wohlwollenden Zuhörerschaft umgeben, spulte er seine Erzählung weiter ab. Dabei lachte er über sich selbst.

Er rieb seine schmerzenden Beinmuskeln. »Aber ich kann nicht mehr so streiten wie früher«, seufzte er wehmütig. »Jedesmal, wenn ich jemanden anbrülle, fühle ich mich unsicher.«

Einen Augenblick lang herrschte Schweigen. Dieses Gefühl war nichts Neues.

»Ich habe das auch schon mal erlebt«, stimmte Enrique zu, »aber meine Kraft kehrte zurück, als die Leute für mich beteten.«

Enrique stand auf und lächelte die Menge mit einer Zuversicht an, die aus schmerzlicher Erfahrung geboren war.

»Kommt!« schlug er vor, »Samuel soll wieder ein festes Herz bekommen. Wir wollen ins Dorf hinuntergehen und die Leute zum Gebet zusammenrufen.«

Eine neue Sonne

Manuela schlüpfte mit ihrem Neugeborenen in die Veranda und wartete unruhig am Rande der Menge, die gerade ihr Lieblingslied angestimmt hatte – in sorgloser Unbekümmertheit um Melodie und Tempo:

Er hatte keine Angst zu sterben.

Er tat es, um mich reinzuwaschen.

»Margarita«, flüsterte Manuela eindringlich, als der Lärm der Lobgesänge abebbte. Durch einen Wink forderte ich sie zum Stillschweigen auf und zeigte ihr eine Lücke auf dem dichtbesetzten Fußboden. Dort konnte sie sich bei den anderen niederlassen und auf das Ende der Versammlung warten. Ihr kleines Mädchen war fünf Tage alt, und ich nahm an, die Mutter habe es in unser Haus gebracht, damit es das übliche Bad und die Decke bekäme, die alle winzigen neuen Mitglieder unserer Gemeinschaft von mir erhielten. Aber als sie sich mit dem an ihre Brust gedrückten Baby auf dem Boden niederließ, begann sie zu weinen.

Sofort waren alle Frauen um sie herum in Tränen aufgelöst, und ich stieg über die ausgestreckten Beine und die anderen Babys, um näher hinsehen zu können. Manuela mühte sich ab, Milch in den Mund des Neugeborenen hineinzupressen. Es war der klägliche Versuch, sein Leben zu erhalten, aber er schien nicht viel zu bringen. Niemand wußte wohl genau, ob das Kind schon tot oder noch lebendig war.

»Rufe die Ärzte! Wo sind die Ärzte?« begannen die Frauen zu klagen. Wegen Forschungsarbeiten hatte ein Team von Medizinern für einige Tage bei uns gelebt, und einer der Ärzte eilte jetzt zu unserer Hilfe herbei. Er untersuchte das Baby und langte nach einer Penicillin-Spritze.

»Irgend jemand sollte lieber Bill holen«, sagte er und bezog sich damit auf seinen Kollegen, einen Kinderarzt, der im Rundhaus Erkundigungen einholte. »Dieses Baby ist fast hinüber.«

Beide Lungenflügel waren vollständig verklebt, ob durch Lungenentzündung oder durch Milch, konnte der Arzt nicht sagen. Er äußerte sehr wenig Hoffnung auf Genesung. Der Gedanke, ihr winziges Baby einer Injektion auszuliefern, versetzte Manuela in Angst. Noch mehr aber erschreckte sie die Diagnose des Arztes. Schließlich gab sie ihre Kleine her und weinte voller Verzweiflung, als sie bei dem Baby das Ausbleiben jeder Reaktion auf die Nadel feststellen mußte. Es gab nicht die kleinste Andeutung eines Widerstandes.

Doktor Bill kam schon bald, und alle beobachteten wachsam sein Gesicht, als er seine medizinische Ausrüstung ausbreitete und sich des Babys annahm. Er horchte, er fühlte, er untersuchte gründlich, aber sein Gesichtsausdruck war alarmierend. Dann schüttelte er seinen Kopf. Das Herz des Babys schien vergrößert zu sein, und der Arzt bezweifelte, daß eine normale Atmung möglich ist, ungeachtet der durch Lungenentzündung möglicherweise zusätzlichen Komplikationen. Er reichte Manuela das Baby wieder und legte uns nahe, die Leute auf das Unvermeidliche vorzubereiten.

Wir wandten uns zu der verweinten Mutter um, die verzweifelt auf gute Nachrichten hoffte. Wallys langes Schweigen erschreckte sie.

»Der Doktor sagt, er kann nichts tun«, erklärte Wally schließlich.

Manuela schaute ihn verständnislos an, dann zog sie das Baby eng an sich und schluchzte hemmungslos.

Sie kam aus Miguels Dorf von der anderen Seite der Steppe. Aber die um sie herum weinenden Frauen redeten ihr zu, die Nacht bei ihnen zu verbringen. Sie versprachen, die ganze Nacht lang für die Kleine zu beten. Dann machten sie sich ins Dorf auf. Wally und ich gesellten uns zu den Ärzten in der Küche, um eine Erklärung darüber anzuhören, was es mit einer Vergrößerung des Herzens auf sich hat.

Ich konnte mich nicht konzentrieren, weil ich zu sehr von Manuelas Kummer in Anspruch genommen war, und meine Aufmerksamkeit ging in Richtung Dorf. Jeden Augenblick erwartete ich den durchdringenden Schrei, der uns von dem Ende unterrichtete.

Noch lange, nachdem wir uns zur Nachtruhe begeben hatten, konnten wir den Klang der Gebete vernehmen. Wir lagen eine ganze Nacht wach und fragten uns, wie wir den Leuten die Tatsache erklären sollten, daß der Herr gibt und daß der Herr nimmt.

Früh am Morgen schreckte ich auf. Die Sonne schickte bereits die ersten grauen Strahlen der Morgendämmerung über die Steppe. Während der ganzen Nacht hatte uns niemand gerufen. Ich sprang aus dem Bett und ging zum Fenster. Im Dorf war alles still.

Während ich mich schnell ankleidete, eilte ich nach draußen und ließ die Glocke erklingen, die die Kranken zur Ambulanz rief.

Manuela traf als erste bei uns ein. Ihr Gesicht war gezeichnet, und ihre Augen waren geschwollen. Aber das Baby in ihren Armen atmete ein wenig müheloser. Sie lächelte unter Tränen, als ihre Kleine bei einer zweiten Penicillin-Spritze protestierend wimmerte. Dann wickelte sie das kranke Kind fest in eine Decke und eilte ins Dorf zurück.

Die anderen, die nicht so wild auf medizinische Betreuung versessen waren, schlenderten in der nächsten halben Stunde langsam herein. José befand sich unter ihnen. Sobald sich die Frauen zerstreuten, trat er vor, um eine Hustenmedizin in Empfang zu nehmen.

»Ach!« seufzte er, während Wally nach dem Hustensaft suchte. »Was würde ich für einen guten Schlaf geben! Ich habe die ganze Nacht kaum ein Auge zugetan. Entweder saß ich in Enriques Haus und betete für das Baby, oder ich schaukelte in meiner Hängematte und hörte mir das Gehuste der Frauen an.«

Er gab eine überzeugende Vorführung, hustete und zog seine Gags ab, bis er zusammenzubrechen drohte. »Und jetzt habe ich mich angesteckt.«

»Kein Wunder«, schalt Wally und maß die Medizin mit einem Löffel ab. »Ich habe dir doch gesagt, die Erkältung würde sich ausbreiten, wenn du nicht aufhörst, dieselben Tabakblätterbüschel zu benutzen.«

»Oh, bin ich deshalb krank?« lachte José, grinste Wally ins Gesicht und streckte seine Unterlippe zur Untersuchung aus. »Siehst du hier irgendwelchen Tabak?«

»Nein, wahrscheinlich hängt er hinter deinem Ohr«, vermutete Wally, »oder auf deiner Schulter.«

Triumphierend bewies José, daß das nicht der Fall war. »Damit bin ich fertig«, flüsterte er aufgeregt. »Du wirst den Tabak nirgends finden, nicht einmal in meinem Garten.«

Er schluckte die Medizin hinunter, ehe er seine Erzählung beendete. »Bruder, der Tabak hat meinen Mund so faul gemacht und mein Herz zornig. Ich hatte überhaupt keine Lust mehr zum Beten. Ich wollte nur noch mit einem großen Büschel Tabak in meiner Hängematte herumliegen und über das Böse nachdenken, das irgend jemand mir irgendwann einmal angetan hatte.«

Wally nickte. Andere hatten die gleichen Klagen vorgebracht. Tabak schien eine Gefahr für das Gemüt zu sein.

»Ich habe für diese Sache gebetet«, fuhr José fort. »Ich sagte: ›Vater, unternimm etwas, und vernichte alle meine Tabakpflanzen! Mir macht das nichts aus. Laß sie eingehen!‹ Aber das tat er nicht. Also marschierten wir los und vernichteten sie selbst. Du hättest uns sehen sollen!« grinste er vergnügt in der Erinnerung an sein Unternehmen.

»Wir zogen die ganze Ernte heraus, zerstampften sie, rissen sie auseinander, zerkleinerten sie und verstreuten sie in alle Richtungen.« Sein Lächeln erstarb, und er lehnte sich vor. »Aber wir vernichteten auch den Tabakanbau meines Schwiegervaters«, fügte er kleinlaut hinzu. »Ich hatte Angst, daß der mich in Versuchung bringen könnte.«

»War dein Schwiegervater darüber nicht ungehalten?« fragte Wally und konnte sich sein Schmunzeln über das für José typische radikale Vorgehen kaum verkneifen.

José sah verärgert aus. Warum sollte jemand nicht eine kleine Unannehmlichkeit für eine Sache von solchem Wert auf sich nehmen?

»Laß ihn ruhig zornig sein!« antwortete er, hob sein Buschmesser auf und strebte der Tür zu. »Er wird schließlich darüber hinwegkommen.«

Wir beobachteten noch, wie flott er den Pfad hinunter verschwand, dann wandten wir uns wieder dem Tisch in der Ambulanz zu, um das chaotische Durcheinander von Medizinflaschen zu beseitigen.

Zwei Tage vergingen. Überzeugt, daß sich bei ihrer Kleinen eine echte Genesung einstellte, brachte Manuela sie schließlich über die Steppe in ihr eigenes Dorf. Aber die Ärzte teilten ihren Optimismus nicht. Die anfängliche Reaktion des Babys war zwar aufsehenerregend gewesen, aber der Fortgang der Gesundung vollzog sich verdächtig langsam. Die Lungenentzündung mochte auf die Antibiotika angesprochen haben, das Problem allerdings war damit nicht beseitigt.

Einige Tage später machte sich das Ärzteteam zur Abreise fertig. Die Ärzte luden gerade ihr Gepäck in die Maschine, als Manuela die Landebahn heruntereilte und sich uns voller Tränen näherte. Ich fürchtete mich fast, das Baby anzuschauen, das sie fest an sich preßte. Aber Doktor Bill öffnete seinen Instrumentenkoffer und bereitete alles für eine letzte Untersuchung vor. »Ihr geht es schlechter als je zuvor«, seufzte er. »Es sind nicht die Lungen, es ist das Herz. Bei so einem winzigen Baby kann ich nicht ganz sicher sein. Aber ich sehe wirklich keinerlei Hoffnung.«

Er übergab Manuela wieder das Baby, packte seine Ausrüstung ein und begab sich zum Flugzeug. Ich folgte ihm in dem verzweifelten Verlangen nach einem zuversichtlichen Rat, und Manuela rief in panischer Furcht hinter uns her: »Lauft nicht weg! Wendet mir nicht euren Rücken zu! Sagt nicht, daß der Zustand meiner Kleinen hoffnungslos ist!«

Ich eilte zu ihr zurück und bat sie, sich bis zum Abflug der Maschine ruhig hinzusetzen. Schließlich kehrten wir zu unserer Veranda zurück und standen Manuela und der Menge von Mitfühlenden gegenüber, die sich um sie versammelt hatte. Die Leute machten Platz für Wally und erwarteten schweigend den Urteilsspruch des Doktors.

»Das Herz ist zu groß«, begann Wally und suchte vorsichtig nach Worten, die weniger schmerzvoll waren. »Die Lungen des Babys sind zu voll und haben nicht genügend Raum, um richtig zu arbeiten.«

Die ernüchterte Menge um ihn herum nickte zum Zeichen ihres Verständnisses und wartete darauf, daß er ihr sagte, was er zur Verbesserung der Lage zu tun beabsichtigte.

»Ich könnte mehr Penicillin geben«, schlug Wally lahm vor, »einfach um etwas zu tun.«

»Was meinst du damit? Was erwartest du von uns?« flüsterten die Leute eingeschüchtert und verwirrt. »Was hat der Doktor gesagt?«

»Daß es mit der Kleinen bald aus sein wird.«

Jetzt war es heraus. Für einen Augenblick schienen sie wie gelähmt zu sein. Dann nickten sie verbissen mit dem Kopf. Kein Wunder, daß die Ärzte so eilig abgereist sind! Sie wollten eine hoffnungslose Situation so umgehen, wie es ein gescheiterter Zauberdoktor getan hätte. »Aber kannst *du* denn nichts tun?« wollten sie wissen.

»Nichts!«

»Du willst *nichts* versuchen?« fragten sie ungläubig. »Du willst uns nicht helfen?«

Eine derart fatalistische Hinnahme des ärztlichen Urteils konnten sie nicht verstehen. Waren wir nicht diejenigen, die sie über die Macht Gottes belehrt hatten? Ich kämpfte mit widerstreitenden Gefühlen. Ärgerlich war ich über ihre sture Weigerung, das Unvermeidliche anzunehmen, und beunruhigt wegen ihrer Enttäuschung über unseren Mangel an Glauben.

»Wir wissen nicht, wie man das Herz eines Menschen kleiner machen kann«, beteuerte ich zu unserer Verteidigung. Ich war den Tränen nahe. »Nicht einmal die Ärzte wissen, wie man das tun kann.«

Die Frauen begannen zu weinen, und die Männer musterten uns mit wachsender Verärgerung.

»Nun gut, dann werden wir uns selbst um sie kümmern«, sagte einer voller Bitterkeit. Er stand auf und wandte sich zur Tür. »Laß ihr noch eine Spritze geben«, sagte er zu Manuela, »und bring sie dann ins Dorf hinunter!«

Ein weiteres Mal verbrachten wir eine schlaflose Nacht, wälzten uns ruhelos hin und her und erwarteten dabei den gellenden Klageschrei aus dem Dorf. Wir baten Gott, den Leuten Gelassenheit für ihr Geschick zu geben. Wieder verging die Nacht ohne beängstigendes Klopfen an der Tür.

Herr, betete ich, als ich mich am nächsten Morgen anzog, kann sie immer noch am Leben sein? Ich mühte mich um Zuversicht, konnte aber nicht so viel Vertrauen fassen, wie ich es mir wünschte. Gewiß würde Gott uns nicht quälen, indem er den Todeskampf bloß verlängerte. Ich war in ehrfürchtiger Hochachtung von dem Glauben der Menschen im Rundhaus überwältigt.

Enrique folgte Manuela zum Krankenrevier und berichtete uns, wie sie die Nacht in Gebetsschichten zugebracht hätten. Einer nach dem anderen hatten sie ihren Platz neben Manuelas Hängematte eingenommen, sich den Schlaf aus den Augen gerieben und den Herrn angefleht, das Herz des Babys zu einem geringeren Umfang zusammenzudrücken. Wenn der Schlaf sie zu übermannen drohte, dann riefen sie nach einem neuen Freiwilligen, der die Gebetskette weiterführen sollte. Niemand betrachtete das als eine lästige Aufgabe. Sie hatten ohnehin Freude an jeder Herausforderung, und ihr Glaube war nicht behindert durch ein grenzenloses Vertrauen auf die medizinische Wissenschaft.

Am Abend brachte Manuela ihr Baby zurück, und wir durchforsteten unsere medizinischen Vorräte, bis wir eine Flasche mit Kindertropfen für Atmungsprobleme fanden. Die Leute schienen sich überhaupt nicht mehr so entmutigt zu fühlen. Ich empfand Beschämung darüber, die Hoffnung aufgegeben zu haben, als sie am meisten gebraucht wurde. Anscheinend aber verübelten sie es mir nicht. Sie nahmen unsere Schwächen so hin wie wir die ihren, und sie teilten die Siegesfreude so mit uns, als wären wir gleichwertige Teilhaber am Glauben. Das war eine sehr demütigende Erfahrung.

Einige Tage später arbeitete Wally mit einem Gehilfen an seinem Schreibtisch, als Manuela ihren Kopf durch die Türöffnung steckte und fragte, ob sie für einen Augenblick hereinkommen könnte. Lächelnd blickte sie auf ihr Baby, das sich zufrieden in ihre Arme kuschelte.

»Guck sie mal an!« flüsterte sie. »Sie atmet normal.«

»Es geht ihr gut«, stimmte Wally zu. »Du kannst sie jetzt auch wieder mit in dein Dorf nehmen.«

Manuela zeigte ein offenes Lächeln. Sie hatte gehofft, daß er genau das sagen würde.

»Bete bitte trotzdem weiter für die Kleine!« flüsterte sie scheu, als sie durch die Tür hinausging.

Wally schob seinen Stuhl vom Schreibtisch zurück und bestellte eine Tasse Kaffee. Waldo, der ihm geholfen hatte, einige neue Übersetzungen zu prüfen, grinste erwartungsvoll. Die Kaffeepause war sein bevorzugtes Zwischenspiel.

»Worüber sollen wir uns unterhalten?« fragte er. Sie benutzten solche Unterbrechungen immer dazu, die im Stamm herrschenden Vorstellungen über die Welt draußen zu erörtern.

»Ich möchte dich etwas über die Sonne fragen«, schlug Wally vor. »Wohin geht sie am Abend?« Er wußte, daß die Eingeborenen keinen Begriff hatten von der Kugelform der Erde, die das Wiederauftauchen der Sonne an jedem Morgen erklärte. »Was passiert mit ihr?«

Waldo lachte selbstbewußt und fragte sich nach der Annehmbarkeit seiner Theorie. »Wir sagen, sie verschwindet in einem Loch«, sagte er lächelnd.

»Aber wie kommt sie wieder heraus?« fragte Wally. »Schleicht sie sich in der Dunkelheit auf die andere Seite zurück?«

»Nein«, lachte Waldo. »Sie bleibt dort. Sie ist nun weg. Am nächsten Morgen kommt eine neue Sonne. Jeden Tag gibt es eine andere Sonne.«

Ich wußte nicht genau, was es war, aber irgend etwas an seiner Vorstellung wirkte auf mich wundervoll erfrischend – vielleicht deshalb, weil ich an die neue Sonne erinnert wurde, die über der großen Steppe heraufdämmerte, an das neue Licht, das die Finsternis durchbrach.

Ich trug den Kaffee ins Vorderzimmer und lächelte, als ich an die neue Sonne dachte, die der Prophet Maleachi vorausgesagt hatte. Wie passend schienen seine Worte doch zu sein: »Euch aber, die ihr meinen Namen fürchtet, soll aufgehen die Sonne der Gerechtigkeit und Heil unter ihren Flügeln« (Maleachi 3, 20).

Alle quetschten sich näher heran, um die Bilder zu betrachten, die Wally hochhielt, als er die Leute über die Einzelheiten bei der Bekehrung des Saulus belehrte. »Er ging also mit Ananias zum Fluß, und dort wurde er getauft.«

Wally schlug die Seite um. Da war eine Abbildung von zwei Männern zu sehen, die im Wasser standen. Er machte eine kleine Pause, als sich aufgeregtes Getuschel erhob. Alle waren bestrebt, den von Pedro ins Dorf geführten Besuchern die Taufe zu erklären, und die Neuankömmlinge gaben sich Mühe, die auf dem Blatt Papier vor ihnen bildlich dargestellte Symbolik zu verstehen.

Pedro war gerade von einer langen Reise zurückgekehrt, auf der er das Evangelium in die Dörfer jenseits der westlichen Bergkette und in andere im Norden gebracht hatte. Zwei junge Ehepaare, die darauf brannten, mehr von dem Wort zu hören, das ewiges Leben versprach, hatten ihn zur großen Steppe zurückbegleitet. Jetzt wurden Pläne für eine beträchtliche Expedition gemacht, die die Besucher auf der Rückreise begleiten sollte. Wie verlautet, hatten sich im Dorf der jungen Leute viele dem Herrn zugewandt. David und Enrique wollten sich darum ungefähr sechs Wochen bei ihnen aufhalten, um sie in ihrem Glauben zu ermutigen.

»Wally«, sagte Enrique, »bist du einmal getauft worden?«

»Natürlich«, antwortete Wally. »Wir beide, als wir Teenager waren.«

»Ha, das ist die Sache«, grinste Enrique. »Das werden wir auch machen! Alte Leute, junge Leute, jeden, der den Herrn liebt, werden wir taufen. Sobald wir von unserer Reise zurückkommen, werden wir alle unsere Freunde zu einem Taufgottesdienst einladen.«

»In Ordnung«, nickte Wally und lächelte über die Begeisterung, die Enriques Vorschlag hervorrief. Wir hatten die Leute schon lange Zeit vorher über die Taufe belehrt, und viele warteten begierig auf den Tag, an dem sie in den Fluß steigen könnten, um so öffentlich ihren Glauben an Jesus Christus zu bekennen.

Es waren Paul und Marty gewesen, die das Interesse an der Taufe geweckt hatten. Um ihretwillen wollten wir eigentlich den Gottesdienst hinausschieben, bis sie mit Wishiquimi zurückkehrten. Jetzt hatten wir aber den Eindruck, nicht länger warten zu können. Einige hatten ohnehin gemeint, man habe die Taufe zu lange hinausgezögert, sie tauften sich deshalb eines Nachmittags gegenseitig in einem Sumpf.

Die Versammlung löste sich auf. Einige Balafili-Leute blieben zum Gespräch zurück, nachdem die anderen gegangen waren. Samuel wollte wissen, wann wir eine weitere Reise in ihr Gebiet planten. Wally erklärte ihm, sobald die Shadles mit der jungen Frau zurückkehrten, die wir ins Krankenhaus geschickt hatten, würden wir zu einem Besuch hinüberzukommen. Die Erwähnung von Wishiquimi rief für einige Augenblicke ein unbehagliches Schweigen hervor.

»Wie geht es ihr?« fragte Samuel. »Haben sie das Bein abgeschnitten?«

Wally schüttelte den Kopf. »Nein«, beruhigte er sie. »Paul benachrichtigte uns über Funk, daß die Ärzte sofort operieren wollten. Sie haben sie gleich in ein größeres Krankenhaus geschickt. Dort wollte jemand den gebrochenen Knochen mit einem Metallstück schienen. Nach ärztlicher Aussage wird sie wieder laufen können.«

Samuel nickte erleichtert. Wenn Wishiquimi bei ihrer Rückkehr beide Beine gebrauchen kann, gibt es überhaupt keine nachtragenden Gefühle mehr.

Einige Tage später begleitete eine große Gruppe von Männern, Frauen und Kindern die Besucher aus dem Norden auf ihrer langen Heimreise. Es ging zurück über die Berge. Wer lesen konnte, war mit Exemplaren aller bei uns vorrätigen Broschüren mit biblischen Geschichten ausgerüstet – und wer es nicht konnte, bekam bebilderte Ausgaben, für die man keinen Lehrer im Lesen und Schreiben brauchte.

Miguels Leute wurden von der Begeisterung der anderen angesteckt und unternahmen eine eigene Evangelisationsreise in die entfernteren Gebiete. Sobald sie zurückkehrten, eilten sie über die Steppe, um von ihren Erfahrungen zu berichten. Für einige war es der erste Versuch gewesen, anderen das Evangelium zu erzählen, und ihre Aufregung kannte keine Grenzen. Ihr Eifer glich ihren Mangel an theologischer Sachkenntnis aus. Wir gesellten uns auf der Veranda zu ihnen, um die Einzelheiten ihres Abenteuers anzuhören.

Miguel zählte die Dörfer auf, die sie erreicht hatten, indem er seine Finger dabei benutzte. Er verbreitete die Nachricht, sogar die entlegensten Gruppen hätten gewünscht, alles über die Botschaft zu erfahren, die sie mit ihrem Kommen verkündigen wollten.

»Wir sprachen, bis wir heiser waren«, lachte er, »und trotzdem, jedes Mal, wenn wir erklärten: ›So, das reicht jetzt aber!‹ unterbrach uns der alte Mann und sagte: ›Kleiner, erzähle uns mehr!‹ Wir redeten ihnen zu, sich von der Zauberei abzuwenden und sich durch das Blut des Gottessohnes reinwaschen zu lassen, damit sie nicht zurückbleiben, wenn Jesus wiederkommt.«

Miguel machte eine Pause, um Atem zu schöpfen, und Manuelas Mann schaltete sich in den Monolog ein und ergänzte ihn mit seinen eigenen Eindrücken. »Sie sind freundlich«, rief er aus. »Richtig und echt freundlich! Früher waren wir *Feinde*!«

Miguel legte ihm die Hand auf die Schulter, um ihn zum Schweigen zu bringen, damit er in seinem Bericht fortfahren konnte.

»Wir kamen in ein entferntes Dorf, in dem ich seit meiner Jugend nicht mehr gewesen war«, erzählte er weiter, »und wir saßen mit einer Gruppe von Männern auf der Lichtung, als Besucher aus Bolewateli erschienen.«

»Und – was passierte da?« flüsterte Wally. Wir waren den Bolewateli-Leuten nie begegnet, aber ihre Grausamkeit hatte einen legendären Ruf. Miguels Leute blicken auf eine lange Geschichte der kriegerischen Auseinandersetzungen mit ihnen zurück. Das war vor unserer Ankunft gewesen.

Atemlos dramatisierte Miguel die Begegnung. Seine Stimme senkte sich zu einem Flüsterton und erhob sich dann zu einem hohen Fistelton, als er die Spannung der ersten Augenblicke beschrieb.

»Wir schrien und brüllten uns gegenseitig an«, sagte er, »und wir holten unseren ganzen alten Groll und alle Beschuldigungen hervor. Dann beruhigte ich mich. ›Hör mir mal zu, Vater!‹ sagte ich zu einem alten Mann. ›Gib *uns* nicht die Schuld am Tod von irgend jemandem! Eure Traurigkeit kommt nicht durch uns. Wir haben überhaupt nichts mehr mit Zauberei zu tun. Jetzt halten wir mit allen Leuten Frieden.‹«

»Wir erzählten ihnen, wie wir heute dem Herrn dienen«, unterbrach ihn Miguels Bruder. »Jesus starb und kehrte ins Leben zurück. Darüber belehrten wir sie und auch über das ewige Leben und über den Schutz, den Gott gibt. Immer wieder sagten sie: ›Ja, das klingt so, als ob es wahr sein könnte!‹«

Alle wollten gleichzeitig sprechen. Manuelas Mann mischte sich wieder ein. Er ereiferte sich immer noch über die Aufnahme, die sie gefunden hatten. »*Nie* hätte ich mir träumen lassen, jemals das Dorf meiner Feinde zu betreten. *Nie* hätte ich gedacht, mit ihnen von Angesicht zu Angesicht zu sprechen. Und sie haben uns eingeladen, in zehn Tagen wiederzukommen und ihnen mehr beizubringen.«

»Wir gehen auch«, kündete Miguels Bruder an, stampfte mit den Füßen und schlug sich auf die Schenkel. »In zehn Tagen gehen wir, und sie wollen, daß wir dann alle Bücher mitbringen, die wir kriegen können.«

Er fiel in einen Tanz der Begeisterung und rief seine Freude in die Welt hinaus.

»Gib uns also eine Arbeit!« lachte er. »Was können wir tun, um einige Bücher zu verdienen? Wasser tragen, Böden säubern? Wir brauchen alle Bücher, die ihr habt!«

Endlich hatten sie ihre Reisenachrichten erschöpfend weitergegeben und erinnerten Wally an sein Versprechen, ihnen etwas Neues beizubringen, wenn sie zurückkehrten. Aber kaum hatten sie damit begonnen, als irgendwer vom Rundhaus mit der Meldung herbeirannte, aus dem Norden näherten sich Mengen von Besuchern. David und Enrique kehrten aus den nördlichen Dörfern heim und hatten eine große Gruppe Menschen im Gefolge.

Die Versammlung rappelte sich auf und eilte ins Dorf, um sich dem Begrüßungskomitee anzuschließen. Auch wir begleiteten die

Leute, weil wir an den Festlichkeiten teilnehmen wollten. Während wir noch den Sumpf überquerten, schwollen die Willkommensrufe schon zu einem betäubenden Lärm an.

Am folgenden Nachmittag brachte Enrique die Besucher zu einer Versammlung in unsere Veranda. Er stellte uns Dorf für Dorf vor und nannte besonders die, die bereits Christen waren. Ich war dankbar, daß Enrique nicht die Zweifel sehen konnte, die mich beschlichen, als ich ihre Gesichter studierte, und ich fragte mich, ob das Licht des Evangeliums tatsächlich in ihre Herzen eingedrungen war.

Die Versammlung begann mit Enriques Vorschlag, daß die Besucher zuerst beten sollten. In der Stille der Nacht durchrieselte mich ein Schauer, als ich hörte, wie das Evangelium in der Sprache von Männern ausgelegt wurde, die noch nie eine Berührung mit der Außenwelt erlebt hatten. Einer nach dem anderen beteten sie mit einer Freimütigkeit zu ihrem himmlischen Vater, daß kaum Zweifel an ihrer Aufrichtigkeit übrigblieben. Durch ihre Gebete zogen sich die Geschichten von der Schöpfung, von Noah, Elia, Jona, Lazarus, von den Gleichnissen, vom Tod und von der Auferstehung Christi und von seinem zweiten Kommen.

»Uff«, flüsterte Wally, als das letzte Amen verklungen war, »sie müssen die ganzen sechs Wochen mit Unterweisung zugebracht haben!«

David stand auf und zog die herunterhängenden Hosen hoch, die zu seinem Erkennungsmerkmal geworden waren. Die Eingeborenen, die ständig Kleidung trugen, bildeten immer noch eine deutliche Minderheit.

»Bruder« – Enrique grinste – »hier sind wir also! Wann werden wir getauft?«

»Wann immer ihr wollt«, lachte Wally. Die Männer entschlossen sich, den Taufgottesdienst zwei Tage später anzusetzen. So hatten sie Zeit für die notwendigen Ernte- und Gartenarbeiten, die während ihrer Abwesenheit vernachlässigt worden waren. Einige wurden beauftragt, Miguels Leute von dem beabsichtigten Gottesdienst zu berichten.

Andere erboten sich, die nächstgelegenen Schamatali-Dörfer einzuladen, und jemand schlug noch vor, auch ihre Freunde aus dem Balafili-Tal zu benachrichtigen.

Als die Pläne fertig waren, zerstreute sich die Menge. Enrique blieb mit einem Stapel Bücher zurück, die ihn in Handhabung und Bedeutung der Taufe unterweisen sollten. Er hatte nur zwei Tage für die Besucher zur Verfügung – wenig Zeit, um seine Neubekehrten vorzubereiten.

Der Morgenhimmel war hell und klar, und die Leute beeilten sich, ihre Tagesarbeit zu beenden, während die Sonne noch hoch stand. José hastete mit glimmenden Holzscheiten hinter das Haus, um in einem neuen Stück Garten ein Feuer anzuzünden, wo morsches Holz haufenweise lag. Timotheus und seine Frau rannten in ihren Garten und holten eine Staude Bananen. Kleinholz wurde gehackt, frisches Wasser geholt und alle verfügbare Kleidung für den Nachmittag bereitgelegt.

Die Leute schnappten sich alle greifbaren Tuchfetzen und nähten daraus Röcke und Hüte, und wenn irgendwelche glänzenden Stoffstreifen für Kleider zu klein waren, dann wurden sie einfach zur Zierde um Arme, Köpfe und Knöchel gebunden. Sogar der Fluß, der seinen Zweck jahrelang erfüllt hatte – sein Wasser benutzte man zum Baden, Trinken, Krabbenfangen und Fröscheschlüpfen – erhielt eine Verschönerung zum festlichen Ereignis: Juan und Rosita platschten begeistert in das kalte Wasser hinein und begannen eine ausgelassene Schlacht, um das Flußbett von allem Schutt zu befreien, der die alten Frauen zum Stolpern bringen könnte.

Aus dem Dorf erschien eine Abordnung mit der Meldung, die Leute wären bereit, am frühen Nachmittag mit dem Gottesdienst zu beginnen. Ich gab ihre Nachricht an Wally weiter, der im Nebenzimmer an einem teilweise übersetzten Lied arbeitete, und kam mit seiner Antwort zurück.

»Das ist zu zeitig«, sagte ich. »Wir haben die Versammlung für den späten Nachmittag angesetzt. Jetzt hat Wally eine Arbeit angefangen, mit der er nicht aufhören kann. Außerdem«, fügte ich noch hinzu, »wart ihr damit einverstanden, als wir darüber zusammen vor ein paar Tagen beraten haben, die Versammlung zur gewöhnlichen Zeit anzusetzen.«

»Ja, aber jetzt wollen wir nicht mehr so lange warten. Wenn wir es aufschieben, bis die Sonne tief steht, haben wir keine Zeit mehr«, erklärte Enrique, »und das Wasser wird später auch kalt.«

Ich zuckte die Schultern. »Mag sein, wie's will. Wally ist mit einer Überzetzung beschäftigt und sagt, daß er nicht mitten drin aufhören kann.«

Enrique musterte für einen Augenblick mein Gesicht und überlegte, wie er meinen Sinn ändern könnte. Dann nickte er und fand sich – wenn auch verärgert – mit unserer Entscheidung ab.

»Na ja«, antwortete er und führte seine schweigenden Begleiter aus der Tür hinaus.

Ich versicherte Wally, alles liefe nach Plan. Aber früh am Nachmittag zog ein farbenprächtiger Trupp von mehr als hundert Personen an unserem Haus vorbei, und Enrique kehrte mit einer Gruppe von angesehenen Dorfgrößen zurück.

»Wo ist Wally?« fragte er.

»Da drin«, antwortete ich und deutete in die Richtung des Nebenzimmers. »Er schreibt noch.«

»Sag ihm, ich möchte ihn sprechen!«

Ich gab die Nachricht an Wally weiter und verhaspelte mich ein bißchen, als er mich an meine Aussage erinnerte, alles sei in bester Ordnung.

»Sie müssen etwas Selbstdisziplin lernen«, betonte er nachdrücklich, »und die Zeitpläne einhalten, denen sie zugestimmt haben.«

»Ganz recht«, sagte ich. »Aber sie sind alle schon zum Fluß gegangen.«

Über die Trennwand hinweg richtete ich der Menschenmenge in der Veranda Wallys Bescheid aus. Die Leute schauten sich gegenseitig voller Ungeduld an.

»Wally«, rief David. »Wally, komm her!«

»Wally«, echote Enrique, »kommst du mit uns? Wir sind auf dem Weg zum Fluß und wollen endlich mit dem Taufgottesdienst anfangen.«

Im Nebenzimmer gab es eine lange Pause. Ich ging zur Tür, um zu erfahren, welche Antwort wohl von dort käme. Wally schmunzelte einen Augenblick zu mir hinüber, ehe er seinen Stuhl zurückschob und aufstand.

»Das können sie mit mir nicht machen«, protestierte er mit gespieler Entrüstung. »Wissen sie nicht, daß ich ein *Missionar* bin?« Ich murmelte mitfühlend. »Das ist der Dank für mich«, fuhr er fort und sammelte glücklich die über seinen ganzen Schreibtisch verstreuten Papiere ein. »Ich versuche ihnen beizubringen, etwas Verantwortung zu übernehmen, und was tun sie? Sie übernehmen sie! Ich bin gleich da!« rief er Enrique zu.

Die Leute hatten sich in der Nähe des Flußufers gesammelt und sich an beiden Seiten des Pfades niedergelassen – auf der einen Seite die Männer, auf der anderen die Frauen. Enrique stand in ihrer Mitte und regelte den Verkehr.

»Wally, komm du hierher!« rief er, als wir uns näherten.

Die Frauen packten mich, während ich vorbeiging, und ich ließ mich neben Lachende Dame auf den Boden ziehen. Alle schoben sich näher heran, damit ich mich heimisch fühlte.

Ständig trafen noch Nachzügler ein. Schließlich hatte sich auch eine Gruppe von Vertretern aus zehn selbständigen Dörfern auf dem grasbewachsenen Ufer versammelt. Das Stimmengewirr ebbte ab, als der Gottesdienst begann. Nachdem einige Männer gebetet hatten, stieg Wally in das Wasser hinunter und rief Enrique zu, ihm zu folgen.

Dieser stellte sich neben Wally und verschränkte seine Arme fest über seiner Brust, so wie es der Kerkermeister von Philippi auf den von uns benutzten Bildern tat. Wally legte eine Hand über Enriques gekreuzte Arme und die andere auf seinen Rücken. Dann wandte er sich mit lauter, für alle vernehmbarer Stimme an ihn: »Weil du Gott, den Vater, liebst, und weil das Blut seines Sohnes deine Sünden weggenommen hat, und weil sein Heiliger Geist in dir wohnt, tauche ich dich in das Wasser hinein. Jetzt wissen alle, daß du dem Herrn gehorsam sein willst.« Auf diese Weise wurde Enrique getauft.

»Wer ist der Nächste?« fragte Wally.

Mit einem Lächeln sprang Rosita in das Wasser, und die Männer stellten sich am Ufer der Reihe nach auf. Enrique steuerte auf das Ufer zu und hielt an, als Wally ihn bat, stehenzubleiben. Er beobachtete, wie Rosita getauft wurde, und als David in den Fluß schritt, stellte sich Enrique schnell neben ihn.

David verschränkte die Arme über seiner Brust, zögerte und warf einen fragenden Blick auf Wally, ob er es richtig mache.

»So?«

»Zeig ihm, wie!« Wally nickte Enrique zu, »und halte ihn so, wie ich ihn gehalten habe!« Dann legte Wally seine Hände über die von Enrique, und David wurde zwischen ihnen beiden getauft.

Binnen kurzem hatte Wally seinen Dienst weitergegeben. Er saß mit den anderen am Ufer und beobachtete wachsam die Vorgänge. Einer nach dem anderen schritten die Taufbewerber nach vorn und nahmen ihren Platz zwischen David und Enrique ein. An jeden richteten die beiden einige entsprechende Ermahnungen, ehe sie die abschließenden Worte sprachen und die Täuflinge ins Wasser tauchten.

»Du bestimmt nicht!« sprudelte Enrique heraus, als ein junges Mädchen, dem wir den Spitznamen »Harte Nuß« gegeben hatten, in das Wasser schritt. »Seit wann liegt *dir* etwas daran, dem Herrn nachzufolgen?«

»Sie tut es! Sie tut es!« rief das Taufkomitee vom Ufer her. »Als du die nördlichen Dörfer besuchtest, hat sie Gott gebeten, sie auf den schmalen Weg zu bringen, und seitdem versammelt sie sich mit uns. Also los, taufe sie!«

Enrique schaute prüfend auf die Menge, die sich am Flußufer in einer Reihe aufgestellt hatte, und kam zu dem Schluß, besser ihren Rat zu befolgen. Einige nickten lebhaft. Alle begannen zu lächeln, als Enrique sich zu Harte Nuß umdrehte und ihr bedeutete, nach vorn zu kommen. Schüchtern stand sie zwischen David und Enrique und neigte demütig ihren Kopf, als diese ihr nahelegten, sich von jetzt an anständig zu benehmen und das Flirten mit den Jungen sein zu lassen.

Weil die Sittsamkeit körperliche Berührung zwischen den Geschlechtern mißbilligte und Stammestabus jeden Verkehr zwischen gewissen angeheirateten Verwandten verboten, kam Unruhe in die Versammlung, als jetzt die Frauen getauft werden wollten. Miguel eilte ins Wasser, um David und Enrique Hilfe zu leisten. Durch die Aufteilung in drei konnten sie die Verwirrung auf ein Mindestmaß beschränken. Jeder taufte nämlich die, mit denen er am engsten verwandt war.

Drei Kategorien schienen zu genügen, um jedermann zu erfassen, und alles lief glatt, bis eine Frau, die aus den nördlichen Dörfern zu Besuch war, begierig in den Fluß stieg. Schnell watete sie zu dem Mann, der ihr am nächsten stand. Enriques Augen weiteten sich in panischem Schrecken, als sie auf ihn zukam. Unbeweglich blieb er auf seinem Platz stehen. Die anderen beobachteten ihn schweigend und gebannt.

Die Augen der Frau waren auf das wirbelnde Wasser um sie

herum gerichtet, und sie ließ völlig die Vorsicht außer acht, die normalerweise einen derartigen Schnitzer verhinderte. Erst als sie sich dabei ertappte, wie sie in Enriques verblüfftes Gesicht emporblickte, wurde sie gewahr, daß sie sich dem falschen Mann genähert hatte.

Enrique war jeder Zoll ein Gentleman. Prompt wandte er ihr den Rücken zu und verschränkte seine Arme fest auf der Brust, um sicherzugehen, daß er nicht zufällig an die Frau stieße. Sie nahm sich ein Beispiel an ihm und wandte sich auch um.

Rücken an Rücken standen sie im Fluß, während Enrique einige Worte der Ermutigung sprach und die Frau nachdrücklich bat, ihr Herz unverrückt auf den Herrn gerichtet zu halten. Dann drehte er sich schnell um, ergriff sie bei den Schultern und schob sie unter das Wasser. Bestimmt war das die schnellste Taufe aller Zeiten!

Junge und Alte, Starke und Schwache, Familiengruppen und Ledige – alle schritten sie zur Taufe. Miguel lächelte, als er beobachtete, wie seine Kinder seine Mutter zum Fluß führten. Sie sah matriarchalisch mit ihrer runzeligen, ledernen Haut und den zusammengekniffenen Augen aus. Ihre Sehkraft und ihr Gehör hatten stark nachgelassen. Eine kürzliche Krankheit hatte sie schwach und wackelig gemacht.

Miguel und Enrique halfen ihr, die richtige Stellung einzunehmen, erklärten mit lauter Stimme die Bedeutung der Taufe und schlugen ihr vor, den Mund geschlossen zu halten.

»Weil du Gott, unseren Vater, liebst«, begann Miguel, und ich lächelte ihr aufmunternd zu, als sie in dem Wasser erschauerte und die Worte wiederholte, die ihr Sohn sprach.

»Ja, ich liebe den Herrn!« nickte sie. »Sein Blut hat mich rein gemacht. Sein Geist lebt in mir.«

»Alte Frau«, rief Enrique ihr ins Ohr und stützte sie sicher gegen die Strömung, »halte deinen Mund jetzt geschlossen! Ich tauche dich jetzt unter.«

Kurz danach schüttelte sie energisch das Wasser aus ihrem Haar und griff nach den hilfreichen Händen, die sie den schlüpfrigen Abhang hinaufzogen.

Die Sonne war fast untergegangen. Eine kühle Brise kam auf. Alle erklärten durch ein Nicken schnell ihre Zustimmung, daß die anderen Taufbewerber auf den nächsten Tag warten sollten. Die Menschenmenge löste sich auf.

Als Wally und ich langsam auf unser Haus zusteuerten, hörten wir, daß die Männer eine Feier für den Abend planten. Eine Versammlung in Enriques Haus wäre ein schöner Abschluß dieses Tages.

Beglückender Schmerz

Ich eilte den Pfad zum Dorf hinunter, suchte mir einen Weg auf dem schwachen Brückensteg über den Sumpf und sprang unbeholfen über die Schlammlöcher auf dem Trampelpfad, der zu höher gelegenem Gelände führte. So erreichte ich die Kuppel des kleinen Hügels und machte eine kleine Pause, als das Dorf in Sicht kam.

Dünne Rauchsäulen schlängelten sich durch geschwärzte Dächer. Das Geräusch von Kinderspielen auf der Dorflichtung drang über die Steppe. Ein Hund kläffte. Die Stimme eines Mannes erhob sich in johlendem Gelächter. Ich durchlebte noch einmal die Erinnerungen, die jedes Heim in sich barg, als meine Augen von Haus zu Haus wanderten. Dann blieben sie an einer verfallenen Barrikade hängen, die einst so sorgfältig errichtet worden war, um die Bewohner vor ihren Feinden zu schützen. Es machte nichts, daß die Dorfumzäunung Lücken aufwies. Zu der großen Steppe kamen keine Räuber mehr.

Ein kleines Mädchen tauchte hinter Josés Haus auf. Mit einem überraschten Aufschrei schreckte es mich aus meiner Träumerei hoch. Dann stürmte es ins Dorf zurück, um meine Ankunft anzukündigen, und ich wandte meine Aufmerksamkeit wieder der Gegenwart zu.

Bis zu unserem planmäßigen Urlaub blieben nur noch wenige Wochen. Jetzt war keine Zeit für rührselige Erinnerungen durch die vergangenen drei Jahre.

Eine Gruppe von Kindern kam herausgerannt, um mich zu empfangen, als ich mich Octavios Haus näherte. Als Verteidigungsmittel gegen die Hunde boten mir die Kinder ein Stück Feuerholz an.

»Bringst du Medizin für meine Mutter?« flüsterte ein kleiner Junge und tanzte neben mir hin und her, während er sich fest an meinen Arm klammerte. In einer bestätigenden Geste zog ich meine Augenbrauen hoch. Er eilte zur Feuerstelle seiner Mutter und überbrachte ihr die gute Nachricht.

Die Frau lächelte, als sie sich mühsam erhob und sorgfältig die Bandage abwickelte, die um ihr Bein gebunden war. Neben ihrer Hängematte ließ ich mich auf einem Stück Feuerholz nieder und langte nach meiner Medizin.

»Und wie geht es der Mutter unserer Kleinen heute?« fragte ich, als sich die Frauen aus den umliegenden Häusern um sie drängten. Die Kranke antwortete für sich selbst.

»Etwas besser«, stöhnte sie und atmete tief vor Wohlbefinden, als ich etwas Wasserstoffsuperoxyd in die klaffende Wunde unterhalb ihres Knies goß.

Einige Frauen aus den nördlichen Dörfern näherten sich uns skeptisch und schätzten freimütig meine Fähigkeiten ab. Sie warnten die Gruppe davor, unwissende »Fremde« mit medizinischer Verantwortung zu betrauen. Sie wurden jedoch sofort zum Schweigen gebracht durch die Behauptung der anderen, unsere Behandlungsmethoden seien höchst wirksam. Sie konnten auch die Bedenken derer nicht begreifen, die mich kritisch musterten und fragten, wie lange es noch dauerte, bis das Flugzeug kommen würde.

Ich packte die Medizin ein und stand langsam auf.

»Geh noch nicht!« flüsterte eine der älteren Frauen und zog mich sanft zu sich in eine abgenutzte Hängematte aus Baumrinde. Sie schlang ihre Arme um mich. »Warum willst du uns zum Weinen bringen?« fragte sie. »Meinst du, wir möchten allein sein? Meinst du, eure Abreise würde die Männer kalt lassen? Sie werden aufgebracht sein, wenn Wally weggeht.«

Die anderen drängten sich näher heran und nickten zustimmend unter Tränen – alle außer den Besuchern. »Sie ist doch nur eine Fremde, oder etwa nicht?« fragte eine von denen verdutzt. »Sie sind doch gar keine Yanoamös, daß ihr ihretwegen weinen müßt.«

»Ach, das versteht ihr nicht«, antwortete die Frau mit dem schlimmen Bein ungeduldig. »Wir sagen ›Schwester‹ zu ihr.«

Vermutlich sollte mit dieser Aussage alles erklärt sein. Aber nach der Bestürzung auf den Gesichtern der Besucher zu urteilen, verstanden sie das nicht. Ich beobachtete, wie sich die Frauen der großen Steppe darum mühten, die Freundschaftsbande verständlich zu machen, die allmählich zwischen uns gewachsen waren. Dabei wurde mir bewußt, daß ich selbst bald einer ähnlichen Situation gegenüber stehen werde.

Ich hörte es schon förmlich, wie unsere kanadischen Freunde und Verwandten ungläubig fragten: »Könnt ihr wirklich eng vertraut sein mit Leuten wie diesen?« Energisch drängte ich die Tränen zurück und verbannte das Thema unseres Weggangs aus meinen Gedanken.

Als wir nur noch wenige Tage bis zur Ankunft des Flugzeugs hatten, kam die fieberhafte Tätigkeit zum Stillstand. Die Leute versammelten sich rund um unser Haus und stellten uns Fragen.

»Bruder«, begann Waldo, »spricht Cecilio auch ganz richtig?« Damit bezog er sich auf Cecil Neese, der während unseres Urlaubsjahrs in unser Haus ziehen sollte.

»Ihr kennt ihn doch«, antwortete Wally. »Ihr habt vorher schon mit ihm gesprochen.«

»Aber wir verstehen ihn nicht sehr gut. Er spricht so wie du früher.«

»Dann bringt ihm eben bei, besser zu sprechen!«

»Klar«, nickte Enrique. »Wir haben es Wally doch auch beigebracht. Wir werden keine Schwierigkeiten haben, es auch Cecilio beizubringen.«

Nicht alle nahmen diesen Vorschlag mit solcher Begeisterung auf.

»Ich habe es satt, anderen etwas beizubringen«, murrte einer von ihnen. »Gerade haben wir es geschafft, daß Wally ordentlich spricht, und schon kommt ein anderer.«

»Wally«, sagte Davids Bruder und lehnte sich über die Trennwand, um die ganze Aufmerksamkeit für sich zu beanspruchen. »Leg das für eine Minute hin, und höre mir zu! Wird Cecilio die Antworten wissen? Wenn wir ihn fragen, was Gott sagt – kann er uns das dann erklären?«

Viele Fragen bewegten ihn – Fragen, die Cecils Fähigkeit, Krankheiten zu behandeln und dann auch die Nähkünste seiner Frau betrafen. Sie überlegten, ob Cecil mit einer Schrotflinte zu jagen verstand und ob ihre Babys sich wohl vor neuen Fremden fürchten würden.

»Und was ist mit unseren Streichhölzern, mit Zwirn und Äxten? Wo können wir solche Dinge bekommen, wenn ihr weg seid?«

Wally versicherte ihnen, die Neeses würden Handelsartikel mitbringen.

Aber dann brach ein Sturm der Aufregung los, als die Leute sich fragten, wie sie die gewünschten Dinge bezahlen sollten. Alles, was sie hatten, war das Geld, das *sie* von uns eingenommen hatten.

»Das ist schon in Ordnung«, sagte Wally. »Cecil wird das annehmen.«

218

»Wirklich? Wird er nicht sagen, ›dieses häßliche Zeug gehört mir nicht?‹ Und werdet ihr nicht böse sein, wenn wir euer Geld einem anderen geben?«

Sie setzten sich wieder hin, um ihre Probleme mit den Fremden zu besprechen.

Wally wandte sich kopfschüttelnd ab.

»Wenn man ihnen etwas Zeit gäbe«, sagte er lachend, »würden sie ein Verfahren ersinnen, einen Gastmissionar zum Predigen einzuladen, um dann über ihn abzustimmen und ihm einen ›Ruf‹ anzutragen!«

Der letzte Morgen kam. Durch Funk wurden wir informiert, daß das Flugzeug bereits in der Luft war.

Von Sonnenaufgang an war die Veranda gedrängt voll mit Menschen, die sich darin abwechselten, trübsinnigen Gedanken nachzuhängen und über die Höhepunkte unseres Aufenthaltes unter ihnen zu sprechen.

Sie dachten zurück an die Furcht, die sie empfunden hatten, als sie zum erstenmal das Flugzeug sahen und sein Dröhnen hörten.

Lächeln mußten sie bei der Erinnerung an eine Unterhaltung während der ersten Tage; bei der Erinnerung an ihre Verärgerung, als wir darauf bestanden, daß sie unsere Waren bezahlen sollten; und bei der Erinnerung an ihren Zorn, daß wir bei der Verfolgung ihrer Feinde aus dem Balafili-Tal nicht mitmachen wollten.

»Wally«, fragte Enrique, »wie lange wird es dauern, bis Paul und Marty zurückkommen?«

»Ungefähr beim nächsten Vollmond werden sie wieder hier sein«, vermutete Wally. »Wishiquimi kann noch nicht laufen. Sie macht sich gut, aber die Shadles müssen noch etwas länger warten.«

»Wie viele Tage ist es noch bis zur Ankunft von Cecilio und seiner Frau?«

»Ungefähr zehn.«

Enrique verlagerte sein Gewicht von einem Fuß auf den anderen. Der Unterhaltungsstoff ging ihm aus.

»Wally«, sagte er nach einer längeren Pause, »wir werden dich vermissen.«

»Wir werden uns auch einsam fühlen.«

Die Stille war schwer zu ertragen. Die Männer waren zu durcheinander, um zu sprechen. Sie saßen schweigend in einer Reihe und schauten Wally an.

Schließlich sagte Enrique, es müßte etwas gegen die erdrückende Traurigkeit getan werden.

»Bruder«, lachte er, »ich weiß, was du tun wirst, wenn du in dein Land zurückkommst. Du wirst deine Schwiegermutter umarmen.«

Brüllendes Gelächter folgte, und alle bedeckten ihr Gesicht vor Verlegenheit bei dieser Vorstellung. Sie hatten noch nicht verstanden, daß die Fremden sich nicht vor ihren angeheirateten Verwandten fürchten. Lachend erinnerten sie sich an den Tag, als Marty Shadles Mutter einen Besuch auf der großen Steppe gemacht und Paul mit einer Umarmung begrüßt hatte.

Das ferne Dröhnen eines Flugzeugs unterbrach die Unterhaltung. Wir gingen vor das Haus.

Keiner begrüßte den Piloten Jim Hurd auf die übliche freundliche Art, als er auf uns zukam. Für gewöhnlich wurde sein Erscheinen umjubelt, aber diesmal war er der Bösewicht.

Die Frauen drängten sich schützend um mich, starrten mich schweigend an und ermahnten sich gegenseitig, mich nicht zum Weinen zu bringen.

»Schwester«, flüsterte eine von ihnen und langte nach meiner Hand. Zwei große Tränen rollten über ihre Wangen und brachten mich aus der Fassung. Auch ich konnte meine Tränen nicht mehr zurückhalten.

»Sieh mal, was du angerichtet hast!« rief einer der Männer aus. »Wir haben euch doch befohlen, sie nicht zum Weinen zu bringen. Geht hier weg!«

Die Frauen zerstreuten sich, und ich zog mich ins Haus zurück. Dort lehnte ich mich an die Trennwand und starrte durch das Fenster auf die grünen Hügel der großen Steppe. Wie würde ich sie vermissen!

Leise ging die Tür auf, und Enriques Mutter schlurfte in die Veranda. Plötzlich schien sie alt und schwach zu sein. Ihr Kopf war gesenkt. Sie sprach nicht, bis sie neben mir stand. Ich fühlte mich miserabel und war bereit, das Ganze abzublasen und meinen Koffer wieder auszupacken. Dabei hatte ich das dumpfe Gefühl, was immer Enriques Mutter auch sagte, es würde die Tränenschleusen öffnen.

»Kind«, flüsterte sie, »ist es wahr?«

Meine Zunge wollte mir nicht gehorchen. Sie legte ihre Hände auf meinen Arm, und ich nickte wie betäubt mit dem Kopf. Leise begann sie zu weinen. Da ging mit einem Knall die Tür auf, und eine der Frauen spähte herein.

»Enriques Mutter und Margarita sind drin«, berichtete sie den anderen. »Sie weinen zusammen.«

Mehr brauchte es nicht. Von jetzt an war jeglicher Anschein von Ordnung rein zufällig. Enrique stürzte in die Veranda, um mir zur Hilfe zu kommen, aber eine Sekunde später zog er sich mit einem Kopfschütteln zurück.

Es wurde Zeit, ins Flugzeug einzusteigen. Ich begab mich mit den Kindern nach draußen, nur um von einer anderen trauernden Gruppe umringt zu werden. Ich versicherte mir selbst, ihre Tränen gehörten nur zum üblichen Brauch, aber so ganz glaubte ich es nicht.

»Margarita«, sagte jemand. Ich drehte mich um und stand Manuela und ihrem Wunderbaby gegenüber. Drei Monate war es her, daß der Herr das Herz der Kleinen »zu einem geringeren Umfang zusammengedrückt hatte«. Manuela war querfeldein über die Steppe gekommen, um zu sehen, ob wir tatsächlich abreisten.

»Ich wollte nur sehen...«, begann sie, dann brach sie in Tränen aus. Manuela drehte sich auf der Stelle um und floh in das Haus der Shadles, wo sie sich gegen eine Wand lehnte und die Szene aus der Ferne beobachtete.

Wir stiegen ins Flugzeug. Die Männer bewegten sich vorwärts und umringten uns schweigend und besonnen. Sie weinten nicht. Sie *wollten* nicht weinen. Sie nahmen eine unerschütterliche finstere Haltung an, eine mannhafte Haltung, und sprachen kein Wort miteinander oder mit uns.

Wally versuchte, ihnen Auf Wiedersehen zu sagen, aber keiner fand die richtigen Worte. Hinter den Männern drückten die Frauen zum Trost ihre Babys an sich und heulten herzzerbrechend. Bei ihrem Anblick mußte auch ich weinen, und Davey schmiegte sich an mich und wunderte sich, was wohl mit seiner Mutter los sei.

Jim Hurd überblickte den Kreis der Männer und fragte Wally, wer jetzt beten würde. Enrique meldete sich freiwillig.

»Gott, unser Vater«, begann er, »kümmere dich um sie, wenn sie weg sind, und bringe sie zurück, ehe wir verzweifeln!«

Ich konnte mich nicht auf sein Gebet konzentrieren. Es gab zu viel in der Umgebung zu sehen, das mir nun seit drei Jahren vertraut war: dasselbe Flugzeug auf derselben sonnigen Steppe, die Berge rundherum, die wogende Menschenmenge. Yanoamö-Paradies – dieser Ausdruck tauchte in meinen Gedanken auf, und ich erinnerte mich daran, als die große Steppe alles andere als himmlisch war.

Ich warf einen verstohlenen Blick auf den Kreis der Menschen rund ums Flugzeug. Einige waren von uns gegangen: Julio stand nicht neben José. Narbenschulter war dahingegangen. Ramón fehlte.

Timotheus lehnte mit gesenktem Kopf an der Seite des Flugzeugs. José stand neben ihm. Seine Hände hatte er fest um Bogen und Pfeile geschlungen, die er an seine Brust drückte. Ich sah den Stumpf eines seiner Finger, ein stummes Mahnmal an jene Tage, als José zum ersten Mal merkte, daß er Gott brauchte.

Die Leute waren von einer Menge ehemaliger Medizinmänner umgeben, die uns damals mit Waffen und Kriegsbemalung entgegenkamen. Einen Augenblick lang quälte ich mich mit der Vorstellung ab, welche Versuchungen wohl noch auf sie warteten. Sie waren so aufbrausend, so radikal.

»Vater«, fuhr Enrique in seinem Gebet fort, »wir gehören dir. Wenn du uns nicht das Wort vom ewigen Leben gesandt hättest, würden wir immer noch am Rande der Hölle sitzen. Wir würden uns immer noch gegenseitig töten. Keiner außer dir konnte uns Frieden schenken. Kümmere dich um uns, wenn wir allein sind! Halte uns den Verlockungen fern, die auf die Wege der Gewalt führen! Du bist der einzige, der das vermag.«

Die Worte seines Gebets beruhigten mich auf seltsame Weise und erfüllten mich mit überströmender Dankbarkeit. Ich hatte erlebt, wie Gott die große Steppe veränderte, und ich hütete jede Erinnerung daran wie einen Schatz.

Ja, du allein bist mächtig, sprach ich dem Eingeborenen nach. Du allein baust deine Gemeinde, und nicht einmal die Pforten der Hölle können sie überwältigen.

Denn dein ist das Reich
und die Kraft
und die Herrlichkeit
in Ewigkeit. Amen.

E. Elliot

Im Schatten des Allmächtigen

Das Tagebuch Jim Elliots

Hardcover

288 Seiten
DM 14.80
ISBN 3-89397-319-2

Das »Vermächtnis« des jungen Pionier-
missionars Jim Elliot, der 1956 im Alter von
29 Jahren von den Auca-Indianern ermordet
wurde. Unzählige junge Christen haben
durch dieses Buch entscheidende Anstöße zu
einem gottgeweihten Leben bekommen.

Elliot hat dieses Tagebuch vor allem während
seiner Studien- und Verlobungszeit geschrieben. Es beeindruckt jeden Leser durch die
Aufrichtigkeit und Hingabe, mit der er seine
Zweifel, Krisen, Niederlagen und Glaubens-
erfahrungen beschreibt. Hier ringt ein junger
Mann um jeden Preis um ein kompromißlo-
ses Leben zur Verherrlichung Gottes.

Eines der wenigen Bücher, die jeder Christ
neben der Bibel gelesen haben sollte.

J. H. Teeuwen

Das Geheimnis von Nabelan-Kabelan

Steinzeitmenschen begegnen Jesus Christus

Paperback

256 Seiten
DM 16.80
ISBN 3-89397-261-7

Schon wieder ein neues Missionsbuch über Neuguinea? – Es wäre schade, wenn die Erfahrungen, die Jacques Teeuwen in Irian Jaya machen durfte, in Vergessenheit gerieten, so nennt der Autor in aller Bescheidenheit sein Anliegen. 13 Jahre – von 1961 bis 1974 – verbrachte er mit seiner Familie in Irian Jaya. Und es waren nicht wenige wunderbare Dinge, die während dieser Zeit vor ihren Augen passiert sind: Ehemals verfeindete Völker schlossen Frieden …

Offen schildert der Autor auch in der Missionsgeschichte seine Fehler und Ängste und stellt sich alles andere denn als Held dar. Gerade dadurch aber wirkt sein Bericht echt und lebensnah.